Verzeichniß

der in unterzeichnetem Verlage erschienenen Schriften

von

Rudolf Gneist.

Das englische Verwaltungsrecht mit Einschluß des Heeres, der Gerichte und der Kirche geschichtlich und systematisch. Zweite völlig umgearbeitete Auflage. Vollständig in zwei Bänden. (87 Bogen mit Inhalt und Register). Erster Band: Geschichte des englischen Verwaltungsrechts. Zweiter Band: Das heutige englische Verwaltungsrecht. Preis für beide Bände 18 Mark.

Selfgovernment Communalverfassung und Verwaltungsgerichte in England. Dritte umgearbeitete Auflage. (In einem Bande.) 65 Bogen. Brochirt. Preis 12 Mark. In englischem Einband. Preis 13 Mark 20 Pf.

Verwaltung Justiz Rechtsweg Staatsverwaltung und Selbstverwaltung nach englischen und deutschen Verhältnissen, mit besonderer Rücksicht auf Verwaltungsreformen und Kreisordnungen in Preußen. $38\frac{3}{4}$ Bogen. Brochirt. Preis 9 Mark. In englischem Einband gebunden. Preis 10 Mark 20 Pf.

Budget und Gesetz nach dem constitutionellen Staatsrecht Englands mit besonderer Rücksicht auf die deutsche Reichsverfassung. 3 Bogen. Brochirt. Preis 1 Mark.

Soll der Richter auch über die Frage zu befinden haben, ob ein Gesetz verfassungsmäßig zu Stande gekommen? Gutachten für den 4. deutschen Juristentag. 2 Bogen. Brochirt. Preis 60 Pf.

Freie Advocatur. Die erste Forderung aller Justizreformen in Preußen. 7 Bogen. Preis 1 Mark 60 Pf.

Die preußische Kreisordnung in ihrer Bedeutung für den inneren Ausbau des deutschen Verfassungs-Staates. $14\frac{1}{2}$ Bogen. Preis 3 Mark.

Die confessionelle Schule. Ihre Unzulässigkeit nach preußischen Landesgesetzen und die Nothwendigkeit eines Verwaltungsgerichtshofes. $5\frac{1}{2}$ Bogen. Brochirt. Preis 1 Mark 20 Pf.

Die Selbstverwaltung der Volksschule. Vorschläge zur Lösung des Schulstreites durch die preußische Kreis-Ordnung. 9 Bogen. Brochirt. Preis 2 Mark.

Der Rechtsstaat. Preis 4 Mark.

Die Eigenart des Preußischen Staats. Rede zur Gedächtnißfeier der Friedrich-Wilhelms-Universität zu Berlin am 3. August 1873. Preis 1 Mark.

Springer-Verlag Berlin Heidelberg GmbH

Vier Fragen

zur

Deutschen Strafproceßordnung

mit einem Schlußwort

über die

Schöffengerichte

von

Rudolf Gneist.

Springer-Verlag Berlin Heidelberg GmbH 1874

ISBN 978-3-662-31776-1 ISBN 978-3-662-32602-2 (eBook)
DOI 10.1007/978-3-662-32602-2

Die deutsche Strafproceßordnung.

Die schwere, in der Regel undankbare Aufgabe einer Reformgesetzgebung steigert sich zu den schwierigsten Problemen bei dem Entwurf einer Allgemeinen deutschen Strafproceßordnung.

Aenderungen des materiellen Rechts, und selbst des Civilprocesses, erfahren weniger heftigen Widerspruch. In Verfassung und Verfahren der Strafgerichte dagegen concentrirt sich das Grundsystem eines Staats in dem Maße, daß schon im Strafproceß die Verfassungsgedanken jeder Nation sichtbar werden. Aenderungen im Strafverfahren berühren daher nicht blos die Amtsgewohnheiten des Justizpersonals, sondern die Grundverhältnisse von Staat und Gesellschaft, durchkreuzen sich mit den unter einander schwer vereinbaren Vorstellungen und Interessen der Gesellschaft, fallen also unmittelbar in das Gebiet der politischen Parteimeinungen und in ihre Streitweise.

Die Urheber des der Oeffentlichkeit übergebenen Entwurfs einer deutschen Strafproceßordnung haben sich deshalb auf eine große Zahl von Einwürfen sicherlich gefaßt gemacht, und sie können es sich als ein selten günstiges Zeugniß anrechnen, wenn unter allen bisher erhobenen Einwürfen die vorzügliche Form des Entwurfes, der feine logische Sinn der Construction, die Offenheit und Objectivität der Motive gerühmt, und wenn auch von principiellen Gegnern stets die Verdienste der Arbeit in wesentlichen Hauptheilen anerkannt werden.

Der Verfasser dieser Schrift hatte vom deutschen Reichskanzleramt die ehrenvolle Aufforderung erhalten, ein Gutachten über den Entwurf zu erstatten. Die schweren Arbeiten des deutschen Reichstags und des preußischen Landtags, sowie eine Ueberbürdung mit anderen Berufsgeschäften, machten es unvermeidlich, für die Verspätung im Voraus Nachsicht zu erbitten. In der That erscheint diese Begutachtung sehr verspätet, und tritt darum sogleich vor die Oeffentlichkeit. Die durch jene Veranlassung bedingte Form entspricht aber dem Gefühle aufrichtiger Hochachtung und Verehrung, welches den Verfasser seit Jahren mit mehr als einem Mitgliede der Bundesrathscommission verbindet. Der Standpunkt der Differenz läßt sich im Voraus dahin bezeichnen, daß die nach der Auffassung des Gutachters verfehlten Punkte der Reform in staatsrechtlichen Grundsätzen wurzeln, in welchen die Verfasser des Entwurfes im Wesentlichen der communis opinio doctorum treu bleiben, obwohl solche den heutigen Bedürfnissen eines constitutionellen Staates wohl nicht mehr entspricht. Ehe man deshalb einen Vorwurf erhebt, muß man gerechter Weise erwägen, daß eine Gesetzcommission in der Regel wohl thun wird, den vorherrschenden Richtungen der bisherigen Gesetzgebung und der Rechtsverständigen zu folgen, und die weitergehenden, wenn man will freieren Gesichtspunkte der Reform dem Einzelnen zu überlassen, dessen Standpunkt dafür ein günstigerer und weniger verantwortlich ist, als der einer amtlich beauftragten Commission.

Die Epoche des heftigsten Streites über das deutsche Strafverfahren liegt in der That wohl hinter uns. Wer vor einem Menschenalter den Uebergang zum öffentlich-mündlichen Anklageproceß durchgemacht und an der Bekämpfung der Amtsgewohnheiten jener Zeit Antheil genommen hat, dem wird es unvergessen bleiben, wie die Vertreter der Reform damals nicht bloß den Vorwurf gewagter und gefährlicher Theorien, sondern ganz andere Dinge zu hören bekamen. Es drängt sich dabei vorweg eine Beobachtung über den Gang von Proceßreformen auf.

Es giebt im Staatsleben kein conservativeres Element als die Amtsgewohnheiten der Gerichte.

Es ist das der erste Factor, mit welchem jede Justizreform zu rechnen hat, und er gereicht den Juristen nicht zur Unehre. Die gleichmäßige Befolgung der Regeln des Rechtsganges ist die erste und heiligste Pflicht des Richters, mit welcher die Gewohnheiten der Advocatur und der Parteien in feste Verbindung treten. Die Gleichmäßigkeit der Praxis mußte in Deutschland sogar lange Zeit den Mangel gemeinsamer Gesetzgebung ersetzen. Nicht das „Experimentiren" mit neuen Formen, sondern die gewissenhafte Beobachtung des Hergebrachten ist die Aufgabe des Justizpersonals.

Jede Neuerung findet daher einen naturgemäßen Widerstand

in den Anschauungen der Gerichte, am meisten der Obergerichte. Aber auch dann, wenn eine Neuerung der Grundprinzipien zum Durchbruch kommt, hält man im Einzelnen den Anschluß an das Hergebrachte nach Kräften fest. Innerhalb jeder neuen Proceßordnung bleiben daher die Grundsätze der alten Praxis in weitem Maße stehen.

Selbst die Neuerungssucht der französischen Revolution hat die Hauptgrundzüge der altfranzösischen Gerichts-Verfassung, des ministère public, der Cassationsinstanz, und sehr wesentliche Stücke der ordonnance criminelle Ludwigs XIV. stehen lassen, und ist damit zu einem neuen Prozeß gelangt, der in der That nur ein halbes Anklageprincip, eine halbe Mündlichkeit, eine halbe Oeffentlichkeit darstellt. Auch das Schwurgericht verdankt eine Reihe von Einschiebungen nicht bloß der politischen Lehre von der Theilung der Gewalten, sondern den Amtsgewohnheiten des Justizpersonals.

Einen gleichen Verlauf haben im Ganzen die deutschen Reformen genommen. Schon die übereilige Weise der in den Jahren 1848/49 erlassenen Verordnungen machte eine systematische Durcharbeitung unmöglich. Die Tragweite der durch die Staatsanwaltschaft eingeführten Neuerungen war auch dem schärfsten politischen Blick schwer erkennbar. Das französisch-rheinische Muster war das allein bekannte, erprobte, den Practikern wie den Theoretikern geläufige. Die Revision dieser Gesetzgebung aber fiel in eine Zeit der Rückströmung, in welcher mehr an die Behauptung als an die Fortbildung zu denken war.

Auch wir sind auf diesen Wegen zu einem halben Anklageproceß, einer halben Mündlichkeit, einer halben Oeffentlichkeit gelangt.

1. Zu einem halben Anklageproceß.

Obenan steht hier die unklare Stellung des öffentlichen Anklägers.

Soll der Staatsanwalt ein Beamter der höheren Polizei, oder ein Gerichtsbeamter, oder ein Staatscommissar (Gesetzeswächter) nach französischem System, oder ein Parteianwalt im Sinne des Civilprocesses sein? Der deutsche Staatsanwalt kann keinen Zutritt zu den Gerichtscollegien und ihren Berathungen finden. Er findet aber auch keine Stelle in der verwaltenden Polizei, soll vielmehr als außerhalb stehende Behörde die Polizeibeamten „requiriren“. In die Reihe der Rechtsanwaltschaft will der Staatsanwalt selbst nicht eintreten. Seine persönliche Amtsstellung aber zeigt in den deutschen Gesetzen jede Nuance von Unversetzbarkeit des Richteramts bis zur freiesten „Disposition" der zeitigen Minister.

„Oeffentlichen Ankläger" kann man wohl nur den nennen, der ein Recht über die Anklage hat. Der Staatsanwalt kann aber die öffentliche Anklage nicht zurücknehmen, das Gericht ist an seine Anträge gebunden weder im Anklagebeschluß, noch im Verfahren, noch im Beweise, noch in der Qualification des Verbrechens, noch im Strafmaß. Wer hat also die Verfügung über die Anklage, Staatsanwalt oder Gericht?

Die „Voruntersuchung" hat so gut wie nichts von einem Anklageprocesse. Der Voruntersuchungsrichter schreitet in dringenden Fällen auch ex officio ein. Er inquirirt im Zwiegespräch mit dem Angeschuldigten, Zeugen, Sachverständigen, ganz wie im alten Prozeß. Er sammelt einen vollständigen Anschuldigungsbeweis nach seinem „Inquisitionsplan" ebenso wie sonst. Nur im Anfang und am Schluß der Voruntersuchung ist an die Stelle des ehemaligen „Decernenten" jetzt ein „Staatsanwalt" getreten. Im Uebrigen verhören wir heute, wie vor 30 Jahren. Der Richter braucht die Untersuchung zwar nicht weiter auszudehnen, als der Zweck einer vollständigen Vorbereitung bedingt; aber er kann dies ebenso weit verstehen, wie früher bis zum articulirten Verhör, und die rühmliche deutsche Gründlichkeit sorgt dafür, daß er nicht sehr weit davon zurückbleibt.

Im Hauptverfahren wird zwar mündlich pro et contra verhandelt. Allein das Knochengerüst dieses Verfahrens ist wieder das alte geblieben. Zur Recapitulation des schriftlich fertigen Beweismaterials ist ein mündliches Schlußverhör an Stelle des schriftlichen ad articulos getreten. Der Präsident ist ein coram publico verhandelnder Inquirent geworden. Er läßt sich jetzt die Fragen vom Staatsanwalt ausarbeiten in Form einer „Anklageacte." Nach Maßgabe dieser Fragestellung führt er das Specialverhör, wie früher, bestimmt die Reihenfolge der Beweise, recapitulirt die Zeugenverhöre und sonstigen Beweise. Neu ist allerdings der Zusatz von zwei Schlußreden an Stelle der Defensionsschrift.

Wir nennen, gewiß sehr euphemistisch, einen solchen Proceß einen halben Anklageproceß.

Die Motive des deutschen Entwurfs bedienen sich der Formel: es herrsche hier nicht das Anklageprincip, sondern nur die Anklageform. Weniger höflich sagt eine Autorität unseres Staats- und Strafrechts:

„daß es ein reiner Untersuchungsproceß mit accusatorischem Beiwerk sei, und zum Theil den Eindruck mache, als habe man Bestandtheile eines accusatorischen und inquisitorischen Verfahrens in einen Topf geworfen und den Zufall der Loosziehung über ihre Aufnahme entscheiden lassen (Zachariä, D. Strafpr. II. 76.)"

2. Eine halbe Mündlichkeit.

Ist ein Verfahren wirklich mündlich, welches Wochen und Monate lang vorher die Specialverhöre des Angeschuldigten, der Zeugen und die anderen Beweise vollständig protokollirt? Früher erhielt der Inquirent seine proceßleitenden Decrete aus der Nebenstube von seinem Collegen, dem Decernenten. Jetzt heißt dieser College „Staatsanwalt", schwebt wie ein Pendel zwischen Gericht und Polizei, requirirt bald nach links, bald nach rechts: ist das Verfahren etwa dadurch mündlich geworden, daß nun durch drei Bureaux correspondirt wird?

Aber nach Monaten des Schreibens kommt doch der Tag der Mündlichkeit? So scheint es freilich. Allein zuvor wird aus den Materialien des Vorprocesses eine concentrirte Gesammtdarstellung unter dem Namen einer „Anklageacte" zusammengeschrieben und den Geschworenen vorgelesen, — nicht allzu verschieden von der alten Criminal-Relation. Aus denselben Acten hat der Präsident vorher seinen „Inquisitionsplan" bearbeitet. Nach Maßgabe der Anklageacte und des Actenmaterials wird mit dem Angeklagten die Specialinquisition vorgenommen, jedes Beweisstück aus den Voracten controllirt und in seinen Abweichungen vermerkt.

Die mündliche Verhandlung soll vor dem Gerichtshof, den Geschworenen und der Oeffentlichkeit den gleichen Eindruck machen. Verträgt es sich damit, daß Richter und Staatsanwalt ein reservirtes Actenstück für sich haben, aus dem sie fortwährend Wiederholungen in die mündliche Verhandlung hineinlesen?

3. Eine halbe Oeffentlichkeit.

Sind die Zwecke des öffentlichen Gerichtsverfahrens wirklich zu erreichen, wenn die ganze General- und Specialvernehmung des Angeklagten, alle Zeugenverhöre und sonstige Beweise hinter verschlossenen Thüren fertig aufgenommen werden, und wenn diesen (ohne Zuziehung der Parteien aufgenommenen) Acten eine Beweiskraft so beigelegt wird, daß Angeklagter, Zeugen und Sachverständige sich persönlich zu verantworten haben, wenn ihre mündliche Aussage Varianten gegen die dem Präsidenten vorliegenden Papiere ergiebt?

Einer der letzten Justizminister Napoleon's III. hat auch von französischer Seite ausgesprochen, was deutsche Juristen 50 Jahre früher gesagt hatten:

> Ein Verfahren könne unmöglich ein rationelles sein, wenn es den Proceß in 2 Hälften nach entgegengesetztem Systeme spalte und für die eine Hälfte den geheimen Inquisitionsproceß, für den anderen den öffentlichen Anklageproceß als Grundform proclamire.

Die Widersprüche und Inconsequenzen des bisherigen Processes lassen sich vielleicht noch greller darlegen. Allein, man darf daraus nicht allzurasche Schlüsse ziehen. Man wird solche Widersprüche in jeder historischen Rechtsbildung nach einschneidenden Reformen vorfinden, z. B. in Deutschland nach Reception der fremden Rechte. Man wird ferner zugestehen, daß mit einem guten Justizpersonal auch ein inconsequenter Proceß sich leidlich gestaltet, daß das Verfahren jedenfalls besser und durchschnittlich etwas kürzer geworden ist, als früher. Handelte es sich nur darum, das Vorhandene für Preußen zu amendiren, so könnte eine Codification „auf dem Boden der gegebenen Verhältnisse" vielleicht ausreichend und dankenswerth erscheinen.

Es soll aber ein gemeinsamer deutscher Strafproceß zu Stande kommen, und dabei kommt in Betracht, daß Bayern, Sachsen, Würtemberg, Baden — die kleineren Länder des ehemaligen gemeinen Processes wie des Code — erhebliche Verschiedenheiten in ihrem halbdurchgeführten Anklageproceß darbieten. Ueberall hat sich der neue Proceß an eine besondere Gerichtsverfassung, Praxis und besondere Landesgesetze angeschlossen, — an besondere Gewohnheiten des Richteramts und der Advocatur. Dazu kommen noch Variationen, die ihre Entstehung den persönlichen Ansichten der zeitigen Justizverwaltung und der zufälligen Zusammensetzung der verschiedenen Kammern verdanken.

Nach Entstehung der deutschen Reichsverfassung macht sich dagegen die Einheit der obersten Verfassungsgrundsätze auch in der Forderung eines einheitlichen Strafprocesses geltend, die um so berechtigter ist, als Deutschland Jahrhunderte hindurch ein so Gemeinsames wirklich gehabt hat. Wird aber vom Standpunkt verschiedener Landesgesetzgebungen aus ein einheitlicher Proceß gefordert, so werden tiefergehende Aenderungen nothwendig werden, als die im deutschen Entwurf beabsichtigten; denn in manchen besonderen Landesgesetzen ist der Anklageproceß doch wohl folgerichtiger durchgeführt, und es kann an diesen Stellen kein Rückschritt gemacht werden.

Allgemeine und umfassende theoretische Vorarbeiten in dieser Richtung sind bereits vorhanden in anerkannter Tüchtigkeit (Planck „Syst. Darst. des deutschen Strafverfahrens" 1857; Zachariä „Handbuch des deutschen Strafverfahrens" 2 Thle. 1862—68 u. a.). Die unendlich schwierige Aufgabe, leitende Grundsätze der deutschen Particulargesetzgebung festzustellen, war hier mit deutscher Gewissenhaftigkeit zu lösen begonnen, und die Motive des Entwurfs lassen solchen Vorarbeiten wie den zahlreichen Monographien gebührende Anerkennung zu Theil werden.

Vom Standpunkt der Theorie aus würde also die Forderung zu stellen sein: Folgerichtige Durchführung des öffentlich-mündlichen Anklageprocesses in dem Maße, daß die erheblicheren Widersprüche und particulären Verschiedenheiten darin aufgehen. Also:

1) Folgerichtige Durchführung des Anklageprincips. Sie erfordert, daß zunächst die Staatsanwaltschaft in das deutsche Verwaltungsrecht eingereiht wird, mit Unterordnung der Polizeidirectoren und executiven Polizeimannschaften für die Zwecke der Criminalpolizei.

Folgerichtig gebührt dem Staatsanwalt sodann das selbständige Verfügungsrecht über die Anklage, auch das Recht zur gänzlichen oder theilweisen Rücknahme; ferner die Vorführung und das Verhör der Anklagezeugen und des sonstigen Anklagebeweises in der Voruntersuchung wie im Hauptverfahren; endlich die selbständige Bestimmung über das „Ob" und „Wie" und über die Reihenfolge des Anklagebeweises.

Alles dies unter Voraussetzung der gleichen Parteirechte der Vertheidigung, des direkten Fragerechts und des Wegfalls der Specialinquisition, welche mit dem Rechte des Angeklagten auf „Gehör" unvereinbar erscheint.

Nach folgerichtiger Durchführung der Parteigleichheit und nach Wegfall der Specialinquisition ist kein Grund mehr, Vor- und Hauptverfahren nach entgegengesetzten Maximen zu handhaben. Die bisher sogenannte „Voruntersuchung" gestaltet sich zu einer summarischen mündlichen Vorverhandlung, welche zur Begründung des Gerichtsbeschlusses über Verhaftung und Erhebung der Anklage möglichst zu befördern ist, weil sie für den Gang des

Hauptverfahrens ein zuverlässiges Fundament gewährt, weil sie der Vertheidigung einen ausgleichenden Schutz gegen die überwiegende Stellung des Anklägers gewährt, und weil sie Uebereilungen verhütet, die um so sorgfältiger zu verhüten sind, da eine Appellation über die Schuldfrage in Wegfall kommen muß.

Dagegen enthält die Idee eines Staatscommissars (Gesetzeswächters) neben den Gerichten und die Doppelstellung der Staatsanwaltschaft als einer förmlichen „Justizmagistratur" keine Consequenz des Anklageprincips, sondern eine unklare Uebertragung aus dem altfranzösischen Verwaltungsrecht.

2) Die Consequenz der Mündlichkeit bedingt die Auflösung der unnöthigen Elemente des Büreauwesens, insbesondere der Zerreißung der Voruntersuchung in eine Correspondenz zwischen Voruntersuchungsrichter, Staatsanwaltschaft und Criminalpolizei. Die Vorbedingung aller Mündlichkeit ist aber das Zusammenbringen des Personals. Die Schwerfälligkeit unserer Voruntersuchung wird erst zu überwinden sein, wenn die gesetzliche Form des Verfahrens die betheiligten Beamten zu gemeinsamer Action in dem Voruntersuchungsamt nöthigt. Ebenso bedingt jene Consequenz, daß der Anklagebeschluß des Gerichts nicht auf unvollständige Actenauszüge, sondern auf mündliche Verhandlung erfolge.

3) Die Consequenz der Oeffentlichkeit. Ist die offene contradictorische Verhandlung der Beweismittel in Gegenwart der Parteien auch in dem Vorverfahren durchgeführt, so fällt auch der Grund für eine Geheimhaltung dieser Vorverhandlung weg. Zu einer grundsätzlich geheimen Voruntersuchung gelangt man nur, wenn man sie als einen Act der „Gerichtspolizei" auffaßt.

Mit der consequenten Durchführung dieser Maximen würde eine gewisse Einfachheit und Objectivität in die Form zurückkehren, welche auch die Vorbedingung eines erfolgreichen Zusammenwirkens von Juristen und Laien im Strafverfahren darstellt.

Wollte man nun aber unseren heutigen Rechtsverständigen Vorschläge in dieser Richtung als „Grundzüge" einer deutschen Strafproceßordnung vorlegen, so würde man mit voller Gewißheit die Antwort erhalten: „In der Theorie richtig, aber in der Praxis nicht ausführbar!"

Ich erkenne diesen Einwand für Fragen der Strafproceßordnung als begründet an. Wenn die logische Consequenz des sog. Anklageprincips unsere Streitfragen entscheiden könnte, so wären wir längst weiter gekommen. Ueber Sinn und Consequenzen des Anklageprincips ist seit Jahrzehnten gründlich verhandelt worden. Allein jede Abänderung des Strafverfahrens durchkreuzt sich mit der Gerichtsverfassung, mit der Organisation der Polizei, mit dem ganzen Verwaltungssystem des Staats. Jede Aenderung hat daher einen weiten Weg zu durchwandern, unter Hindernissen, die man nicht als Verkehrtheiten des Zeitgeistes schelten, sondern mit welchen man als gegebenen Verhältnissen zu rechnen hat, weil sie nicht anders sein können. Das dreifache Ordale, welches auch der beste deutsche Gesetzentwurf zu bestehen hat, beruht 1) auf den Amtsgewohnheiten des Gerichts-Personals, 2) auf der Entfremdung der Juristen vom öffentlichen Recht, 3) auf dem mangelnden Rechtssinne unserer Zeit für öffentliches Recht überhaupt.

Das erste Hinderniß eingreifender Reformen ist der schon bezeichnete conservative Character alles Geschäftsganges der Justiz. Wie vor einem Menschenalter der geheime Inquisitions-Proceß als das Gewohnte auch ausschließlich als „practisch" galt, so hat sich der neuere Geschäftsgang an den stückweisen Anklageproceß mit seinen französischen Zusätzen und mit allen zufälligen Varianten der Landesgesetzgebung wieder gewöhnt. Das Personal sieht den ihm angewiesenen Platz dann wieder gern als den Mittelpunkt an, von welchem jede Reform ihren Ausgang nehmen müßte. Früher hatte die Reform nur gegen die Inquisitionsgewohnheiten des Richters zu kämpfen: heute durchkreuzen sich damit collidirende Anschauungen der Staatsanwaltschaft und der Defension. Dessenungeachtet pflegt es zu einer Verständigung zu kommen, so lange sich die Besprechung in einem kleinen Kreise von Assisenpräsidenten, Voruntersuchungsrichtern, Staatsanwälten bewegt. Die anerkannten nächsten Uebelstände führen dann zu einer Vereinbarung über gewisse practische Verbesserungen, besonders so lange die Vorschläge eine allgemeine Fassung behalten. Allein die Uebereinstimmung hat alsbald ein Ende, wenn sich der Kreis vergrößert, wenn die Defensoren in den Kreis treten, wenn die Jurisprudenz der Einzelstaaten, wenn gemeinrechtliche, rheinische, altpreußische Juristen zusammentreffen. So sehr ein Jeder in seinem Kreise über das, was praktisch sei, im Reinen zu sein glaubt, so zeigt sich doch bald, daß man in Folge der Verschiedenheit der Amtseinrichtungen doch sehr widersprechende Dinge als das Praktische ansieht.

Im Zusammenhange mit diesem Verhältniß steht die Entstehung der Gesetzentwürfe. Gesetzvorlagen in ihrer ersten Gestalt müssen stets von einem einheitlichen Standpunkte ausgehen; die erste Grundlage kann in den Hauptgrundzügen nur von einer hervorragenden Persönlichkeit ihren Ausgang nehmen. Vor einem Menschenalter war dies in der Regel ein richterlicher Beamter. Seit Einführung des Anklageprocesses ist aber die Staatsanwaltschaft durch ihre bewegliche, vielseitige Stellung und als Verbindungsglied zwischen Justiz und Polizei in den Vordergrund getreten, so daß die Grundlagen in der Regel vom Standpunkte der Staatsanwaltschaft aus entstehen. Es hat dies die Folge, daß man die Mißstände zunächst durch Erweiterung der Functionen der Staatsanwaltschaft zu beseitigen versucht, wobei die dem französischen ministère public entlehnten Amtsrechte als die Lebensbasis gelten, die nicht nur zu behaupten, sondern in jeder Richtung weiter auszudehnen sei. Am stärksten trug diese Physiognomie der preußische Entwurf einer Strafproceßordnung von 1865. Aber auch der jetzt vorliegende deutsche Entwurf, — auf unbefangnerem und höherem Standpunkt stehend, — vermag jenen Ausgangspunkt nicht ganz zu verleugnen. Nächstdem wird überwiegend der Standpunkt des Richters gewahrt, der wenigstens im Hauptverfahren seine alten Rechte behält. An letzter Stelle folgt der Defensor, der dann schwer erfüllbare Nachforderungen erhebt. — Die eine oder andere Grundrichtung der Entwürfe ist durch die zur Begutachtung berufene Commission schwer zu ändern; denn die Zusammensetzung der nicht allzu zahlreichen Commission und das nothwendig summarische Verfahren derselben erschwert eine Umgestaltung der Grundprincipien gerade um so mehr, je mehr der erste Entwurf ein wohldurchdachtes einheitliches Ganzes darstellt*).

Das zweite Hinderniß sicherer Reformen ist die Entfremdung unserer Rechtsverständigen vom öffentlichen Rechte, d. h. von einer lebendigen, zusammenhängenden Anschauung

---

*) Der im preußischen Justizministerium bearbeitete erste Entwurf ist in drei Heften durch die v. Decker'sche Hofbuchdruckerei im Jahr 1873 veröffentlicht, in der nachfolgenden Darstellung mit der Bezeichnung D. Entw., — D. Entw. Motive, — D. Entw. Anlagen citirt. Erst nachdem die vorliegende Schrift im wesentlichen vollendet war, ist der Entwurf nach den Beschlüssen der vom Bundesrathe eingesetzten Commission (Berlin 1873 bei v. Decker) veröffentlicht. Da alle Grundzüge der Vorlage unverändert geblieben, so konnte eine Bezugnahme auf diesen „Commiss.-Entwurf" bei einer Ueberarbeitung der Abhandlung eingeschaltet werden.

über den Rechtsbau des deutschen Staates und seines Gerichtswesens. Ueberall bildet der Civilproceß den Schwerpunkt der juristischen Bildung und Thätigkeit. Ueberall belebt der feine logische Bau des Privatrechts vorzugsweise den Beruf des Juristen. Die Verwaltungsjurisdiction der Gerichte erhält indessen in anderen Ländern einen Zusammenhang der privat- und strafrechtlichen Thätigkeit mit dem öffentlichen Recht. So war es auch in Deutschland bis zur Auflösung des Reichs. Wie gerade im XVIII. Jahrhundert die göttinger Schule das positive deutsche Staatsrecht zum mustergültigen Abschluß gebracht hatte, so zeigte sich in den Entscheidungen der Reichsgerichte und in den anerkannten Autoritäten der Praxis eine volle Sachkenntniß und Beherrschung des öffentlichen Rechts in seiner damaligen Gestalt. Die 60 Jahre aber, in welchen der Rheinbund und der deutsche Bund bestanden, haben dies Band gelöst. Es sind seitdem zwei Generationen aufgewachsen, für welche der Gegenstand fast verloren gegangen ist. Oeffentliches Recht in irgend welchem Zusammenhang wird nach der Beseitigung der Reichsverfassung von unseren Juristen nicht mehr geübt, sondern in durchgeführter Arbeitstheilung den einzelnen Zweigen der Verwaltung überlassen. Ein positives öffentliches Recht ist deshalb auch nicht mehr Gegenstand der juristischen Ausbildung. So sorgfältig unsere deutschen Juristen (im Vergleiche zu anderen Ländern) ihre Vorstudien für Privatrecht einrichten, so dürftig und unzusammenhängend ist die Vorbildung schon auf den Universitäten für alles Staatsrechtliche. In der älteren Gestalt des Reichs- und Territorialrechts erscheint es als antiquirt. In Gestalt eines allgemeinen Staatsrechts ist es überhaupt kein wirkliches Recht. Auch dieses geringe Maß von Vorbildung kommt aber in Vergessenheit mit den ersten Stadien der Praxis, die sich nur dem Civil- und Strafrecht zuwenden. Man vergißt zuletzt gänzlich, daß unsere Gerichtsthätigkeit nur ein Stück einer Gesammtordnung ist, die sich weder im Civil-, noch im Strafproceß erschöpfen kann. Da aber das Gericht und der Strafproceß ein durchgehend gleichartiges (organisches) Glied des öffentlichen Rechts darstellen, so werden sie nothwendig durch staatsrechtliche Grundmaximen bestimmt. Die Fragen, welche seit Jahrzehnten Gegenstand eines unklaren Streits bilden: ob man Richter wählen kann, ob man wechselnden Geschwornen oder Schöffen Fragen der Rechtsanwendungen übertragen kann, ob man einer ministeriellen Verwaltungsbehörde das ganze Vorverfahren überlassen kann, ob man Gerichtscollegien in verwaltungsmäßig gebildete Deputationen auflösen darf u. s. w. sind in der That Fragen des positiven Staatsrechts. Und dieselben Grundsätze, welche die ehemaligen Reichsgerichte in solchen Fragen befolgten, werden auch heute sich als deutsche Rechtsgrundsätze bewähren. Die Entfremdung unserer Bildung vom öffentlichen Rechte aber erzeugt unter uns eine Unsicherheit der Grundbegriffe und eine Sprachverwirrung, wie sie im Gebiet der Privatrechts- und in Civilproceßformen glücklicherweise keinen Vorgang hat. Der Eine rechnet tausend Jahre alte Grundsätze unseres Gerichtswesens zur „Politik", der Andere rechnet sie zur „Theorie". Der Dritte beginnt seine Betrachtung über die Strafproceßordnung damit, daß man „politische" Gesichtspunkte gänzlich bei Seite lassen wolle. So kommt es, daß der tüchtigste Geschäftsmann, wenn er den Boden des Gewohnten einmal zu verlassen gezwungen wird, die allergewagtesten Theorien aufstellt, und sich dafür auf seine practischen Erfahrungen beruft. Die weitere Folge ist, daß der deutsche Jurist sein wohlverdientes Ansehen einbüßt, sobald er das Gebiet des öffentlichen Rechts betritt; daß der Nichtjurist die vollkommene Ebenbürtigkeit in Allem beansprucht, was von dem Juristen selbst zur „Politik" gerechnet wird, und daß folgeweise die Entscheidung über die Hauptfragen der Strafproceßordnung dem weiteren Kreise der Gesellschaft zufällt.

In diesem Kreise erscheint nun aber als das dritte Hinderniß: die mangelhafte Entwickelung des Rechtssinnes unserer Zeit, sobald staatsrechtliche Gesetzgebungsfragen in das weitere Bereich der parlamentarischen und der politischen Discussionen gelangen.

Es ist dies der gleichmäßige Character aller Zeiten der Umbildung des Güterlebens, in welchen die Verbindung des Staats mit der Gesellschaft noch im Fluß befindlich ist. Die altständische Rechtsordnung ist in der Auflösung begriffen. In der Neubildung der Gesellschaft hat die Uneinigkeit der Interessen noch keine feste Consolidirung herbeigeführt. Bei allem Eifer für die Vertretung besonderer ständischer Rechte ist doch das Bewußtsein von der Nothwendigkeit, Heiligkeit und von dem Wesen einer öffentlichen Rechtsordnung unklar und schwach entwickelt. Die „Heiligkeit des Rechts", von welcher so viel die Rede ist, beschränkt sich auf Privatrechte, während im öffentlichen Rechte jede gesellschaftliche Klasse nur ihren Antheil am Staat für heilig hält. Man pflegt die Wahrheit dieser Bemerkung auch zuzugestehen, solange von der Gegenpartei gesprochen wird. Allein, man wird auch die Allgemeinheit dieses Zustandes anerkennen, wenn man einige Jahrzehnte zurück sich vergegenwärtigt, in welcher Weise die herrschenden Vorstellungen in unseren Verfassungskämpfen mit dem positiven Recht umgegangen sind (Gneist, „Rechtsstaat" 1872 Cap. VIII.—XI).

So wenig erfreulich eine solche Vorbetrachtung nun aber sein mag, so giebt uns doch eine Rückschau auf unsere Vergangenheit die Gewißheit, daß in Uebergangszuständen der Staats- und Gesellschaftsordnung die Wirklichkeit der Dinge nie anders gewesen ist. Die Zeit der Reception der fremden Rechte und der Reformation hat mit einer ganz andern Zerfahrenheit der Rechtsvorstellungen zu kämpfen gehabt, als die heutige. Aber das zähe Festhalten an dem individuellen Recht rückt in den Streit um die höchsten Güter des Rechts immer um eine Stufe höher, und hat uns durch alle Gefahren hierdurch schließlich immer wieder zu einer festen, in ihren Grundzügen identischen Rechtsordnung zurückgeführt. Die widersprechenden Anforderungen an das Gericht finden sich in höheren Gesichtspunkten der Gerechtigkeit zusammen. Wie in unserm Strafrechte die Einseitigkeit der individualistischen (relativen) Theorien sich durch die gegenseitige Bekämpfung zum Standpunkte der objectiven Rechtsordnung (absoluten Theorien) erhoben hat, so wird dies auch in den brennenden Fragen der Strafproceßordnung das letzte Resultat sein.

Die Gesellschaft gelangt immer erst durch die Unvereinbarkeit ihrer Ansprüche zur nothgedrungenen Anerkennung des öffentlichen Rechts in seiner eigenthümlichen Ordnung. Aus dem unlösbaren Streite widersprechender Interessen erst entsteht das Bewußtsein von der Nothwendigkeit einer stetigen, rechtlichen und sittlichen Ordnung, die über Allen waltet. Ohne das würde man in der Beschäftigung mit dem öffentlichen Rechte den Glauben an die Menschheit verlieren.

Von jenem Standpunkte aus erörtern wir die nachfolgenden vier Hauptfragen des deutschen Strafprozesses:

I. Die Staatsanwaltschaft und die Privatanklage;

II. Die Oeffentlichkeit der Voruntersuchung;

III. Das Kreuzverhör;

IV. Die Construction des Hauptverfahrens, —

mit einem Nachwort über die Schöffengerichte.

I.

Die Staatsanwaltschaft und die Privatanklage.

Eine deutsche Strafproceßordnung wird vor Allem der Staatsanwaltschaft ihre Stellung im Gebiet des Verwaltungsrechts anweisen müssen.

Die Strafverfolgung ist ihrem Wesen nach eine Polizeifunktion. Kein englischer Jurist zweifelt, daß sie zum Gebiet der „Friedensbewahrung" (Polizei) gehört. Der französische Jurist reiht ebenso unbedenklich die strafverfolgende Staatsanwaltschaft in das System der „police judiciaire" ein. Wenn in Deutschland Zweifel über die polizeiliche Natur der Strafverfolgung fortbestehen, so liegt der Grund in der historischen Gestalt unserer Strafgerichte, in der Neuheit des reformirten Strafprocesses und in Mißverständnissen über den Begriff der „Selbstverwaltung".

In England ist dieser Theil der Polizei seit dem Mittelalter als allgemeine Bürgerpflicht gestaltet worden, als Pflicht des Privatmannes zu Verhaftung, obrigkeitlicher Anzeige und Strafverfolgung. Die laufenden Geschäfte der Friedensbewahrung wurden indessen schon frühzeitig in dem Polizeischulzen (constable) concentrirt. Die Kreisversammlung und die grand juries nehmen Anzeigen der Constables entgegen, prüfen die Entwürfe zu den Anklageacten und erheben auch Anklagen ex officio. Zur Verfolgung im Hauptverfahren kann durch den Voruntersuchungsrichter ein Hauptzeuge (daher auch der Damnificat) gezwungen werden, der dann die Klage „im Namen des Königs" als Kronanwalt (prosecutor) mit den Pflichten eines solchen führt. In der Regel nimmt er dazu einen Rechtsanwalt an, dessen taxmäßige Gebühren erstattet werden. In diesem zusammengesetzten System versieht also zuletzt die Rechtsanwaltschaft den Proceßdienst der Staatsanwaltschaft. Nur ergänzend besteht eine Generalstaatsanwaltschaft in Gestalt des Attorney General und Solicitor General, welche als Rechtsconsulenten zur Disposition einer jeden Ministerverwaltung stehen.

Dies letztere System ist in **Frankreich** zur Regel erhoben. Ein rechtsgebildetes Personal von mehr als 1000 obrigkeitlichen Beamten für die Anklage ist mit den ordentlichen Gerichten in Verbindung gesetzt und zur Disposition der zeitigen Minister gestellt. Im Verlauf der Zeit ist aus einem ursprünglichen Agenten der Königlichen Domainen-Verwaltung ein Staatsanwalt zur Erhebung der Strafklage und zugleich ein Staatscommissar zur Controle der Beobachtung der königlichen Verordnungen in den ständischen Gerichten geworden. Noch eine Reihe weiterer Amtsgeschäfte hat sich mit dem ministère publique verbunden, weil sie zweckmäßiger durch einen Einzelbeamten, als durch ein Richtercollegium versehen werden.

In den **deutschen Verhältnissen** fehlen die Voraussetzungen des einen, wie des anderen Systems.

Als gegen Ende des Mittelalters das völlig Ungenügende der Privatanklage hervortrat, konnte Niemand daran denken, eine Strafverfolgung durch grand jury, constables und prosecutors zu bilden, welche eine streng einheitliche Kreisverfassung voraussetzt. Ebensowenig konnte man an einen procureur du roi denken, der zu der Selbstständigkeit von mehr als 10,000 Stadt- und Ortsgerichten in keiner Weise paßte. Die Zersplitterung der Localjustiz in so viele kleine Ortsgerichte ließ unter vielen Variationen keinen andern allgemeinen Ausweg übrig, als ein Klage „von Amtswegen". Die zahllosen Ortsobrigkeiten vermochten aber kaum **einen** leidlich gebildeten Rechtsverständigen zu beschaffen. Viel schlimmer stand es mit dem Gerichtsschreiber und dem einfältigen Polizeidiener. Schließlich mußte das deutsche **Richterpersonal** Alles in Allem besorgen und so den Inquisitionsproceß mit seinen specifisch deutschen Gebrechen ausbilden.

Noch immer aber scheint eine gewisse Unklarheit darüber zu herrschen, **worin die Einseitigkeit der deutschen Bildung** besteht. Da im 16. Jahrhundert thatsächlich weder das Reich, noch der Territorialstaat in der Lage war, ein System vollziehender

Behörden (ministère public), oder ein Organ des Selfgovernment (grand jury und Gemeindepflicht) zu bilden, belastete man nothgedrungen das Richteramt mit der Anklage. Wie im System der sog. jurisdiction attributive einer Verwaltungsbehörde zugleich die Rechtsentscheidung übertragen wird, so ist hier umgekehrt dem Richter ein Amt der Vollziehung übertragen. Als Organ der vollziehenden Gewalt übernimmt der Richter

1) die Initiative der Strafverfolgung (ersten Angriff);
2) die selbstthätige Voruntersuchung (Generalinquisition);
3) die selbstthätige Beweisaufnahme und Feststellung der Qualification des Verbrechens (Specialinquisition).

Solche Funktionen gehörten zur Rechtsprechung weder nach dem germanischen, noch nach dem römischen Begriff, sondern es sind neuere Funktionen der vollziehenden Gewalt, welche erst durch Personalunion den Schein einer richterlichen Thätigkeit gewonnen haben. Zur „Rechtsprechung" gehört die Controle der Parteithätigkeit und die Entscheidung zwischen Parteianträgen. Der deutsche Inquisitionsproceß aber hat den Controleur zum Agenten, den Beamten der jurisdictio zum Organ des imperium gemacht. — Gewiß war damit die Sache wenigstens in die solidesten Hände gelegt, und die Declamationen gegen unser deutsches Verfahren aus der Geschichte der Ketzerinquisition, der englischen Sternkammer oder aus den Justizmorden des französischen Inquisitionsprocesses waren ziemlich inhaltslose Phrasen. Im Unterschiede von England und Frankreich entstand bei uns nicht die Gefahr des Parteimißbrauchs und des Uebermuths der Gewalthaber. Aber das Richteramt sah sich beschwert und verunstaltet durch die Last und die Verantwortlichkeit der Strafverfolgung, die Strafverfolgung gelähmt durch die Schwerfälligkeit des Richteramts.

Die Trennung beider Funktionen ist der richtige, unwiderrufliche Gedanke unserer heutigen Reform. Bei dieser Trennung können wir aber weder dem englischen, noch dem französischen Muster folgen. Die Unübertragbarkeit des Princips der allgemeinen Bürgerpflicht auf die heutige Welt bedarf keiner Ausführung. Ebensowenig paßt aber für uns die Zwitterstellung des ministère public mit den altfränkischen Funktionen eines Staatscommissars (Gesetzeswächters). Man hat sich an die Geschäftsformen des ministère public in Deutschland nur da gewöhnt, wo man sie ausschließlich kennt*).

---

*) Die Befugnisse der Oberaufsicht über das Personal und den Gang der Justizverwaltung, welche in dem Gesetzwächteramt des ministère public

Das richtige Ziel ist vielmehr die Einreihung der Strafverfolgung in das deutsche Verwaltungsrecht, in die normalen Grundsätze deutscher Verwaltung nach heutigen Bedürfnissen. Es folgt daraus:

Zunächst rücksichtlich des Personals, daß der strafverfolgende Beamte die Stellung unserer höheren Verwaltungsbeamten einzunehmen hat, also die Stellung der decretirenden oder „verwaltenden" Polizei, in ihrer leitenden Stellung zur executiven Polizei. Die Außenstellung des Staatsanwalts mit seinen „Requisitionen" der Polizei war ein erstes unfertiges Stadium. Es bedarf jetzt endlich der Einreihung des Staatsanwalts in die Verwaltung, als ordentlichen Oberbeamten der Criminalpolizei, mit unmittelbarer Unterordnung des Polizeicommissariats, der executiven Mannschaften und der Gensdarmerie. Das bisherige Widerstreben dagegen beruht auf Vorurtheilen der Amtsgewohnheit. Der Character der Polizei kann nur im höchsten Maße gewinnen durch die Einreihung mehrer hundert Beamten mit höherer juristischer Ausbildung, und das in seinem Ansehen ohnehin erschütterte Verwaltungs-Beamtenthum kann sich dazu nur Glück wünschen. Ob man den Staatsanwalt übrigens zu den Justizverwaltungsbeamten „im weiteren Sinne" zählen, oder ob man die Sache einfach beim Namen nennen will („Verwaltungsbeamter", wie in der bayerischen Vd. vom 24. Mai 1862 §. 26.), ist keine Lebensfrage.

---

enthalten sind, gehören allerdings zur vollziehenden Gewalt (imperium) und können in einer gutgeordneten absoluten Monarchie würdig und zweckmäßig durch ein System von Generalprocuratoren und Staatsprocuratoren gehandhabt werden. Im constitutionellen Staate dagegen hört das unbefangene Verhältniß auf in dem Augenblicke, in welchem ein wirklicher Einfluß der Kammern auf den Gang der Staatsregierung sichtbar wird. Dann wird es vielmehr nothwendig, alle wichtigeren Funktionen dieser Art den ständigen Gerichts-Präsidenten, Directoren, zum Theil auch den Gerichtscollegien zu übertragen. Die dazu nothwendigen Einrichtungen sind in Deutschland nicht erst zu erfinden, sondern schon vorhanden; denn in der historischen Bildung unserer Gerichtsverfassung hat sich das Amt des Gesetzwächters unter dem Namen des „Aufsichtsrechts" längst mit denjenigen Organen verbunden, welche auch im constitutionellen Staate die dazu geeigneten sind. In dem Streite der rheinländischen und altländischen Juristen über diese Frage verstand man sich häufig, wie es scheint, gegenseitig nicht. Es handelt sich hier nicht um technische Fragen der jurisprudence, sondern um staatliche Grundeinrichtungen. Das alte System des „Oberaufsichtsrechts der landesherrlichen Justizcollegien" ist gerade für unseren constitutionell gewordenen Staat eine der werthvollsten Erbschaften, die sich an einen ministeriellen Commissarius nicht abtreten läßt.

Die Staatsanwaltschaft bedarf aber der Unterordnung unter zwei Ministerien wegen ihrer stetigen Verbindung mit den Gerichten. Wie das Personal unserer Regierungen dem Minister des Innern, dem Finanzminister ꝛc., so ist die Staatsanwaltschaft dem Minister der Justiz und des Innern unterzuordnen, und folgeweise auch den provinciellen Verwaltungschefs beider Departements. Wenn in der neuen deutschen Gerichtsorganisation sich mehre Kleinstaaten zu einem Oberlandesgerichte verbinden, so wird doch die Staatsanwaltschaft jederzeit der Ministerverwaltung des Einzelstaates untergeordnet bleiben müssen. Die „Einheit" der Staatsanwaltschaft kann, wie die Polizeihoheit, nicht im Reiche, sondern nur im Einzelstaat bestehen.

Die persönliche Dienststellung des Staatsanwalts kann nicht die der richterlichen Inamovilität von der Stelle sein, welche mit der Bestimmung der Polizeigewalt im Widerspruch stände. Ebensowenig angemessen ist aber die einfache Entlaßbarkeit aus Amt und Gehalt, welche ungehörigerweise aus dem französischen Verwaltungsrecht übertragen worden ist. Der wesentliche Zweck wird schon erreicht, wenn man richterliche Beamte commissarisch in der Staatsanwaltschaft verwendet. Der richterliche Beamte tritt damit eben in ein Verwaltungsamt über, welches, von der Ministerverwaltung aufgetragen, jederzeit widerrufen werden kann. Sobald freilich die Staatsanwaltschaft eine weitere selbstthätige Stellung in der Beweisaufnahme, beim Kreuzverhör ꝛc. gewinnt, wird zu erwägen sein, ob nicht eine stärkere Heranziehung der Rechtsanwaltschaft rathsam wäre. Für die Oberstaatsanwaltschaft und Staatsanwälte im dauernden Amtsberuf wird jedenfalls die lebenslängliche Stellung unserer höheren Verwaltungsbeamten die richtige sein, die auch zur Erhaltung eines ehrenhaften Beamtenstandes nothwendig. Daß der Beamte unter Voraussetzung höherer Bildung und eines bedeutenden Wirkungskreises dann das nöthige persönliche Ansehen gewinnt, beweist die gesellschaftliche Stellung unserer Regierungsräthe, Stempelfiscale u. A.

Das Verfahren der Staatsanwaltschaft muß ein mündliches sein, soweit es in Voruntersuchung und Hauptverfahren mit den Gerichten persönlich zusammenzuwirken hat.

Aber auch das Verfahren der Criminalpolizei wie unserer gesammten Sicherheitspolizei ist einer Reform bedürftig. Die deutsche Polizei ist jederzeit dem Geschäftsgange der Justiz folgt, und wird dem heute mündlichen Gange der Justiz noch einmal folgen müssen.

Das fortschreitende Bedürfniß einer beweglicheren Gestalt der Strafverfolgung wird Reformen in dieser Richtung unbedenklich durchführen, und auch die Staatsanwaltschaft selbst wird schließlich damit zufrieden sein, ebenso wie in anderen Ländern, wo ihre Stellung als Glied der verwaltenden Polizei ihr dieselbe persönliche Achtung sichert wie dem Richteramt.

Diese bewegliche Gestalt, die Einheit ihrer Action, die unmittelbare Unterordnung unter die Centralverwaltung bringt nun aber auch die andere Seite zur Erscheinung. Wie alle Zweige der Polizeigewalt tritt die Staatsanwaltschaft fortschreitend in Wechselwirkung mit dem Einflusse der Parteien auf die Verwaltung im constitutionellen Staate. Mag man dies wünschen oder fürchten: die Sache selbst ist überall vorhanden und rückt mit jedem Ministerwechsel gewissermaßen einen Schritt weiter. Die daraus hervorgehende Aenderung enthält in der That die Gefahr einer Verschiebung der Rechtsordnung durch eine parteimäßige Handhabung des Anklagerechts, wie der gesammten Polizeiverwaltung unter constitutionellen Ministern.

Die Zweiseitigkeit der Institutionen des öffentlichen Rechts giebt auch dem Strafrecht seine Bestimmung nach zwei Seiten hin, welche man der Kürze wegen als nach oben und nach unten bezeichnen kann:

1) Daß es nach oben hin angewandt werde ohne Ansehn der Person, auch gegen den Mächtigen und den von der Macht Geschützten;
2) Daß nach unten hingegen den Einzelnen und Schwachen nicht mehr geschehe, als das Gesetz will.

Der Inquisitionsproceß erreicht beide Zwecke zugleich, indem er Initiative und Handhabung dem Richteramte anvertraut, unabhängig von den Anweisungen des Monarchen und seiner Minister, auch unter der absoluten Monarchie in ihrer deutschen Formation. Unter der Beamtenverwaltung des Absolutismus treten daher die beiden Seiten der Frage selten äußerlich erkennbar auseinander.

Sobald aber nach Einführung der Repräsentativ-Verfassung die Symptome dieser Aenderung sichtbar werden, bedarf es neuer Einrichtungen und Rechtscontrolen zum Schutze ebenso der Rechtsordnung im Ganzen, wie des individuellen Rechtskreises. Nachdem Deutschland heute schon gewisse Erfahrungen über die Tragweite eines ausschließlichen Anklagerechts unter constitutionellen Ministern gewonnen hat, wird man an deren Nothwendigkeit um so mehr erinnern dürfen, als schon die absolute Monarchie so ernst und gewissenhaft auch an diese Seite gedacht hatte.

Jede constitutionelle Ministerverwaltung hat den Beruf der Durchführung neuer Gesetze und Maßregeln in Gemeinschaft mit einer ständigen und einer gewählten Repräsentation der Gesellschaft, für welche sie ebendeshalb die Unterstützung politischer Parteien bedarf und durch welche sie jeder Zeit in einen Streit mit politischen Gegnern verwickelt wird. Jedes Ministerium, welches auf die Mitwirkung von beschließenden Kammern verwiesen ist, hat insoweit eine Parteistellung; denn jedes Gesetz und jede wichtige Regierungsmaßregel kann nur von bestimmten Grundsätzen über das Verhältniß von Staat und Gesellschaft ausgehen. Ein absolut „parteiloses" Ministerium im constitutionellen Staate wäre nur als ein grundsatzloses Ministerium zu denken.

Die Unparteilichkeit der Staatsgewalt, um die es sich heute wie in jeder Zeit handelt, hat ihren Sitz vielmehr an einer anderen Stelle. Mögen conservative oder liberale Ministerien am Ruder sein, so muß die Handhabung von Verfassung und Gesetz dieselbe bleiben. Die rechtliche und sittliche Möglichkeit einer constitutionellen Regierung beruht auf der Voraussetzung, daß jeder Unterthan den gleichen Rechtsschutz finde, daß für die Minorität (die schwächeren oder „mißliebigen" Parteien und Klassen der Gesellschaft) dasselbe Strafgesetz, dasselbe Civilgesetz, das gleiche Maß für Polizei-Resolute, Steuereinschätzungen, Militärausheburg 2c. gelte, wie für die herrschende Partei. Straf-, Civil- und Verwaltungsjustiz ergänzen sich gegenseitig als die drei Grundsäulen des constitutionellen Staates.

Die erste dieser Grundsäulen wird aber weggenommen, sobald die ganze Strafverfolgung ausschließlich zur Disposition der zeitigen Minister gestellt wird. Der Erfolg tritt nicht sogleich, aber er tritt fortschreitend mit dem Ministerwechsel ein. Das Bild der daraus hervorgehenden Zustände entwickelt sich am übersichtlichsten in Frankreich seit 1815, herabgehend von der Central- bis zur Ortsverwaltung. Das folgerichtige System der „ministeriellen" Staatsanwaltschaft bedeutet nicht weniger, als eine Außerkraftsetzung der Strafgesetze zu Gunsten der zeitigen Minister, der ihre Befehle ausführenden Beamten und schließlich zu Gunsten der Majorität. Das dem Könige versagte Abolitionsrecht wird als Massenabolition vertrauensvoll in die Hände der von Parteistellungen abhängigen Minister gelegt.

Es wird dem Ehr- und Pflichtgefühl unseres Berufsbeamtenthums außerordentlich schwer, seine Stellung zu dieser neuen Lage der Dinge zu nehmen, und dies Gefühl der Berufsehre bildet einen Hauptgrund, aus welchem unser Beamtenthum mit unüberwindlicher Ausdauer vor der staatsrechtlichen Seite der Frage die Augen verschließt. Neuerdings hat der österreichische Justizminister Dr. Glaser diesem Gefühle einen lebhaften Ausdruck gegeben in den Motiven zur österreichischen Proceßordnung (II. S. 23—25). Kein pflichtgetreuer deutscher Minister werde jemals seinen Beruf in dem Maße verkennen, um der Staatsanwaltschaft „Anweisungen" zu einer parteimäßigen Strafverfolgung oder Unterlassung der Verfolgung zu geben. Solche Instructionen würden den Minister in dem Maße compromittiren, daß ein einsichtiger Chef sich davor wohl hüten werde.

So sehr indessen diese Meinung dem Pflichtgefühl unseres Beamtenthums Ehre macht, so ist doch nach der Erfahrung aller Zeiten die dabei gemachte Voraussetzung nicht practisch, weil es keiner besonderen „Anweisung" bedarf für Fragen eines ministeriellen Systems, welche offen und notorisch vorliegen. Es bedarf hierzu nicht einmal der Zurdispositionsstellung einer Anzahl Beamten speciminis causa, wie in Preußen. Die facultative Zurdispositionsstellung des Staatsanwalts enthält eo ipso die Alternative: Folgeleistung oder Resignation. Die harmlose Darstellung der Sache, als ob es sich nur um die Gefahr handle, daß ein Staatsanwalt „aus persönlicher Willkühr" Anklagen unterlassen könnte, entspricht nicht dem Ernst der Sache.

Dem Criminalisten von Fach in seiner täglichen Arbeit tritt diese Seite der Frage freilich nicht entgegen, weil er mit den erhobenen Anklagen, nicht mit den unterlassenen Anklagen zu thun hat. Dasselbe gilt für die Staatsanwaltschaft, welche unter heutigen Verhältnissen außer Stande ist, die Gesammtpresse selbst zu lesen und zu controliren, welche ihren Anstoß zu Preßverfolgungen eben deshalb vorzugsweise durch Controlbureaus der Verwaltung erhält.

Ganz anders aber erscheint die Frage, sobald sie in die weiteren Kreise der öffentlichen Meinung, d. i. der Gesellschaft und ihrer Parteiinteressen tritt. Hier öffnet sich eine neue Welt von Ideen, welche in nächster Zeit mit dem Ideenkreise der Berufsjuristen im engen Raum hart zusammenzustoßen droht. Denn die heutige Gesellschaft fühlt allerdings, was das Anklagerecht für ihre nächstliegenden Interessen bedeutet.

Das erste und bedeutendste Interesse der Gesellschaft ist die Stellung des Anklagerechts zur Presse. So sehr die heutige Gesellschaft die Presse als eine Lebensbedingung ihrer Existenz zu würdigen versteht: so sehr hat sie auch den Mißbrauch der Presse kennen gelernt, um die bestehenden Strafgesetze als nothwendige Schranken anzuerkennen für den Schutz der Privatehre, des öffentlichen Friedens, der nothwendigen Autorität der Staatsgewalt. Ebenso versteht man die Nothwendigkeit von Preßpolizeigesetzen, um die Feststellung und Verantwortlichkeit der Urheber eines Preßvergehens zu sichern. Aller Rechtszweck und alle ermäßigende Kraft der Preßgesetzgebung ist aber bedingt durch ihre zweiseitige Handhabung, welche im politischen und socialen Kampfe auch der Minorität (dem schwächeren, mißliebigen Theile) die Gewißheit giebt, daß diese Schranken ebenso für die herrschenden Parteien und Klassen, also auch für die zeitige Ministerverwaltung und ihre „politischen Freunde" gilt. Ist diese parteigleiche Handhabung aber im Ernst zu denken durch eine Staatsanwaltschaft zur Disposition der zeitigen Minister? Soll das überwachende Polizeibüreau und der Staatsanwalt wirklich gegen die eifrigsten Vertreter, die stärksten Stützen, die besten „Freunde" der Regierung, wenn sie im Eifer für die gute Sache und zur Abwehr „staatsfeindlicher" Bestrebungen ihren Gegnern die „Wahrheit" sagen, mit gleichem Rigorismus einschreiten, wie gegen die politischen, kirchlichen, socialen Gegner der Regierung? Wo das constitutionelle System länger waltet, als in Deutschland, möge man einmal statistisch die gouvernementalen Strafverfolgungen gegen die regierungsfreundliche Presse sammeln und feststellen, wie viele solcher Klagen in England, Frankreich, Belgien, Holland im laufenden Jahrhundert wohl erhoben worden sind? In Deutschland ist die Frage von jüngerem Datum; allein auch Preußen hat Perioden eines sehr pronuncirten Parteieinflusses auf die Staatsverwaltung (1850—58) und lebhafter Verfassungskämpfe (1861—66) hinter sich. Wenn sich unsere Leser jemals entschließen wollten, die politische Tagespresse rückwärts zu lesen, so würden sie finden, daß in dieser Zeit die der zeitigen Regierung gegenüberstehende Partei in ihrer Privatehre und in ihrem guten Namen durch Erdichtung und Entstellung, durch Verdächtigung und Unterschiebung strafbarer Intentionen, in einer den öffentlichen Frieden gefährdenden Weise mindestens ebenso angegriffen worden ist, wie der andere Theil. Welche der beiden Parteien aber wurde zum Gegenstand der sehr zahlreichen und eifrigen Preßprocesse? Die nüchtern zu beantwortende Frage lautet: Wie hoch mag in den deutschen Staaten die Zahl der Amtsverfolgungen gegen die „gutgesinnte" Presse sich statistisch stellen? Vom amtlichen Standpunkte aus erhält der Laie freilich die kurze Abfertigung, „daß die königliche Staatsanwaltschaft jederzeit ihre Pflicht getreulich erfüllt habe und erfüllen werde."*) Allein unsere großen politischen Parteien werden heute wohl ein verständiges Wort darüber mit sich reden lassen, nachdem sie so manchen ernsten und schroffen Wechsel ihrer Machtstellung erlebt haben. Eine einseitige Handhabung der Strafklage durch die ministeriellen Organe demoralisirt in erster Stelle die Regierungspresse selbst — die offizielle wie die offiziöse — und schadet der herrschenden Partei mehr als ihren Gegnern, weil sie die Presse zur Zügellosigkeit verleitet. Das gouvernementale System der Strafverfolgung hat namentlich in Frankreich und in Belgien an dem jähen Sturze der Regierungs- und Minister-Systeme einen sehr bedeutenden Antheil, von welchem man in England unter einem zweiseitigen System der Strafklage nichts weiß. Der Beweis für eine gerechte und gemäßigte Handhabung der Preßgesetze ist von keiner Staatsregierung zu führen, so lange sie die Opposition von einer Anrufung der Gerichte einfach ausschließt.

---

*) Mein verehrter Freund, Generalstaatsanwalt Dr. Schwarze bemerkt (Gerichtssaal 1864 S. 421): „Da wo die Staatsanwaltschaft sich dazu hergiebt, mit Verleugnung des Rechtsstandpunktes der politischen Verfolgungssucht zu dienen und das Gesetz zum Vortheil der einen oder der anderen Parteimeinung zu beugen, verleugnet sie ihre Aufgabe und schändet sie ihren Beruf." — Nach einer Mittheilung in v. Holtzendorff, Reform der Staatsanwaltschaft, 1865 Seite 10, hat das preußische Beamtenthum gegen die Behauptung einer ungleichen Behandlung der Parteien sogar die Anklage wegen „Beleidigung der königlichen Staatsanwaltschaft" erhoben. — Allein wie löst sich denn das Räthsel der Statistik der amtlichen Verfolgungen der regierungsfreundlichen Presse? Die Wahrheit ist, daß (abgesehen von den polizeilichen Preßbureaus) die politischen Parteien, so lange sie vorzugsweise aus gesellschaftlichen Klassengegensätzen hervorgehen, einen ungleichen Maßstab für das Recht der anderen Partei, ein ungleiches Maß sogar für Moral und Schicklichkeit haben. Eine Selbsttäuschung darüber ist die Regel des heutigen öffentlichen Lebens, und der besondere Beruf zur Wahrnehmung eines öffentlichen Interesses giebt keine Exemtion von diesem Irrthume. Das Richteramt überwindet ihn sehr mühsam durch eine stets vorangehende Anhörung beider Theile und durch die ständige Gewohnheit des Rechtsprechens und objectiver Messungen. Ein öffentlicher Ankläger aber, der alle diese Voraussetzungen des Richteramts in seinem Inneren reproduciren wollte, müßte in eine pedantische Selbstquälerei verfallen, welche ihn zur Erfüllung des Anklageamts sicherlich ungeeignet machen würde.

Umgekehrt bildet sich unter zweiseitiger Strafverfolgung in gegenseitiger Uebereinkunft ein gewisser Takt und eine Mäßigung in der Preßverfolgung, im Ganzen auch ein gemäßigter Ton der Presse selbst. Treibt es eine Partei aber wirklich zu arg, so ist es an sich rathsam (neben der amtlichen Verfolgung wichtiger Fälle) auch der Gegenpartei einigen Raum für die öffentliche Klage zu lassen, z. B. bei den heutigen Verketzerungen der socialdemocratischen Parteien unter sich.

Das zweite nächstwichtige Gebiet ist die Handhabung der Vereins- und Vereinspolizeigesetze. Gebrauch und Mißbrauch des Vereinsrechts sind untrennbar von dem Leben und Wesen der heutigen Gesellschaft, und die bestehenden gesetzlichen Schranken können dafür ausreichen, — unter Voraussetzung einer zweiseitigen Handhabung. Die Verbitterung, welche in den socialen Vereinsbildungen Fuß faßt, wird alsbald verändert, sobald Sonne und Wind gleich getheilt sind. Behauptet beispielsweise eine Partei, daß die bestehenden Freimaurerorden nach demselben Gesetzprinzip (§. 128 St. G. B.) strafbar seien, nach welchem man sie verfolgt, so wird sich die Streitfrage in aller Form Rechtens austragen, sobald außer der beamteten Staatsanwaltschaft noch andere Organe der Strafverfolgung geschaffen werden. — Dagegen ist es ein Widerspruch gegen die Natur, von einer Ministerverwaltung und ihren polizeilichen Organen zu erwarten, daß sie ebenso ernstlich gegen Vereinigungen einschreiten sollten, die zur eifrigen Unterstützung der Regierung in's Leben getreten sind, und etwa der einen oder der anderen „Form" nicht völlig correct genügt haben. Wenn (wir wir es erlebt haben) die „vereinigten" großen conservativen Parteien durch Deputationen ihrer Centralausschüsse dem Ministerpräsidenten ihre Glückwünsche zum Geburtstag bringen, soll etwa die Staatsanwaltschaft gegen so artige Freunde wegen Verletzung des Vereinsgesetzes (§. 8) einschreiten? Geschehen ist es wenigstens nicht. Die trockene Frage lautet auch hier: Wie hoch mag sich statistisch die Zahl amtlicher Strafverfolgungen der regierungsfreundlichen Vereine in Deutschland belaufen? Die Staatsanwaltschaft wird sich auf die polizeilichen Ueberwachungsbüreaus berufen; aber geändert wird der Erfolg dadurch nicht.

Das dritte Gebiet bildet die Strafgesetzgebung zur Sicherung der freien Wahlen, d h. zur legalen Geltendmachung der gesellschaftlichen Interessen im Staate. Das Maß und die Grenze zwischen berechtigten und unberechtigten Wahleinflüssen ist bisher mit zweifelhaftem Erfolge gesucht worden. Aber ziemlich werthlos sind solche Strafandrohungen, wenn nicht ihre zweiseitige Handhabung auch zu Gunsten der Minorität vollkommen gesichert ist. Eine Ministerverwaltung wird aus Anstandsrücksichten jederzeit in flagranten Fällen einschreiten. Aber in den unzähligen Fällen, in denen kein delit flagrant vorliegt, — auf die es praktisch hauptsächlich ankommt, — wird keine Minorität an unparteiische Handhabung glauben, so lange ihr die eigne Strafverfolgung verweigert wird. Auch hier bedarf es keiner „compromittirenden" Anweisungen an die Staatsanwaltschaft. Nachdem die ministeriellen Anweisungen zur Beförderung regierungsfreundlicher Wahlen erlassen, nachdem (in der früheren preußischen Ministerpraxis) Regierungscommissar, Wahlcandidat und Landrath in einer Person identificirt sind: wird man es den Gegenparteien verdenken, wenn sie an die parteigleiche Handhabung dieser Gesetze nicht glauben?

Das vierte und weitreichendste Gebiet umfaßt die ganze Verantwortlichkeit der Staatsbeamten für Ueberschreitung ihrer Competenz und strafbarer Verletzung ihrer Amtspflicht. Es herrscht jetzt wohl allgemeines Einverständniß, daß darüber die Gerichte entscheiden sollen. Sogar durch Verfassungsklauseln ist es für unzulässig erklärt, diese Strafverfolgung von der Einwilligung der vorgesetzten Verwaltung abhängig zu machen. Man hat damit aussprechen wollen, daß diese Strafverfolgung zum Schutz des individuellen Rechtskreises unentbehrlich, daß der Grundsatz der Gesetzmäßigkeit der Regierungsacte einerseits, der Grundsatz des verfassungsmäßigen Gehorsams andererseits, mit der Verantwortlichkeit der Beamten steht und fällt. Welchen Sinn soll nun aber diese entscheidende Grundlage unseres Rechtsstaats haben, wenn die Strafverfolgung ausschließlich in die Hände des Staatsanwalts gelegt, und mit diesem zur Disposition zeitigen Minister gestellt ist? — Ich sehe dabei ab von der noch weitergehenden Einschiebung eines sog. Competenz-Gerichtshofes. — Der vitiöse Cirkel jener Einrichtung ist auch für das blödeste Auge erkennbar. Für Amtsmißbräuche, die aus der individuellen Willkür oder Leidenschaft des Beamten hervorgehen, wird jede Ministerverwaltung im eignen Ehreninteresse die genügende Sorge tragen. Wo aber die Grenzen der Befugnisse der Ministerverwaltung selbst streitig werden, da sind es stets die Befehle des Ministers selbst, welche den Gegenstand der Beschwerde bilden, und welche nun von einem Organ des Ministers selbst unter Anklage gestellt werden sollen. Es bedarf hierzu wieder keiner „Anweisungen" an die Staatsanwaltschaft. — Ein Staatsanwalt müßte ein unglaublich geringes Maß von Einsicht besitzen, um die Lage der Sache nicht zu begreifen. Es liegt an diesem Punkte die Achse aller Fragen vom Rechtsstaate, an welcher nach allseitigem Anerkenntniß ein gesicherter Rechtszustand in Frankreich bisher gescheitert ist. Denn jede Staatsverfassung wird in diesem Zirkel schutzlos. Die Geschichte der Verfassungskämpfe Europa's seit dem Mittelalte ergiebt eine gleichmäßige Erscheinung: die Verfassung wird durch ministerielle Maßregeln bekämpft, das Verordnungsrecht wird gegen die Gesetzgebung, der Verwaltungszwang gegen den Einzelnen gerichtet, und die Anrufung des Gerichtsschutzes dagegen versagt. Die Wege dazu sind nach der Gerichtsverfassung zum Theil sehr schwierige: Corruption des Richterpersonals, Errichtung außerordentlicher Gerichte, Einschiebung von Commissionen u. s. w. Die einfachste unmittelbar zum Ziele führende Weise ist aber die französische Weise einer Ausschließlichkeit des ministeriellen Anklagerechts, auf welcher die Schutzlosigkeit aller Staatsformen in Frankreich von dieser Seite aus beruht. Man hat diesen Widerspruch gegen die Grundsätze der deutschen Monarchie neuerdings sogar zur „conservativen" Politik gerechnet. Von anderer Seite war man erstaunt über die Ohnmacht der deutschen Gerichte in allen Streitfragen des öffentlichen Rechts. Das Räthsel würde sich lösen, wenn man nur den Gerichtsschutz in seinem staatsrechtlichen Zusammenhange vor Augen hätte. (Gneist: Verwaltung, Justiz, Rechtsweg 1869. §. 12. S. 144 bis 190.)

Bis zu diesem Punkte etwa reichen die Erfahrungen Deutschlands in seinen Verfassungsstreitigkeiten und Ministerklagen. Die Leidenschaft der Parteien kann aber der gouvernementalen Strafverfolgung noch ganz andere Dimensionen geben. Sie kann der mißliebigen Partei auch den Rechtsschutz gegen Land- und Hausfriedensbruch, gegen Gewaltthat, zuletzt gegen jedes gemeine Verbrechen versagen. Eine vollere Entwicklung dieser Mißbräuche erscheint in den romanischen Ländern, in welchen jede Seite die parteimäßige Handhabung der Strafjustiz für ihre Zwecke zu benutzen liebt, sobald sie an das Ruder kommt. Wir können in Deutschland freilich bis jetzt sagen: Wir haben diese constitutionelle Mißbildung niemals gewollt. Der Zwang zur gleichen Handhabung der Strafgesetze für jede Ministerverwaltung, die Unmöglichkeit der Außerkraftsetzung der Gesetze zu Gunsten der herrschenden Partei ist die communis opinio der Rechtsverständigen geblieben.

Aber wenn man dieses Ziel will, muß man auch die Mittel wollen und sich nicht sorglos darüber hinwegsetzen, daß im täglichen Leben des Strafrichters bei Anklagen auf Tödtung, Diebstahl und Betrug keine Andeutung solcher Verhältnisse sichtbar ist. Die Einrichtungen der Justiz müssen auch die Leidenschaft des Parteikampfes vorhersehen, der auf die Dauer niemals ausbleibt.

Die Sorglosigkeit in dieser Beziehung gehört auch erst der neuesten Zeit an. Die historische deutsche Gesetzgebung war ein europäisches Muster in Gewährung des Rechtsschutzes nach oben, durch den Grundsatz, daß Tausende von Untergerichten und Hunderte von Obergerichten gegen Uebertreter der Strafgesetze ohne ministerielle Autorisation einzuschreiten hatten. Es war das praktische Bedürfniß, — die Vielheit der kleineren halbsouveränen Reichsstände, — welches gerade diese Seite der öffentlichen Rechtsordnung sorgfältig entwickelte. Die Reichsgerichte haben in dieser Beziehung eine Reichsjustiz bis zu den letzten Tagen ihrer Wirksamkeit noch geübt.

Mit der Grundreform des Strafprocesses war diese Gestaltung der Sache nicht aufrecht zu erhalten. Aber auch in dem neuen Anklageproceß hat die deutsche Gesetzgebung gegen eine Verschiebung der Strafrechtsordnung immer noch Fürsorge getroffen, und selbst dem napoleonischen Codes gebührt in dieser Beziehung eine ehrenvolle Anerkennung. Es sind in dieser Richtung drei Wege eingeschlagen worden, welche erst von dieser Seite ihr volles Verständniß gewinnen, welche aber freilich wegen ihrer Mangelhaftigkeit nur den Charakter von Uebergangsbildungen tragen:

I. Das concurrirende Anklagerecht der höheren Gerichtshöfe.

II. Die richterliche Unabhängigkeit der Staatsanwaltschaft.

III. Das im Richteramt beibehaltene Inquisitionsprincip.

I. Die erste Weise ist ein concurrirendes Anklagerecht der oberen Gerichtshöfe neben der Staatsanwaltschaft.

Im Anschluß an überkommenes Recht hat die Gesetzgebung Napoleons I. diesen Weg eingeschlagen. Nach Art. 235 des Code d'instr. crim. können die Anklagekammern aus den an sie gelangenden Strafsachen Veranlassung entnehmen, die Einleitung neuer oder die Fortsetzung liegengebliebener Untersuchungen von Amtswegen anzuordnen. Außerdem haben nach dem Gesetz vom

20. April 1810 die vereinigten Kammern der Appellhöfe das Recht, auf die Anzeige eines ihrer Mitglieder dem Generalprocurator die Verfolgung eines Verbrechens oder Vergehens aufzutragen. Es war dies eine Fortsetzung alter Parlamentsbefugnisse, und zugleich eine der Schicklichkeitsrücksichten, welche die napoleonische Gesetzgebung in diesen Fragen charakterisirt. Ergänzend von anderer Seite tritt dazu das Recht der plainte von Seiten des Verletzten.

Diesem Vorbild zunächst schließen sich die deutschen Gesetzgebungen an (Württemberg, Braunschweig), welche dem höchsten Gerichtshofe des Landes das Recht der Erhebung der Anklage von Amtswegen beilegen und zugleich für ein Organ zur Durchführung der Anklage sorgen.

Einen analogen Zweck verfolgen diejenigen Gesetzgebungen (Württemberg, Baden, Braunschweig, Hamburg, Bremen), welche gegen die Ablehnung einer Strafverfolgung seitens der ministeriellen Staatsanwaltschaft einen Recurs an die Gerichte gewähren. Denselben Weg wählt der Bayrische Entwurf von 1870. Dasselbe beabsichtigte ein Amendement des Abg. Dr. Wentzel zu §. 1 der Verordnung vom 3. Januar 1849. — In der Ausführung zeigte sich indeß eine Unsicherheit darüber, wer einen solchen Beschluß zu extrahiren hat. Die Württemberger Strafproceßordnung setzt voraus, daß ein „Recht des Anrufenden" verletzt worden. Die Badische (1864) spricht von dem Antrage oder der Anzeige des „Verletzten." Die „Hamburger" (1869) von dem „Beschädigten" oder Demjenigen, „der sonst ein erweisbares Interesse an der Verfolgung" hat. Der Bayrische Entwurf (1870) nennt allgemein den „Anzeiger".

Analoge Zwecke verfolgen diejenigen deutschen Gesetzgebungen (Oesterreich, Bayern, Hessen), welche dem Voruntersuchungsrichter allgemein das alte Recht reservirten, die Untersuchung von Amtswegen einzuleiten.

Allen diesen Einrichtungen liegt das mehr oder weniger bewußte, achtungswerthe Streben nach einer Rechtscontrole zu Grunde, welche eine Lahmlegung der Strafgewalt zu Gunsten eines mächtigeren Theils verhindern soll. Der wenig sichtbare Erfolg solcher Einrichtungen beweist auch nicht, daß sie ohne alle Bedeutung wären; denn sie wirken stillschweigend auf die Praxis der Strafverfolgung, ohne daß man ihre Wirksamkeit statistisch feststellen kann.

Wohl aber ist die Angemessenheit einer solchen Controllstellung der Gerichtscollegien ernstlich zu bezweifeln. Soll das

Gericht nur auf Beschwerde des „Verletzten“ einschreiten, so ist dieser Begriff an sich unbestimmbar und versagt gerade da, wo die Hülfe nöthig wäre (s. unten). Soll das Gericht dagegen ex officio einschreiten, so werden die einzelnen Appellhöfe (oder gar die Kreisgerichte) als Gesetzeswächter gedacht, welche die laufende Ministerverwaltung in der Handhabung der Polizeihoheit (Strafverfolgung) zu controliren hätten. Wohl kann eine solche Frage im einzelnen Falle vom Gericht entschieden werden. Aber eine fortlaufende Observation des Ganges der Verwaltung, eine systematische Cognition über die Maximen der Handhabung der Staatsanwaltschaft kann man den Richtercollegien als solchen nicht zumuthen. In ihrer gewohnten unbefangenen Amtsthätigkeit stehen sie der Parteibewegung des Tages fern, und sollen ihr womöglich fern bleiben. Jedes Näherrücken in dieser Richtung würde viel mehr die Unbefangenheit des Richterberufs beschädigen, als die Unparteilichkeit der Verwaltung fördern. Jeder wirkliche Gebrauch eines solchen Rechts ex officio setzt die beamteten Richter mit dem Justizminister einerseits, mit der Staatsanwaltschaft andererseits in eine geradezu feindselige Lage. Bei Provinzial-Gerichtshöfen, in welchen eine gewisse particularistische Richtung sich festsetzt, können daraus sogar seltsame Verwicklungen entstehen, wenn nicht dem höchsten Gerichtshofe wiederum ein Correctiv gegen die erhobene Amtsanklage gegeben wird. — Es liegt in jener Weise der Rechtscontrole ein Nothbehelf, eine Art von Sicherheitsventil, welches als Uebergang zu Normalzuständen gelten kann. Aber als dauernde Institution trägt es den Fehler aller Einrichtungen an sich, welche eine Ministerverwaltung durch unmittelbares Eingreifen der Gerichtscollegien corrigiren wollen.

II. Die zweite Weise der Rechtscontrole wird in der richterlichen oder quasi-richterlichen Stellung des Staatsanwalts gefunden.

Ein Muster dafür ist wiederum die Napoleonische Gesetzgebung geworden, welche den Schein eines bloßen Parteiorgans von der Staatsanwaltschaft sorgfältig abwendet. Der Minister kann die Erhebung einer Anklage anbefehlen; dem procureur du roi bleibt aber das Ehrenrecht, seine persönlich abweichende Ansicht auszusprechen. Der Minister kann die Erhebung einer Anklage untersagen; er kann aber die einmal erhobene Anklage des Staatsanwalts nicht mehr rückgängig machen. In weiterer Consequenz dieser Auffassung versagt man der Staatsanwaltschaft nach ergangenem Gerichtsbeschluß überhaupt das Verfügungsrecht über die Anklage. — Die historische Wurzel dieses künstlichen Verhältnisses lag in der alten Selbstständigkeit der ständischen Gerichte gegenüber den Anträgen des Kronanwalts. Napoleon I. hat es beibehalten zur Aufrechthaltung einer moralischen Autorität seiner Magistratur. Zu einer Abwehr gewaltsamer Verfassungsänderungen und Rechtsbrüche hat auch dies Verhältniß indessen niemals gedient. Trotz aller hochtönenden Phrasen vom Berufe des ministère public ist dasselbe noch keinem französischen Machthaber im Ernst lästig geworden.

In Deutschland ist dieser Weg analog beschritten durch Nachbildung der französischen Einrichtungen. Mit besonderer Sorgfalt wurde dieser Geschichtspunkt im Königreich Sachsen verfolgt. Die Anstellung und Entlassung der Staatsanwälte ist unter die gesetzlichen Bestimmungen für das Richteramt gestellt und dem Anklageamt wird eine Reihe von Befugnissen beigelegt, um es als Vertheidiger der angeklagten Unschuld zu einem populären Vertrauensamt zu machen. Derselben Richtung gehört das braunschw. Gesetz an, durch welches der Staatsanwalt in allen Funktionen als öffentlicher Ankläger von einer Unterordnung unter das Justizministerium eximirt sein soll.

Auch in der deutschen Wissenschaft wurde jene Richtung mit Lebhaftigkeit vertreten, welche die unparteiische Handhabung einer Polizeifunktion dadurch herstellen möchte, daß man den Beamten eine richterliche Stellung einräumt.

Allein, diese Stellung und das s. Z. viel besprochene „Legalitätsprincip" steht im Widerspruch mit der täglichen Praxis der Staatsanwaltschaft. Wenn diese Behörde in Preußen von jährlich mehr als 200,000 Denunciationen durchschnittlich mehr als 120,000 zurückweist aus Gründen der Geringfügigkeit des Interesses, oder wegen Zweifelhaftigkeit des Erfolges, so ist gerade dies als eine sachgemäße und segensreiche Seite ihrer Thätigkeit anzuerkennen. Der Erfolg zeigt, daß dies Ermessen mit Umsicht und Vorsicht geübt wird, und die Beschwerden, welche dagegen dann und wann beim Landtag erhoben worden sind, haben fast ausnahmslos zu einer Anerkennung der Sachgemäßheit der Zurückweisungen geführt. Die Anhänger des sogen. Legalitätsprincips würden, wenn sie selbst ein Decernat der Art führten, sich an den ersten hundert Fällen überzeugen, daß die Staatsanwaltschaft ohne diese freien Befugnisse in ein kleinliches, pedantisches Verfahren und endlose Weitläufigkeiten gerathen würde. Sollte gegen jede Rechtsverletzung mit richterlicher Strenge eingeschritten werden, so hätte man die Initiative nach alter Weise lieber dem Untersuchungsrichter lassen sollen*).

Das Entscheidende ist, daß jene richterliche Selbstständigkeit in Widerspruch tritt mit der nothwendigen Beweglichkeit der Polizeigewalt im constitutionellen Staate. Keine Ministerverwaltung kann die Verantwortung der „Friedensbewahrung" übernehmen ohne Organe, welche in ununterbrochener Reihe seiner Direction Folge leisten. Was eine Ministerverwaltung an dieser Stelle verlangt, ist nicht mehr als die Handhabung gesetzmäßiger Gewalten unter rechtmäßiger Entscheidung der Gerichte des Landes. Das Maß der Geltendmachung dieser Gewalten muß sich aber durch das Bedürfniß der zeitigen Gesellschaft bestimmen. Es ist nicht Zufall, Willkür, Modesache, wenn in verschiedenen Zeiten eine stärkere Repression nach der einen oder anderen Seite beansprucht wird. Dasselbe Bedürfniß, welches in dem stets wechselnden Verhältniß zwischen Staat und Gesellschaft einen Wechsel der Wahlen und der ministeriellen Verwaltung herbeiführt, bedingt auch einen gewissen Wechsel in der Richtung der Strafverfolgung. Jede Partei erkennt das auch thatsächlich an, indem sie es für

---

*) Vergl. die treffende Ausführung in v. Freydorff's Gutachten, Verhandlungen des V. deutschen Juristentags S. 146 ff., Glaser, das Princip der Strafverfolgung Kl. Schriften I. 227 ff. und über das sog. Legalitätsprincip: Dr. Schwarze in den Verhandlungen des D. Juristentags 1861. II. S. 319. ff.; von Holtzendorff „Reform der Staatsanwaltschaft", 1865. S. 12 ff.; Sundelin „Staatsanwaltschaft" 1860. S. 57 ff. Eine sorgfältige Uebersicht der Gesammtanschauungen in den juristischen Kreisen giebt namentlich v. Keller „die Staatsanwaltschaft" 1866. S. 205—219. „Der Geist unbeugsamer, jeder Willkür fremder, nur das Gesetz befolgender Gerechtigkeit", welchen Schwarze (Gerichtssaal 1864 S. 22) für den Staatsanwalt beansprucht, ist übrigens nicht nothwendig an eine etatsmäßige Richterstellung gebunden. Die Pflicht der Fürsorge, daß nicht auf leichte, zweideutige Beweise hin ein Unschuldiger verfolgt werde, das Streben nach Gerechtigkeit in der Handhabung aller Zwangsgewalten des Staates ist ebenso eine Pflicht der verwaltenden Polizei, und sie ist durch ein ehrenhaftes deutsches Beamtenthum in normalen Zeiten auch ehrenvoll erfüllt worden. Solche Pflichten erfüllt der Staatsanwalt auch als höherer Verwaltuugsbeamte, ohne daß man eine besondere „Justizmagistratur" aus ihm macht. Selbst die amerikanische Staatsanwaltschaft vertritt diese Anschauung, wie der Generaladvokat in dem Proceß Webster: „Ich vertrete an dieser Stelle den Staat, um, — soweit es von mir abhängt, zu sorgen, daß der Gerechtigkeit des Staats Genüge geleistet und das Recht des der Uebertretung Angeklagten nicht weniger geschützt werde". (Mittermaier „Engl. Strafverfahren" 1851. S. 320.)

sich beansprucht und nur den Gegnern es bestreitet. Keine Verwaltung kann sich darin hemmen lassen durch die persönlichen Ansichten ihrer Organe, so daß in jedem Kreise ein Beamter in richterlicher Stellung *seine* politischen, socialen, kirchlichen, provinziellen Standpunkte der Centralbehörde hindernd gegenüberstellen dürfte. Eine solche Einrichtung würde nur dahin führen, daß der verantwortliche Minister entweder durch indirecte Einflüsse auf die Person seinen Anweisungen Geltung verschaffen, oder daß er neben dem richterlichen Staatsanwalt ein anderes Organ der Strafverfolgung suchen würde.

Eben deshalb leidet die richterliche Inamovibilität des Staatsanwalts an einer *inneren Unwahrheit*; denn durch bloße Namen und Amtsetats ist keine Richterstellung zu schaffen. Der Charakter eines Amts bestimmt sich durch seine gewohnheitsmäßige Thätigkeit; und diese ist eben keine richterliche. Die Strafverfolgung bedingt vielmehr eine Unterordnung des Staatsanwalts unter den Oberstaatsanwalt, des Oberstaatsanwalts unter den Minister: in einer solchen *Hierarchie von Einzelbeamten* kann aber die richterliche Selbstständigkeit nicht gedeihen. Der Versuch wäre ungefähr analog, als ob man eine Verwaltungsjurisdiction dadurch herstellen wollte, daß man Polizeipräsidenten und Landräthen die richterliche Unabsetzbarkeit beilegte! Die innere Unnatur des Versuchs, ministeriellen Organen der Verwaltung den Anstrich „unparteiischer Obrigkeit" zu geben, ist eben der Grund der Zweideutigkeit des ministère public in Frankreich, welche mit dem ersten Beginn des constitutionellen Ministerwechsels in einer selbst für Frankreich kaum erträglichen Weise hervortrat.

III. Diese *dritte* Weise der Rechtscontrole besteht in der *Beibehaltung der Inquisitionsmaxime*, welche das Richteramt als das vollziehende Amt des Anklagerechts beibehält und sich mit der äußeren Anheftung gewisser Formen des Anklageprocesses begnügt.

Das Muster für diese Grundform wurde wiederum der *napoleonische Code*, welcher auch hier die eminent conservative Gestalt des französischen Strafprocesses bewährt. Schon im XV. Jahrhundert hatte sich in Frankreich der Uebergang in den Officialproceß so bewerkstelligt, daß das Gericht die Feststellung des Anklagebeweises ex officio übernahm, der procureur du roi aber nach dem canonischen Muster eines promotor inquisitionis ihm zur Seite trat, in einem Wechselverfahren, in welchem der Staatsanwalt eine Reihe Anträge stellt, das Gericht beschließt, ohne jedoch an die Anträge gebunden zu sein. Im Anschluß an die so gewohnten Verhältnisse hat der Code den Staatsanwalt in den Anfang und in den Schluß des neugebildeten Verfahrens gerückt.

Man giebt ihm die Initiative, um die nothwendige Richtung unter den vieltausendfältigen ungenügenden Denunciationen zu ermöglichen. Es bleibt aber bei diesem accusatorischen Anlauf. Ist die Voruntersuchung einmal beantragt, so verfährt der juge d'instruction nach eigenem Ermessen, und legt die Acten dem procureur nur zur Stellung von Schlußanträgen vor. Der Voruntersuchung folgt bei Verbrechen ein zweifacher Gerichtsbeschluß, welcher die Anklageformel auch ultra petitum des Anklägers feststellt. Im Hauptverfahren bindet sich der Gerichtshof vollends an keinen Antrag der Staatsanwaltschaft, weder in der Beweisung, noch in der Qualifikation des Verbrechens. Das Gericht ist dominus litis geworden. Der Staatsanwalt kann auch nicht mehr zurücktreten.

Diese Beibehaltung alter Gewöhnungen beruhte auf dem sehr achtbaren Hintergrunde des Bestrebens, das selbstständige Richteramt als die eigentlich maßgebende Behörde der Strafverfolgung beizubehalten. Von den beiden Zwecken der Rechtscontrole

1) zum Schutze der verfassungsmäßigen Rechtsordnung im Ganzen,
2) zum Rechtsschutze des Angeschuldigten gegen die Uebermacht der Anklage,

wurde dadurch freilich nur der zweite erreicht. Denn die Gefährdung der verfassungsmäßigen Rechtsordnung beruht nicht auf der Erhebung, sondern auf der möglichen Unterlassung von Anklagen.

Wenn man später in Deutschland die so künstlich zusammengefügten Procedurformen nach französischem Muster übernahm, — ohne eine historische Anknüpfung, — so soll man darüber nicht rechten, soweit in dem beibehaltenen Inquisitionsprincip wirklich ein reeller Schutz für den Angeschuldigten liegt. Ich will deshalb auch an dieser Stelle nicht darüber streiten, ob dies französische Verhältniß von Anklageprincip und Anklageform so selbstverständlich ist, wie die Motive des D. Entwurfes annehmen. Allein, es zeigt sich dabei die verhängnißvolle Erscheinung, daß jeder Versuch, dies künstliche Gewebe zu vereinfachen, und die Parteirechte darin auszugleichen, zu einer Beseitigung aller Schranken führt, die zum Schutze der allgemeinen Rechtsordnung in dem bisherigen Verfahren bestimmt sind.

Und dies ist, sicherlich gegen die Absicht, der Erfolg aller

Aenderungen, die der deutsche Entwurf trifft. Er will auf den „gegebenen Grundlagen“ stehen bleiben und sie nur auf gleichmäßige Grundsätze zurückführen. Um aber diese Gleichmäßigkeit zu erreichen, behält der Entwurf nicht die bisherigen Einrichtungen bei, sondern beseitigt alle noch vorhandenen Rechtscontrolen der constitutionellen Ministerverwaltung auf einmal.

I. Das concurrirende Anklagerecht durch Gerichtsbeschlüsse ex officio und durch Entscheidung der Gerichte über verweigerte Anklagen, wie es in der deutschen und rheinischen Gesetzgebung bisher noch bestand (S. 29—31), wird durchgreifend aufgehoben.

II. Die quasi-richterliche Stellung der Staatsanwaltschaft, soweit sie in deutscher und rheinischer Gesetzgebung vorkommt, wird ebenso aufgegeben, die Anklagebehörde vielmehr bedingungslos unter die Leitung der Minister gestellt. Die Schicklichkeitsrücksichten des Code für die Stellung des Staatsanwalts waren schon früher von dem preußischen Gesetzgeber für unnöthig erachtet worden. (S. 31—34.)

III. Die inquisitorische Stellung des Richteramts bleibt nicht unverändert, sondern das ganze Vorverfahren soll zur Verfügung des Staatsanwalts gestellt werden. (Unten Abschn. II.)

Es ist dies keine Reform auf dem Boden der gegebenen Verhältnisse, sondern sie macht tabula rasa. Es ist damit vor Allem die rechtliche Verantwortlichkeit der Beamten stillschweigend aufgegeben; denn über die verweigerte Anklage wegen Amtsüberschreitung wird der Minister selbst zur letzten Instanz. Es ist dabei wirklich vorausgesetzt, daß ein constitutioneller Minister „nicht Unrecht thun kann.“ Es wird wohl beiläufig bemerkt, daß man die Strafverfolgung nicht dem „rein persönlichen Ermessen“ der Staatsanwaltschaft überlassen dürfe. Daß aber constitutionelle Minister vermöge ihrer Stellung zu den politischen Parteien veranlaßt sein könnten, Strafgesetze außer Kraft zu setzen, wird, wie das moralisch Unmögliche in der solonischen Gesetzgebung, mit Stillschweigen übergangen. In politischen Kreisen gilt diese Frage als Angelpunkt des sog. Rechtsstaats. England, Frankreich, Belgien stellen sie an die Spitze der staatsrechtlichen Fragen des Strafverfahrens. Die preußischen Parteikämpfe seit 1849 drehen sich wesentlich um diese Frage. Vielleicht haben ebendeshalb die Criminalisten sie als eine „politische“ Frage angesehen, die im Reichstage zum Austrag kommen müßte. Unzweifelhaft wird dies geschehen. Niemand aber hat einen höheren Beruf, von Staatswegen Stellung zu der Frage zu nehmen, als die deutsche Reichsregierung in einer Zeit, in der es darauf ankommt, die Uebergriffe der Parteien und der Parteiverwaltungen in das Rechtsgebiet zu verhüten, und die Zeit der Ruhe und des Vertrauens zu benutzen, in welcher die Ordnung dieses Verhältnisses mit gutem Gewissen auf allen Seiten vor sich gehen kann. Gerade die Zeit eines guten Verhältnisses zwischen Regierung und Volk ist die Zeit für solche Fragen.

Wie haltlos die Gesammtrechtsordnung mit solchen Einrichtungen dasteht, zeigt sich sogleich an der Probe des deutschen Strafgesetzbuches selbst. Da jedes Landesministerium endgültig über das Anklagerecht verfügt, so kann jeder deutsche Einzelstaat die Artikel und Abschnitte des Strafgesetzbuches außer Kraft setzen durch eine einfache Verständigung mit seiner Staatsanwaltschaft. Und dazu wird nicht blos der §. 180 D. Str. B., sondern im Verlaufe der Zeit wohl mancher ernstere Streitpunkt zwischen Reich und Einzelstaat die Veranlassung geben. Die darauf natürlich folgenden diplomatischen Vorstellungen sind nicht die richtige Weise, in welcher Reichsgesetze in Deutschland gelten sollen.

In einer Zeit, in welcher die constitutionelle Regierungsform in Deutschland Ernst wird, und das Verhältniß von Reich und Einzelstaat eine feste Ordnung des öffentlichen Rechts bedingt, kann die gemeinsame Gesetzgebung nicht damit anfangen, die letzte Rechtscontrole constitutioneller Ministerverwaltung beseitigen zu wollen. Ist jene Controle, wie sie bisher durch Gerichtsbeschlüsse und durch die „Selbstständigkeit" der Staatsanwaltschaft versucht wurde, allerdings nicht recht geeignet, so muß der geeignete und wirksame Grundsatz zur Geltung kommen.

Das einzig wirksame System zur Sicherung der Zweiseitigkeit der Strafverfolgung ist aber das concurrirende Anklagerecht, welches man mit einem zweideutigen und mißverstandenen Ausdruck bisher die „Privatanklage" genannt hat.

Schon in der Construktion des Privatrechts wird es sichtbar, daß wenn in Körperschaften, Actiengesellschaften ꝛc. ein Mehrheitsbeschluß Vorherbedingung des Klagerechts ist, die Minorität den Rechtsüberschreitungen schutzlos gegenübersteht. Verwaltungsrath und Generalversammlung setzen sich über Gesetz und Statut einfach hinweg, solange man nicht dem Einzelnen das Klagerecht auf Innehaltung der Normativbestimmungen gewährt. In viel höherem Maße gilt dasselbe von der großen Socialgestalt des Staats, sobald darin constitutionelle Majoritäten zur Geltung kommen.

Es giebt dagegen keinen anderen rechtlichen Schutz, als die actio popularis, welche schon der antike Staat (trotz seiner parteimäßigen Anlage) für unentbehrlich erachtet, und welche selbst die kraftlose Staatsordnung der christlichen Kaiserzeit grundsätzlich festgehalten hat.

Die volle Rechtsentwickelung der Popularklage gehört aber der germanischen Welt an. Die Behandlung der Anklagepflicht als allgemeine Bürgerpflicht ist die Hauptgrundlage der bürgerlichen Freiheit, die eifersüchtig festgehaltene rechtliche Waffe gegen die Ueberschreitung der Amtsgewalten in England geworden. Sie ist folgerichtig zur rechtlichen Verantwortlichkeit der Minister weitergeführt, und gilt bis heute als das entscheidende Glied der Kette der Verfassungs-Garantien. Dieselbe Grundvorstellung ist von England auf Amerika übergegangen, und auch nach Einführung einer Staatsanwaltschaft gilt in allen Verfassungen der neuen Welt das Recht der Strafverfolgung durch Private als die entscheidende Grundlage des „verfassungsmäßigen Gehorsams" und der bürgerlichen Freiheit.

Derselbe Grundgedanke ist, wenn auch nach längerem Ringen, im deutschen Strafverfahren zur Geltung gekommen. Die reine „Privatklage" gehört nur dem System der Composition an. So lange die Strafklage nur auf Wehrgeld und Buße ging, gab es natürlich nur eine Klage des „Verletzten" auf das, was ihm zukam. Allein es ändert sich dies mit dem ersten Auftreten der Idee des Friedensbruches und der öffentlichen Strafe, und zwar in dreifacher Richtung:

1) In den Rügegerichten erscheint bereits der Gedanke der allgemeinen Gemeindebürgerpflicht zur Erhebung der Strafrüge, und hat sich als solche das Mittelalter hindurch, sporadisch sogar bis in die neuere Zeit erhalten.
2) Bei dem Verfahren auf handhafte That ist es der ergreifende Theil, nicht der Verletzte als solcher, welcher das Einschreiten des Gerichts beantragt.
3) Bei der rechtsförmlichen Klage auf Friedensbruch ist Ankläger der, „an welchem der Frieden gebrochen worden" (Ssp. I. 63 §. 1.), an welchem das Ungerichte gethan ist (Ssp. I. 50 §. 1.), und die Anklageformel lautet, daß der Frieden an ihm gebrochen sei (Richstg. L. 33, 2).

Allein, der Ankläger ist auch in diesem dritten Fall kein bloßer „Beschädigter", der in seinem „Privatinteresse" verletzt wäre. Ankläger ist nicht blos der durch das Verbrechen Verletzte, sondern ebenso oft ein Verwandter, ein Vormund, ein Schutzherr, (Richtst. 31, 3. daß N. habe dem Kläger afgemordet sinen liven Frunt). Im Unterschied von dem rohen Compositionensystem vertritt dieser Ankläger nicht blos seine Sache, sondern seine und des Landes Sache, wie es in der Formel des Gerüftes heißt: „Ich klage gegen ihn als meinen und des Landes Mörder".

Allerdings gab es schon im Mittelalter einen Lebenskreis, in welchem die Vorstellungen des Berufsbeamtenthums entwickelt waren. Es war dies der Stand der Kleriker, der sich ein Anklagerecht des Laien nur in seiner „eignen" Sache zu denken vermochte: omnibus quibus accusatio denegatur, in causis propriis licentia accusandi non est deneganda. (Caus. IV. Qu. 6. c. 2.) Allein das Bewußtsein von dem Beruf zur Aufrechterhaltung des allgemeinen Friedens war im Mittelalter noch so lebendig, daß jene canonistische Idee ohne Einfluß blieb. Die Anklageweisen bleiben vielmehr zunächst unverändert.

Die Beschränkung der rechtsförmlichen Klage auf denjenigen, „an dem" der Friede gebrochen worden, stand überhaupt nur im Zusammenhange mit dem Begriffe des Friedensbruches im Mittelalter, mit der engeren Auffassung, welche auch in den todeswürdigen Verbrechen zunächst nur eine Verletzung des individuellen Rechtskreises sah. Durch die Reception der fremden Rechte kommt nun aber die staatsrechtliche Auffassung seit dem XIV. Jahrhundert schrittweise zur Geltung, welche im Verbrechen den Bruch der absoluten Rechtsordnung straft. Eine Beschränkung des Klagerechts auf denjenigen, „an welchem der Frieden gebrochen" worden, verliert damit ihren Sinn. Die rechtsförmlichen Klagen sterben ab, und mit der Herrschaft der fremden Rechte gelangt die reine actio popularis in dem Anklageproceß zur Geltung. Auch die peinliche Gerichtsordnung Kaiser Carl's V. Art. 11—18, 87 ff. kennt nur noch einen Ankläger, welcher „Recht sucht", einen Kläger, der die Obrigkeit ansucht, und bestimmt demgemäß ausführlich die Verantwortlichkeit des Klägers. Mit keinem Worte ist die Rede von seiner Legitimation als Beschädigter, sondern nur von seiner Verantwortlichkeit zur Durchführung der Anklage. Die ausnahmsweise Beschränkung der Anklage auf den Damnificaten bei Entführung, Nothzucht, Ehebruch (Art. 118—120), bestärkt die Regel, und ist auch von der Usualinterpretation stets als Besonderheit so verstanden worden. Erst in Ermangelung eines accusator popularis tritt die Anklage von Amtswegen ein (Art. 6—10), zu welcher der Gesetzgeber überhaupt nur von dem Begriffe der Popularklage aus kommen konnte.

Es ist bekannt, wie jene actio popularis alsbald überwachsen wurde durch das „Klagen von Amtswegen", und wie auch dies nach einiger Zeit in die reine Inquisitionsthätigkeit des richterlichen Beamten überging. Der ehemalige Ankläger sinkt herab zum „Denuncianten", seine Verantwortlichkeit als Partei schwächt sich ab zu einer Verantwortlichkeit für falsches Zeugniß. Aber der große entscheidende Grundsatz der allgemeinen Berechtigung zur Anrufung des Richteramts gegen jede Uebertretung der Strafgesetze dauert auch in der Denunciation fort. Auch in den Zeiten des strengsten Absolutismus gab es Tausende von Gerichten in Deutschland, welche selbstständig, d. h. unter Aufsicht der Obergerichte, aber unabhängig von den Anweisungen eines ministeriellen Beamten, einzuschreiten hatten. Gemeinrechtlich hat es niemals eine Schranke des gerichtlichen Einschreitens gegen Amtsüberschreitungen gegeben. Ein deutscher Landesherr, welcher die Gerichte hätte anweisen wollen, ein Strafverfahren nur auf Anweisung seiner ministeriellen Beamten einzuleiten, würde ein Einschreiten der Reichsgerichte veranlaßt haben. Solche Beschränkungen konnten bei fiscalischen und Fiscalklagen vorkommen: als allgemeine Anweisungen an die Gerichte aber fielen sie unter den Begriff der „Rechtsverweigerung". Alle Einzelversuche, in deutschen Staaten die Klagen gegen Beamte von der vorgängigen Erlaubniß einer Verwaltungsbehörde abhängig zu machen, datiren erst seit der Zeit, in welcher sich die größeren Territorien von einer Appellation an die Reichsgerichte emancipirt hatten.

Eine vollständige Wendung in entgegengesetzter Richtung ist in Preußen erst eingetreten in den übereilten Proceßreformen von 1848/49. Der Verfasser der Verordnung vom 3. Jan. 1849 hat sich die Tragweite des Artikel 1. sicherlich nicht klar gemacht und noch weniger solche gewollt. Den Gerichten kurzweg (mit Weglassung der Ermäßigungen des Code) die Befugniß zum Einschreiten gegen strafbare Handlungen nehmen, sie dem Staatsanwalt ausschließlich geben, und den Staatsanwalt zur absoluten Disposition des constitutionellen Ministers stellen, war der kürzeste Proceß, der sich mit der Rechtsordnung eines deutsches Staates machen ließ*). In einem kurzen Zeitraume wurde nun Preußen

*) Das Wesentliche des Verhältnisses ist richtig erkannt und hervorgehoben n v. Seckendorff (O. Tr. Rath) Gutachten in den Verhandlungen des II. D. Juristentags I. 175 ff. §§. 3—5.

der Mittelpunkt aller solcher Einrichtungen, durch welche sich eine constitutionelle Ministerverwaltung von den Landesgesetzen entbindet. Durch den Justizminister Simons wurden aber alle Neuerungen als die „nothwendigen Consequenzen der neuen constitutionellen Regierungsform" vertreten. Hier war die Verantwortlichkeit der Beamten nicht nur von dem Staatsanwalt abhängig, sondern noch darüber hinaus unter das Embargo eines sog. Competenzgerichtshofs gelegt. Hier waren die Gerichte durch die Verfassungs-Urkunde von einem Urtheil über die Verfassungsmäßigkeit der Verordnungen ausgeschlossen. Hier war in der Verfassungs-Urkunde eine eventuelle Ministerverantwortlichkeit eingeführt, deren Ausführung unterblieb, während man doch die Folgerungen einer ministeriellen Parteiverwaltung daraus zog. Hier war das System der Verwaltungsjurisdiktion tief erschüttert, indem man die Hauptbeamten derselben (Landräthe, Regierungspräsidenten, Ministerialdirektoren) zur Disposition der zeitigen Minister stellte. Hier war das Wesen unserer Gerichtsverfassung untergraben durch die Auflösung der Collegien in Commissionen, durch die Mobilisirung des ständigen Einzelrichteramts, durch das ministerielle Anstellungsrecht der ganzen Rechtsanwaltschaft. (Gneist „Freie Advokatur" 1867. Cap. IV.)

Die Entwöhnung von einer Gesammtanschauung der Staatsordnung durchkreuzte sich dabei mit irrigen Begriffen von einer constitutionellen Verfassung in dem Maße, daß Niemand sich Rechenschaft zu geben wußte, worauf die plötzliche Verschiebung unseres öffentlichen Rechts eigentlich beruht. Allein unter dem Einfluß eines heftigen Parteigeistes seit 1849 und ernster Verfassungsstreitigkeiten wurde dem Erfolge nach die Schutzlosigkeit alles öffentlichen Rechts sichtbar, welches in Folge der neuen Einrichtungen der Auslegung eines constitutionellen Ministers endgültig anheimfiel. Es war daher sehr natürlich, daß (wie die Motive des D. Entwurfs hervorheben) gerade in Preußen sich zuerst Bedenken gegen das „Monopol" der Staatsanwaltschaft erhoben. Es handelte sich hier um eine Eigenthümlichkeit unserer Verwaltung im Unterschied von anderen deutschen Staaten (oben S. 29—35).

Aber der Weg bis zum Durchbruch richtigerer Grundsätze war noch ein sehr weiter, ebensowohl für die Fachcriminalisten, wie für die herrschenden Ideen weiterer Kreise.

Zunächst für den Fachcriminalisten. „E vinculis ratiocinantur" — kann man im gewissen Sinne von jedem Berufsstande sagen. Der Berufscriminalist erscheint aber besonders entschuldbar, wenn man erwägt, daß er nur mit den erhobenen, nicht mit den unterlassenen Anklagen befaßt wird, und sich zugleich vergegenwärtigt, was unter Hunderttausenden von Straffällen ein paar Hundert Amts- und Preßvergehen alljährlich bedeuten. Unter 96,692 eingeleiteten Untersuchungen wegen Verbrechen und Vergehen (1870) in 7 preußischen Provinzen befanden sich überhaupt nur 105 Preßvergehen, 391 Amtsvergehen. Und selbst in diesen kleinsten Gruppen tritt die Bedeutung des Strafrechts als Regulator des Verfassungsrechts in einer Minimal-Zahl hervor. Die große Mehrzahl bewegt sich nur in Erwägungen des gemeinen Strafrechts. In allen Staatsverfassungen wirkt diese Seite der Rechtsinstitutionen in gewöhnlichen Zeiten stillschweigend und indirekt. Hervorragende Mitglieder des Richteramts und der Staatsanwaltschaft haben sich dennoch auch dieser Seite der Frage zugewendet. Allein es liegt in dem Wesen der geschlossenen Berufe, daß solche Stimmen bei den eigentlichen Autoritäten der Praxis keinen sonderlichen Einfluß gewinnen. In diesen Kreisen sieht man die Beschäftigung mit staatsrechtlichen Fragen nun einmal als eine persönliche Liebhaberei an, oder als eine Beschäftigung mit der leidigen Politik. In den überbürdeten Juristenkreisen wird noch heute das Staatsrecht, je nach dem Standpunkte, entweder zur „Politik“ oder zur „Theorie“ gerechnet. Der eifrige Fachmann sieht einen solchen Collegen ungefähr mit denselben Augen an, wie der eifrige Escadronschef den Kameraden, der sich mit Kriegskunst oder Kriegsgeschichte beschäftigt oder gar darüber schriftstellert. Solche Stimmen bleiben einflußlos.

In den weiteren Kreisen der Gesellschaft aber fehlt es, so lange die Wogen des Parteistreites hochgehen, überhaupt an dem Sinne für die Ordnung des öffentlichen Rechts im Gesammtzusammenhange. Aller Widerspruch der Gesellschaft gegen Verwaltungsmißbräuche nimmt vielmehr seinen Ausgang von dem Gefühle der Verletzung individueller Rechte, am meisten in Deutschland. Es kam daher zunächst nur soviel zum Bewußtsein, daß es unrecht sei, bei Privatverbrechen die Verfolgung von dem freien Ermessen eines Verwaltungsbeamten abhängig zu machen. Dieses Gefühl einer versagten Genugthuung begegnete sich mit der von Alters her geläufigen Verbindung des Schadensersatzes mit dem Strafverfahren, welche in den deutschen Gesetzgebungen beibehalten war. So entstand in ziemlich weiten Kreisen die Forderung: Es müsse dem „Beschädigten“ eine Privatklage neben dem Staatsanwalt, oder doch subsidiär, gestattet werden. Daneben war freilich schon unter der Verwaltung des Ministeriums Manteuffel-Westphalen von einzelnen Stimmen auf die Bedeutung des ministeriellen Anklagerechts für die gesammte Staatsordnung hingewiesen. Die preußischen Jahrbücher 1859 (III. 22—42) legten im Anschluß daran ausführlich dar, daß es sich nicht um die Geltendmachung von „Privatinteressen" handeln könne, sondern um die Abwehr einer parteimäßigen Verkehrung des öffentlichen Rechts, insbesondere um die rechtliche Verantwortlichkeit der Beamten. Auch die periodische Presse (Nationalzeitung u. a.) nahm die Frage in diesem Sinne auf. Aber auch solche Stimmen vermochten kein nachhaltiges Interesse zu gewinnen. Alle Discussion ging vielmehr in den eingeschlagenen Geleisen weiter.

In sehr unsicherer Gestalt erschienen die herrschenden Vorstellungen in den Verhandlungen des preußischen Abgeordnetenhauses (Sitzung vom 26. April 1861. Sten. Ber. S. 891 ff.) Es war dabei lediglich vom Interesse des Verletzten die Rede, und das schließliche Resultat war eine Resolution:

> auf Vorlegung eines Gesetzentwurfs, durch welchen das ausschließliche Anklagerecht der Staatsanwaltschaft modifizirt werde.

Gleichzeitig nahm der deutsche Juristentag die Frage in Erwägung. Vorbereitet durch ausführliche Rechtsgutachten wurde sie zum Gegenstande stürmischer Debatten auf dem Juristentage zu Dresden 1861 (Sten. Ber. S. 289—368). Aber auch in dieser zahlreichen Versammlung von Rechtsverständigen war es unmöglich, über die Vorstellung hinauszukommen, daß es sich um etwas anderes als eine Genugthuung handle, die dem „Verletzten" zu gewähren sei. Es wurde in dem Streit mit Vorliebe die englische Privatanklage herangezogen, unter welcher sich aber die Redner nicht die allgemeine Zeugenpflicht dachten (die vom Friedensrichter zur Verfolgung der Klage im Namen des Königs herangezogen wird), sondern die in England längst aufgehobene Privatanklage des „Verletzten" (appeal).*) Der mit den englischen Verhältnissen

*) Zu den Verhandlungen des Dresdener Juristentags vergl. die Gutachten des Oberstaatsanwalts Dr. v. Groß, des Obertribunalsraths Dr. v. Seckendorff (auch die staatsrechtliche Seite verständlich berührend) und den Bericht des Generalstaatsanwalts Dr. Schwarze, Verhandlungen 1861. I. S. 131. 175. 241. Die Verhandlungen der III. Abtheilung II. S. 281—368. In den Vorlagen für den Dresdener Juristentag hatte übrigens Sundelin (Staatsanwaltschaft 1860. S. 74.) den Sinn der Privatklage des englischen Rechts ganz richtig hervorgehoben.

wohl vertraute Berichterstatter, Professor Dr. Glaser, würde wahrscheinlich ohne Erfolg daran erinnert haben, daß es sich bei der englischen Privatanklage um ganz andere Dinge handle. Man würde dies entweder nicht geglaubt, oder den „besonderen geschichtlichen und Culturverhältnissen" Englands zugeschrieben haben. Jene Versammlung bewegt sich in der Idee eines verletzten eignen Rechts, ganz ebenso wie die damaligen Juristen und Politiker sich über den Sinn der „Selbstverwaltung" als Verwaltung eigener Angelegenheiten vereinigt hatten. Da der Staatsanwalt staatliche Funktionen wahrnimmt, so schien es selbstverständlich, daß dies „Staatsinteresse" stets durch besondere dafür angestellte Beamte wahrzunehmen sei.

Im folgenden Jahre (1862) legte die preußische Staatsregierung wirklich einen Gesetzentwurf vor, welcher dem durch das Verbrechen „Verletzen" das Recht gewährte, nach Ablehnung der Strafverfolgung seitens des Staatsanwalts das Appellationsgericht anzutreten, welches dann seinerseits die gerichtliche Verfolgung anordnen könne. Die Justizcommission war indessen mit dem Entwurf nicht zufrieden, sprach sich vielmehr für die „volle Einführung" der Privatanklage aus und legte einen Gegenentwurf vor (Drucks. 1862 Nr. 66.), welcher in der That manche beachtenswerthe Vorschläge enthält. Unter der „vollen Einführung" der Privatanklage verstand man aber nichts weiter:

> als daß der Anzeigende, wofern er sich durch die angezeigte Handlung in seinen Rechten verletzt hält, durch Gerichtsbeschluß zur Anstellung der Privatklage zu verstatten.

Standhaft wird dabei wiederholt, daß der Ankläger die behauptete Verletzung seiner Rechte zu beweisen habe.

Der im Jahre 1865 vorgelegte Entwurf einer preußischen Strafproceßordnung ging begreiflich eben so von einer Klage des „Verletzten" aus, und in den Motiven heißt es sogar: „daß eine generelle Gewährung der Privatklage eine überschätzende Berücksichtigung des Privatwillens enthalten, und in das Strafverfahren ein die Reinheit seiner Grundsätze trübendes Element einführen würde." Unter den damals von Gerichten und Universitäten erstatteten Gutachten wollten einige die Anklagebefugniß des Staatsanwalts, mehr als geschehen, einschränken, — andere die Privatklage erweitern, — die Appellationsgerichte in Cöln und Frankfurt eine subsidiäre Privatklage allgemein gewähren. (D. Entwurf Anlagen S. 178.) Daß dabei indessen an etwas Anderes, als eine Klage des „Verletzten" gedacht worden, ist nicht ersichtlich.

Auch die Justizministerien der Einzelstaaten waren jenem Ideenkreise so ausschließlich zugänglich, daß alle Gesetzgebungen und Gesetzentwürfe dieses Jahrzehntes von nichts Anderem, als von der Privatanklage des „Verletzten" reden. Die principale Privatanklage in der badischen, sächsischen, thüringischen Strafproceßordnung und in dem österreichischen Entwurf von 1867, ebenso wie die subsidiäre Privatklage in der thüringischen, lübeckschen, österreichischen Strafproceßordnung haben zwar manche Varianten in der Auswahl der Straffälle, aber Uebereinstimmung in der pensée immuable, daß der in seinen Rechten „Verletzte" zu klagen habe.

Sollten wir denn aber wirklich auf dem Wege sein, zu der vom Mittelalter überwundenen Idee des Strafrechts als einer Genugthuung des Verletzten zurückzukommen? Sogar weit hinter die Carolina zurück, die nur noch eine Popularklage kennt?

Die inneren Widersprüche dieses Ideenkreises kamen indessen nicht zum Bewußtsein, weil jene vermeintliche „Privatklage" niemals praktisch wurde, noch werden konnte. Der Begriff des „Beschädigten" oder des „Verletzten" ließ sich eben nur soweit festhalten, als das Verbrechen eine civilrechtliche actio als Begleiterin hat, also bei Injurie, Körperverletzung, Sachbeschädigung. Wer soll aber bei Tödtungen die Privatklage erheben? Da es der Todte nicht kann, soll sie etwa der Erbe erheben, und die Blutrache als neuester Fortschritt der Strafordnung wieder aufleben? In welcher Reihe sollen die Intestaterben klagen? Wenn man die Erben etwa bei der Tödtung zuläßt, warum nicht auch bei der Körperverletzung und bei anderen Verbrechen im Kreise der Privatrechte? Wer ist der „Beschädigte" bei den mannigfaltigen Gestaltungen des Fälschungsbegriffs? Wer der „Beschädigte" bei den Sittenverbrechen, z. B. im Falle der Sodomie eines Verheiratheten? Ist bei Verbrechen gegen die Staatsordnung nicht auch ein mittelbar „Beschädigter" zu denken? u. s. w.

Glücklicherweise ist die Saat von Controversen, mit welchen diese Privatrechtsidee innerhalb des Strafrechts uns hätte bereichern können, nicht aufgegangen; denn die Klage eines „Beschädigten" trifft grade jenes ziemlich harmlose Gebiet, auf dem ein Mißbrauch constitutioneller Ministergewalten in Deutschland glücklicher Weise noch unbekannt ist. Sie trifft einige Fälle der Preß- und Amtsvergehen, die gefährlichen Seiten der politischen Parteiregierung indessen nicht. Da, wo die Gefahr der ministeriellen Parteiregierung praktisch anfängt, hört eben die Privatklage des Beschädigten auf. Oder bin ich etwa ein „Beschädigter“, wenn der Staatsanwalt die bestehenden Preß- und Vereinsgesetze in offenkundiger Parteilichkeit auf seine Parteifreunde nicht anwendet? Bin ich ein „Beschädigter“, wenn der Einschätzungsbeamte mich nach dem Gesetze voll einschätzt, die politischen Freunde aber nur zur Hälfte? Bin ich ein „Beschädigter“, wenn die Polizeigesetze gegen mich zur Anwendung gebracht, gegen die Wohlgesinnten im Orte nicht angewendet werden? Der ganze Unfug constitutioneller Ministerverwaltung, wie er durch den französischen Constitutionalismus geläufig geworden, bleibt durch eine solche Privatklage unberührt.

Der deutsche Entwurf befand sich allerdings in einer schwierigen Lage unter Umgebungen, in welchen das Bewußtsein von dem Rechtsverhältniß des Einzelnen zur Staatsordnung einen so schweren Geburtsact hat. Er ist auch hier den „gegebenen Grundlagen“ treu geblieben, also der herrschenden Auffassung, daß die Wahrnehmung des Staatsinteresses selbstverständlich nur Sache der dafür angestellten Staatsbeamten sei. „Wenn der Gesetzgeber davon ausgeht, daß die Strafrechtspflege nicht dazu bestimmt sei, der Privatgenugthuung zu dienen, daß vielmehr die Strafverfolgung im öffentlichen Interesse stattfinde, und wenn er, von diesen Erwägungen geleitet, eine besondere Behörde mit der Wahrnehmung jenes Interesses betraut, so bleibt streng genommen für eine Privatklage kein Raum mehr übrig.“ (D. Motive 245.) „Muß man also zugeben, daß die subsidiäre Privatanklage nicht dem öffentlichen Interesse, sondern dem Privatinteresse des „Verletzten“ zu dienen bestimmt ist, so wird man dieselbe folgerichtig auch nur so weit zulassen dürfen, als dieses Privatinteresse auf dem Gebiete des Strafrechts überhaupt Anspruch auf Berücksichtigung hat.“ (D. Motive S. 246.) „Wollte man den Privaten eine Befugniß einräumen, ergänzend das öffentliche Interesse wahrzunehmen, so wäre dies nicht mehr Privatklage, sondern Rückkehr zur Popularklage im Sinne des römischen Rechts:

> „daß aber die Gesetzgebung heute nicht mehr zur Popularklage des römischen Rechts zurückkehren dürfe, eine solche sich vielmehr mit den heutigen deutschen Rechtsanschauungen im grellsten Widerspruche befinden würde, bedarf keiner Ausführung.“ (D. Commiss. Motive S. 178.)

Es kommt hier einmal zum Vorschein, wie es mit unseren Berufungen auf das deutsche Rechtsbewußtsein sich verhält. Auf dem Juristentage zu Hannover verstieg man sich zu der zuversichtlichen

Behauptung, daß die Popularklage den antik-heidnischen Staat reproducire, in welchem jeder einzelne Bürger den Staat vertrat, während bei uns diese Pflicht einer vom Staate bestellten Behörde obliege. Die Popularklage gilt in Deutschland seit 1000 Jahren, und es hat in Deutschland seit dem XIV. und XV. Jahrhundert keine andere, als die Popularklage gegeben. Erst seit wenigen Jahrzehnten ist eine Neuerung durch die Einführung des französischen ministère public entstanden. Können unsere Beamtenkreise auf Grund einer so kurzen Neuerung wirklich ein Zeugniß ablegen über das, was allgemeine deutsche Rechtsvorstellung sein soll? Man frage jeden Deutschen, welcher heutigen Tages in Amerika oder England den Geschwornendienst leistet, ob er in der Popularklage jemals einen Widerspruch gegen deutsche Rechtsvorstellungen wahrgenommen hat?

Bei der Behandlung der Frage im Einzelnen hat der deutsche Entwurf zunächst die Privatklage bei Beleidigungen und Körperverletzungen (Commiss. Entw. §§. 305—313) herausgehoben und daraus eine principale Privatanklage gebildet, der eine relative Berechtigung nicht abzusprechen ist. Denn das Sonderinteresse des Verletzten tritt hier mit dem Anspruche auf Privatgenugthuung so in den Vordergrund, das Staatsinteresse so in den Hintergrund, daß selbst die römische Behandlung als Privatdelict heute noch eine gewisse Berechtigung hat.

Die eigentliche Schwierigkeit lag in der Behandlung der sog. subsidiären Anklage des „Verletzten" in den gewöhnlichen Fällen (Buch V. Abschn. 1). Die Verfasser haben unverkennbar bei schärferer Prüfung erkannt, daß der Begriff des „Verletzten" der Natur des Strafrechts widerspricht und niemals juristisch zu begrenzen ist. Sie lassen daher diesen Begriff als maßgebenden fallen, und stellen die Privatanklage nach älteren Vorschlägen angesehener Criminalisten, nach Vorgang der preußischen Verordnung von 1867 und der thüringischen Strafproceßordnung auf den Kreis der Antragsverbrechen. Die subsidiäre Privatanklage (Abschn. 1) soll zustehen:

> Dem „Verletzten" bei solchen strafbaren Handlungen, deren Verfolgung nur auf Antrag eintritt, oder bei denen der Strafrichter neben der Strafe auf eine an den „Verletzten" zu erlegenden Buße (§§. 188. 231. Str. G. B.) erkennen kann.

Dieser Ausweg hat den Vorzug einer juristisch sicheren, correkten Abgrenzung. Dieser Vorzug ist aber nur ein formeller; denn ein sachlicher Grund, die Privatanklage in diesen

Fällen zu gewähren, in den übrigen Fällen nicht zu gewähren, ist nicht zu finden. Die sechsundzwanzig Fälle der Antragsverbrechen: Beleidigungen; Beleidigungen fremder Landesherren; feindliche Handlungen gegen befreundete Staaten; Hausfriedensbruch; Täuschung bei Eheschließung; Ehebruch; Nothzucht; Unzucht; leichtere Körperverletzung; Entführung; Nöthigung; Bedrohung; Verwandten-Diebstahl, desgl. Unterschlagung, desgl. Betrug; vereitelte Zwangsvollstreckung; furtum possessionis; unbefugtes Jagen und Fischen; unbefugtes Eröffnen von Briefen; Offenbarung von Privatgeheimnissen; Kreditgeben an Minderjährige; Sachbeschädigung; Nasch- und Futterdiebstahl — beruhen auf den allerverschiedenartigsten Motiven. Käme dabei nur das verletzte Privatrecht in Betracht, so hätte der D. Entwurf bei viel mehr charakteristischen Privatverbrechen (vor Allem bei Mord und Todtschlag) die Privatanklage nicht versagen können. Es handelt sich aber in jenen Fällen auch um Rücksichten des Staats- und Völkerrechts, Rücksichten für den bürgerlichen Ruf des Verletzten, Interessen der Familie, Schwierigkeiten des Beweises, schwankende Grenze zwischen civilem und criminellen Unrecht ꝛc. Nur in einer Negative treffen jene Fälle zusammen: daß sie nämlich das Gebiet des Strafrechts umfassen, auf welchem eine constitutionelle Parteiverwaltung nirgends auf den Gedanken kommen wird, ein Unrecht zu thun, am wenigsten in Deutschland. Sie liegen also gänzlich außerhalb der staatsrechtlichen Seite der Frage. Sie treffen aber auch in einem positiven Merkmale zusammen, daß nämlich gerade das Gebiet unserer Antragsverbrechen eine Anzahl von Fällen enthält, in welchen die Zulassung der Privatanklage eine besondere Gefahr der Chicane und des Mißbrauchs mit sich führt. In denjenigen Ländern, in welchen die Privatanklage besteht, ist man ernstlich bedacht, sie gerade da an die Zustimmung des Staatsanwalts zu binden, wo der deutsche Entwurf sie einführen will. Auch wir haben in kurzer Zeit so unangenehme Erfahrungen auf dem Gebiete der Antragsverbrechen gemacht, — welche ebenfalls aus privatrechtlichen Gewöhnungen heraus zu weit ausgedehnt sind, — daß erhebliche Aenderungen des ganzen Gebietes bevorstehen. Entscheidend bleibt jedenfalls, daß dies Gebiet für die rechtliche Controle einer constitutionellen Ministerverwaltung völlig bedeutungslos dasteht. Die Amtsverbrechen, die Preßvergehen und alle anderen Fragen, auf die es ankommt, sind dabei spurlos beseitigt.

Lassen wir diese Privatklage in partibus bei Seite, so ist der richtige Weg auf weiteren Gebieten in Preußen schon beschritten. Seit einigen Jahren hat die preußische Regierung die Initiative ergriffen und von Staatswegen ausgesprochen, daß es sich bei dem Grundsatz der Selbstverwaltung um ernstere Dinge handelt als um die Verwaltung von Straßen und Rinnsalen, von Almenden und Hospitälern und solchen Dingen, über die sich das kleinbürgerliche und das Beamtenverständniß als den Begriff der „Selbstverwaltung" geeinigt hatten. Wie im Mittelalter, handelt es sich heute um nicht weniger als die Selbstverwaltung der executiven und der richterlichen Funktionen des Staates, welche heute freilich nur nach den Gesetzen des Staates und unter hervorragender Theilnahme der Berufsbeamten erfolgen kann. Darunter aber ist die Selbstübung des Anklagerechts die für den Schutz der bürgerlichen Freiheit unmittelbar wichtigste Funktion, welche ein englischer Lord-Oberrichter wohl mit Recht „einen großen Verfassungs-Grundsatz" genannt hat. Im absoluten Staat haben wir freilich das Bewußtsein dieses Verhältnisses verloren, — gewöhnt, alle Staatsthätigkeit durch Beamte besorgt zu sehen, denen der ruhige Bürger passiv zusieht. Diese Gewöhnungen haben an Stelle des Rechtssinnes im heutigen öffentlichen Leben den Rechtseigensinn gesetzt, der in allen Einrichtungen des Staats nur ein Mittel sieht, seine eigenen Rechte geltend zu machen, ohne das Bewußtsein eines Berufs und einer Pflicht, zur Aufrechterhaltung des gemeinen Friedens und der Rechtsordnung selbst etwas zu thun. Die heutige Gesellschaft sieht wohl den Splitter im Auge der verkümmerten Landstände, welche im Staat immer nur die eigenen Rechte sahen: aber Niemand bemerkt, daß die heutige Gesellschaft dieselbe Vorstellungsweise fortsetzt. Die Gewohnheiten des „stillen Bürgers", welcher den Staat den Beamten überläßt, haben sich vom Vater auf den Sohn vererbt, und werden vom constitutionellen „Staatsbürger" unverändert fortgesetzt. Auch die heutige Gesellschaft wiegt sich noch in dem Glauben, alle Staatsarbeit den Beamten überlassen zu können, wenn sie nur jedem Beamten sein Gehalt „bewilligt" und von Zeit zu Zeit dem Beamtencorps seine Direction giebt durch einen Ministerwechsel, — ungefähr mit demselben Erfolge wie die Actionäre in ihrer Generalversammlung dies thun. Nicht einmal die Geltendmachung der materiellen Interessen, viel weniger die Stetigkeit des Rechts und der Schutz des persönlichen Rechtskreises ist jemals zu erlangen, ohne die Uebernahme einer verantwortlichen Selbstthätigkeit. Die

Zeiten sind vorüber, in welchen man den Polizeidienst als allgemeine Bürgerpflicht organisiren konnte. Aber die ergänzende Uebernahme des verantwortlichen Anklageamts ist ein Minimum von Selbstthätigkeit, ohne welches unter dem constitutionellen Parteiwesen keine Ordnung des Strafrechts bestehen kann. Es ist auch nicht mehr, als die Fortsetzung eines seit Jahrhunderten anerkannten Grundsatzes:

> Daß (in Ermangelung der Staatsanwaltschaft) jeder Rechts- und Volksgenosse, d. h. jede öffentliche Körperschaft und jeder im Vollbesitz der bürgerlichen Ehrenrechte befindliche Deutsche die Strafverfolgung auf eigne Verantwortlichkeit zu übernehmen hat.

Freilich ist das nur eine unvollständige Rechtscontrole in etwas abgerissener Gestalt. Besser wäre es, wenn unsere Provinzial-, Kreis- und Gemeinde-Verfassung soweit vorgerückt wäre, um das Anklagerecht als ein normales Stück der Selbstverwaltung der Polizei mit diesen Körperschaften zu verbinden (Vorschläge in dieser Richtung in Gneist, Pr. Kreisordnung Abschnitt X. c.). Allein der Rechtsschutz der Staatsordnung kann nicht auf diesen Zwischenbau vertagt werden, so wenig, wie die rechtliche Verantwortlichkeit der Minister verschoben werden kann, bis alle wünschenswerthen Vorbedingungen derselben erschöpft sind. Auch die Anklage der Privaten kann heute schon den nothwendigen rechtlichen Dienst leisten.

Inzwischen ist die deutsche Staatsbildung ein halbes Menschenalter weiter gerückt und Manches anders geworden. In der criminalistischen Literatur sind freilich die Stimmen immer noch vereinzelt, welche anerkennen, daß es sich um eine ganz andere Frage handle, als um die Privatgenugthuung des „Verletzten"*).

In dem Gutachten des braunschweigischen Obergerichts

---

*) Vergl. schon Sundelin: „Staatsanwaltschaft" 1860. S. 44. — v. Seckendorff, Gutachten a. a. O. §. 3—5. — v. Tippelskirch: passim. — v. Holtzendorff, Staatsanwaltschaft 1864. S. 30 ff. und „Reform der Staatsanwaltschaft 1865." — v. Stemann a. a. O. S. 12., „daß die Privatanklage keineswegs zu beschränken sei auf den Fall eines Geldinteresses an der Schuldigsprechung." „Im Gegentheil halten wir diese Klagen für weniger schutzbedürftig, als die z. B., bei denen Beeinträchtigung oder Verletzung politischer Rechte in Frage steht, Bestechung bei Wahlen u. dergl." — v. Bar: Kritik des Entwurfs der deut. Str. Pr. O. 1873. S. 9. 10. 11 ꝛc. „eine ganz wesentliche Bedeutung der Privatanklage erblicken wir auch darin, daß sie gegen strafbare Handlungen der Beamten den wirksamsten Rechtsschutz gewährt."

über den deutschen Entwurf ist die Sache indessen jetzt schon beim Namen genannt: „die Verfolgung oder Nichtverfolgung strafbarer Handlungen von den Beschlüssen der Ministerien abhängig zu machen, halten wir für einen verderblichen Mißgriff.“ (D. Entwurf Anlagen S. 50.)

Von der Seite des Privatrechts aus kommt die Frage zum Durchbruch durch die Mißbräuche der Actiengesellschaften. Zur Bekämpfung derselben wird nun plötzlich von allen Seiten die Forderung gestellt, dem einzelnen Actionär ein Klagerecht wegen Verletzung der gesetzlichen Normen zu geben. Gelangt man aber zu der Einsicht, daß ein Recht der Minorität in der That nicht anders zu wahren ist, so ist die Einsicht nicht mehr fern, daß ein anderer Schutz des schwächeren Theils auch in der Ordnung des Staats nicht zu finden ist. In dem Streit privatrechtlicher Ideen ist in Deutschland die Natur des öffentlichen Rechts zuletzt immer zur Geltung gekommen.

Auf dem deutschen Juristentage von 1873 ist die Frage wegen Ueberhäufung der III. Abtheilung nicht zur Berathung gekommen. Es war aber für den Fall der Berathung der Antrag vorbereitet: das Anklagerecht dem zu gewähren, welcher in seinen „Privat- oder politischen Rechten“ verletzt zu sein behauptet. Allerdings ist dieser Ausdruck incorrect; denn der Begriff der politischen Rechte gehört nicht dem Staatsrecht, sondern der Politik an. Allein das Gemeinte führt zu dem Punkte, auf den es ankommt.

Auch auf dem Gebiete der Verwaltungsjurisdiction beginnen die Vorstellungen der Rechtsverständigen sich zu berichtigen, seitdem die Staatsregierungen die Initiative ergreifen. Man überzeugt sich immer mehr, daß diese Rechtsprechung, welche man sich als eine Collision von individuellen Rechten (actio und exceptio) gedacht hatte, überhaupt nicht vom Standpunkte des Einzelrechts aus construirt werden kann, sondern als unparteiische Handhabung der Gesetze des öffentlichen Rechts.

Entscheidend aber ist die heutige Lage der Frage, welche die Gegensätze um eine Stufe höher rückt. In dem Streite über die Gesammtordnung des deutschen Strafverfahrens kommt der Ideenkreis der Fachcriminalisten und der Ideenkreis der Politiker im engen Raume zu einem so heftigen Zusammenstoß, daß beide Seiten zu dem Bewußtsein kommen werden, wie sie lange Zeit ein und dieselbe Sache als zwei Sachen angesehen haben, welche jeder nach seiner Weise, nur nicht von der staatsrechtlichen Seite angesehen hat. Die unfertige Vorstellung, als ob die staatsrechtlichen Grundsätze des Strafverfahrens zur „Theorie“ oder zur „Politik“ gehörten, wird damit plötzlich zu Ende sein. Denn die deutschen Staatsregierungen werden genöthigt sein, schon von der Seite der Preßverfolgungen und der Beamten-Verantwortlichkeit aus Stellung zu den Fragen zu nehmen, welche ihre Gesetzgebungscommission mit Stillschweigen übergangen hat. Die Stellung der deutschen Reichsregierung giebt aber die Gewähr dafür, daß diese Entschließung den alten Traditionen der monarchischen Rechtsordnung, ihrer eigenen Würde und dem Gesammtinteresse der Bundesregierungen entsprechen wird. Denn ein System der Strafverfolgung, welches actuell die Minister des Einzelstaats von der Befolgung der Strafgesetze entbindet, um sie desto schrankenloser den Parteieinflüssen des constitutionellen Staats preiszugeben, wird an jener Stelle keinen Fürsprecher finden. Will eine Ministerverwaltung nicht bloße Dienerin der Parteien werden, so muß sie sich bei Zeiten dem Gesetze unterthan bekennen.

Mit der Initiative der Staatsgewalt in staatsrechtlichen Fragen ändert sich aber sofort die Stellung des Beamtenthums, wie der Parteien. Erwägt man, wie in Preußen im Laufe von kaum zwei Jahren (trotz mancher Verunstaltungen der Kreisordnung) der staatsrechtliche Begriff der Selbstverwaltung zu einer wunderbar raschen Geltung gekommen ist, wie Beamte und Politiker jene Grundsätze heute schon für „selbstverständlich“ erklären, welche ein Paar Jahre früher noch für „unverständlich“ galten, so wird auch im Strafverfahren der staatsrechtliche Grundsatz zur Geltung kommen, sobald er von Staatswegen zum Ausdrucke gelangt. Nach einer kurzen Gewöhnung werden dann auch unsere Criminalisten wieder anerkennen, daß die strafrechtliche Popularklage „dem ureigensten Geiste der teutschen Nation“ zugehört.

Mit dem zweiseitigen Anklagerecht wird sich aber auch in weiteren politischen Kreisen alsbald die Einsicht herstellen, wie die Preß- und Vereinsgesetze, die Gesetze zum Schutze der Wahlfreiheit u. s. w. erst damit einen Sinn erhalten, und wie die Verantwortlichkeit der Beamten aus einem Schein zur Wahrheit wird. Eine Privatklage des „Verletzten“ mußte bisher ein inhaltloses Theorem bleiben. Auch die Popularklage wird in gewöhnlichen Zeiten und unter verfassungsmäßigen Regierungen selten zur Anwendung kommen. Ob aber in einem oder hundert Fällen jährlich, ist nicht das Entscheidende. Denn die Gesetzmäßigkeit der

Verwaltung wird gesichert schon durch das Vorhandensein des Anklagerechts, wie die Verfassungsmäßigkeit der Ministerverwaltung durch die praktische Möglichkeit der Anklage. Umgekehrt wird durch die Versagung des Anklagerechts die Stellung der Verwaltung sofort verschoben, und die herrschenden Parteien ziehen alsbald die Folgerung aus dem versagten Recht.

Dies ist der entscheidende Punkt, dem alles Uebrige sich unterordnet. Alle praktischen Vorzüge, welche für das freie Ermessen der Staatsanwaltschaft nach Gesichtspunkten de l'opportunité et du fondement sprechen, bleiben dabei unverändert. Ja die Staatsanwaltschaft gewinnt erst in Concurrenz mit der Privatanklage ihre unbefangene freie Stellung. Sie kann wirklich mit gutem Gewissen geringfügige Denunciationen zu Zehntausenden alljährlich auf sich beruhen lassen; die Unterlassung der Privatanklage ist die Probe dafür, daß sie Recht gehabt. Es giebt überhaupt keine andere concludente Beweisführung für die Geringfügigkeit der Sache, als die Unterlassung der Privatanklage. Der Staatsanwalt kann in gutem Glauben weitaussehende Beweise fallen lassen. Sollte auch ein Privatkläger durch bescheinigte Angaben das Gericht zu Voruntersuchung und Anklagebeschluß veranlassen, so hat der öffentliche Ankläger doch genug gethan, wenn er „nach Lage der Sache" verfuhr. Er hat genug gethan, wenn er seine Preßverfolgung und sein Einschreiten gegen Beamte auf solche Fälle beschränkt, in welchen jede verfassungstreue Ministerverwaltung auch gegen eine befreundete Seite einschreiten muß. Beschwert sich die Opposition, daß darin nicht genug geschehe, so mag sie auf eigne Verantwortung die Anklage versuchen. Durch die Concurrenz der Privatanklage entsteht endlich auch die Möglichkeit, dem Staatsanwalt das naturgemäße Recht zur Rücknahme der Anklage in jedem Stadium des Verfahrens zu gewähren. Es erklärt sich daraus wohl zur Genüge, warum die Staatsanwaltschaft selbst in den Ländern der Privatanklage mit solcher Entschiedenheit für den „großen Verfassungsgrundsatz" eintritt. Gar mancher peinliche Gewissensconflict löst sich damit stillschweigend. Unsere Regierungs-Präsidenten und Landräthe werden auch unter wechselnden constitutionellen Ministern ihr Amt in Ehren fortführen können, sobald neben die laufende Verwaltung eine unparteiische Rechtsprechung über die contentiösen Fragen gestellt wird. Für den Staatsanwalt bedeutet dasselbe die Anerkennung der Privatklage neben der ministeriellen.

Die Ausführung dieses Grundsatzes bedingt eine Umarbeitung des Abschnitts 1 Buch V. des Deutschen Entwurfs.

Viele Artikel können wörtlich stehen bleiben, wenn auch in verändertem Zusammenhange.

Es ist richtig, wenn zur Privatanklage ein von einem Rechtsanwalt verfaßter oder zu gerichtlichem Protokoll erklärter substantiirter Antrag verlangt wird; der Anwaltszwang ist an dieser Stelle unentbehrlich, da nur ein Rechtsverständiger die heutigen Obliegenheiten der Staatsanwaltschaft zur Genüge erfüllen kann.

Ebenso richtig ist das Erforderniß der Kautionsbestellung für die Kosten.

Ebenso richtig das Erforderniß eines Gerichtsbeschlusses zur Einleitung der Anklage.

Ebenso richtig die gewissermaßen subsidiäre Stellung der Privatanklage. Ein principales Anklagerecht mit Ausschluß des Staatsanwalts kann nur zur Erscheinung kommen, wo die Strafverfolgung als ein Glied der Selbstverwaltung in Provincial-, Kreis- und Communalverfassungen eingefügt wird. Solange dagegen der Einzelne dem vom Staate bestellten Organ gegenüber steht, muß dem Staat der Vortritt gebühren, und für jede Verwaltung muß die Vermuthung gelten, daß sie die einmal öffentlich erhobene Anklage nicht durch Prävarication illusorisch machen wird.

Es ist ferner richtig, daß dem Staatsanwalt keine Präclusivfrist gestellt werden kann. Andererseits muß dem Popularkläger eine Frist gestellt werden, nachdem die Staatsanwaltschaft die Anklage abgelehnt oder in öffentlicher Verhandlung fallen gelassen hat.

Endlich wird dem Staatsanwalt auch ein Assistenz- oder Adhäsionsrecht zugestanden werden müssen. In diesem Sinne wird also die Privatanklage zur Zeit nur eine subsidiäre sein können.

Andererseits bedingt die Popularklage doch wesentlich veränderte Grundsätze im Unterschiede von der bloßen Anklage des „Verletzten."

Zunächst bedarf es der strafrechtlichen Verantwortlichkeit des Anklägers für calumnia, praevaricatio und tergiversatio, welche im Inquisitionsprocesse eingeschlafen, aber für den Anklageproceß unentbehrlich ist.

Unstatthaft ist ferner die im Deutschen Entwurf zugelassene einfache Zurücknahme der Privatanklage. Der Grundsatz: quod nemo ad agendum compellitur, gilt nur für eine Privatklage des

„Verletzten“; die Popularklage dagegen nimmt ein öffentliches Interesse wahr, und deshalb kann die Zurücknahme nicht Sache der Privatwillkür sein, sondern wird mindestens einer Zustimmung des Staatsanwalts bedürfen.

Bei Concurrenz mehrer Privatanklagen kann nicht ein Beitrittsrecht, sondern nur die Praevention entscheiden. Uebrigens muß die durchgeführte Privatanklage das Anklagerecht ebenso consumiren wie die Klage des Staatsanwalts.

Die Concurrenz der Privatanklagen macht ferner die Beibehaltung der gerichtlichen Voruntersuchung und des Gerichtsbeschlusses über Versetzung in den Anklagestand nothwendig.

Ueberhaupt hat die concurrirende Privatanklage die indirekte Folge, daß der Strafproceß nach den Grundsätzen der Parteigleichheit aufgebaut werden muß. Die Vorrechte des französischen Staatsanwalts als Staatscommissar finden in einem auch auf den Privatankläger berechneten Proceßgang keinen Platz mehr.

Mit der Ausführung des Grundsatzes werden sich schließlich auch die sogen. praktischen Bedenken gegen die Privatanklage erledigen, über welche man in den Ländern, in denen die Sache praktisch besteht, schwerlich ein Wort verlieren würde.

Man fürchtet einen unbegrenzten Gebrauch des Anklagerechts durch streitsüchtige Parteien. Andererseits fürchtet man, daß es „unpraktisch“ bleiben werde, weil die Sache ja doch „keinen Anklang bei der deutschen Bevölkerung finde“. Oft sind es dieselben Personen, die beide Besorgnisse zugleich hegen. Die Erfahrung aller Jahrhunderte lehrt aber, daß von der verantwortlichen Privatanklage nicht zuviel, sondern anscheinend zu wenig Gebrauch gemacht, daß das Sicherheitsventil in gewöhnlichen Zeiten kaum geöffnet wird. Daraus aber folgern zu wollen, daß sie unnöthig sei, ist ebenso scharfsinnig, wie das Urtheil der Politiker, welche die rechtliche Ministerverantwortlichkeit für „unpraktisch“ halten, weil es in gewöhnlichen Zeiten dazu doch nicht komme.

Man fürchtet ferner Chicane und Erpressung des Privatanklägers. Es ist dies allerdings möglich und nicht ganz selten. Allein das Gebiet, in welchem solcher Unfug vorzugsweise vorkommt, sind gerade die Antragsverbrechen und diejenigen Privatverbrechen, bei welchen man eine Privatanklage des „Verletzten“ einführen will. Die Erfahrung wird künftig in Deutschland umgekehrt dahin führen, gerade bei gewissen Privatverbrechen die Erhebung der Anklage an eine Erlaubniß des Staatsanwalts zu knüpfen. Das aufgeworfene Bedenken ist überhaupt untergeordnet, da eine

Drohung mit einer Denunciation ebenso leicht zu Erpressungen benutzt wird, wie die Drohung mit einer Anklage.

Wenn sachliche Gegengründe versagen, so bleibt schließlich noch der Einwand übrig, daß man fremde Einrichtungen importiren wolle. Vor einem Menschenalter hieß es: man wolle „französische" Einrichtungen einführen. Will man heute die inzwischen importirten französischen Dinge los werden, so heißt es: man wolle uns englische Einrichtungen aufdringen. Allgemein anwendbar erscheint dabei die Formel: „es hängen solche Einrichtungen mit den historischen Eigenthümlichkeiten von Land und Leuten, von Verfassung, Recht und Gericht so zusammen, daß sie für Deutschland unmöglich passen können". — Auch dieser letzte Einwand beruht auf einer Unkenntniß der Dinge; die Popularklage ist vielmehr unser sehr altes eignes Recht, es ist das alte ex officio Einschreiten der deutschen Gerichte —, nur mit Wiederherstellung der Verantwortlichkeit des Anklägers. Wäre das System aber auch nicht unser historisches, so hätte man es neu erfinden müssen, um die Rechtsordnung gegen die Gefahren constitutioneller Parteiverwaltung sicher zu stellen *).

Es giebt nur eine ernstliche Erwägung, über welche man bei Einführung der Privatanklage im Reinen sein muß. Es ist die rechtliche Verantwortlichkeit der Beamten. Es ist richtig, daß man einen Beamten, der — nicht aus Privatwillkür, sondern in Erfüllung seiner Staatspflicht — täglich in Widerstreit mit den Interessen der Gesellschaft kommt, nicht alltäglich einer Bedrohung mit Schadensklagen und Strafverfolgungen aussetzen kann. Man

---

*) Allenfalls könnte man sich für die obigen Vorschläge auf parallele Verhältnisse in Schottland, Irland und Amerika berufen, obgleich Derjenige, welcher die dunkle Vergangenheit des einen, und die dunklen Seiten des andern kennt, sich nicht gern darauf beruft. In England dagegen soll eine lokale Staatsanwaltschaft erst eingeführt werden; sie besteht aber noch nicht. Das Verhältniß einer subsidiären Privatanklage schwebt in England, ebenso wie bei uns, erst im Stadium der Gesetzentwürfe. Die Motive und Anlagen des Deutschen Entwurfs benutzten vielfältig den Report von 1855 über die Einführung der Staatsanwaltschaft, haben aber die späteren Reports und die jetzt schwebenden Gesetzentwürfe, welche Jahr für Jahr dem Parlamente vorgelegt werden, nicht berücksichtigt. Eine Uebersicht über den Gang und den Inhalt der schwebenden Gesetzentwürfe giebt Gneist: Das Selfgovernment in England, 3. Auflage 1871. §. 76. S. 430—440. In diesen neuesten Entwürfen und ihren Motiven lag ein Material vor, welches von dem Deutschen Entwurf zur Vergleichung herangezogen werden konnte. Da es nicht geschehen, habe ich es hier auch unberührt gelassen.

kann dies nicht nachdrücklich genug hervorheben. (Gneist, Verwaltung, Justiz 1869. S. 155—157.) Allein unsere deutsche Rechtsentwicklung hat diese Frage von Anfang an vollkommen sicher und sachgemäß behandelt, indem sie:

1) Die Syndicatsklage auf dolus und culpa lata beschränkte,
2) Durch den eximirten Gerichtsstand der Beamten eine sorgfältige Prüfung und Entscheidung durch die Obergerichte sicherte.

Dies ist gemeinen Rechtens geblieben, und nur einige Territorialrechte haben dies normale Verhältniß verwirrt durch Einschiebung einer Verwaltungsbehörde oder eines sog. Competenzgerichtshofes. Jede staatsrechtliche Erörterung und jede Vergleichung mit fremden Rechten (Gneist: „Verwaltung, Justiz, Rechtsweg S. 155 ff. 169 ff.) wird aber zu dem gemeinrechtlichen Grundsatz zurückführen, daß der Beamte nicht anders zu schützen ist, als:

1) Durch Beschränkung der Verantwortlichkeit auf Competenzüberschreitung, Vorsatz und grobes Versehen, und mit Berücksichtigung eines bona-fide-Irrthums. Es liegt dies schon in der Pflicht-Stellung des Beamten und ist auch von der Gerichtspraxis aus der Natur der Sache abgeleitet worden.
2) Sorgfältige Vorprüfung der Anklage durch das Obergericht; es bedarf schon aus diesem Grunde eines zweiseitigen Rechtsmittels gegen den Anklagebeschluß. Es ist rathsam, wegen des Rechtspunktes in thesi auch noch ein Rechtsmittel bei dem Reichsgericht offen zu halten. Es hat dies gute Vorgänge für sich; denn es würde damit nur ein Stück der Verwaltungs-Jurisdiktion der deutschen Reichsgerichte wieder aufleben. (Auch das englische Recht hat hier noch ein writ of certiorari, welches von dem Kronanwalt in allen Fällen ergriffen werden kann, auch wo es den Privaten versagt ist.)

Die deutschen Regierungen werden sich darüber nicht täuschen, daß der Grundsatz der Verantwortlichkeit der Beamten nicht länger abzuwehren, daß die Verantwortlichkeit so wenig durch das System der Staatsanwaltklagen, wie durch das System der Competenzgerichtshöfe länger zu umgehen ist. Mit der Privatanklage und den geeigneten Rechtsmitteln gegen den Anklagebeschluß wird die schwerwiegende Frage zu einem endlichen Austrag kommen, und die Reichsgesetzgebung wird sich dabei voraussichtlich auf einen freieren, unbefangeneren Standpunkt stellen, als dies den Landesgesetzgebungen bisher gelungen ist.

II.

Die Oeffentlichkeit der Voruntersuchung.

Die im heutigen Anklageproceß beibehaltene geheime Voruntersuchung ist daraus hervorgegangen, daß bei dem Uebergang in den neuen Proceß das bisherige Verfahren als vorbereitendes beibehalten wurde.

Es war unter allen Neuerungen gerade die Oeffentlichkeit diejenige, welche den Amtsgewohnheiten am stärksten widerstrebte. Die Beamten hatten nun einmal bisher den Staat als in ihrem Berufskreise abgeschlossen angesehen. Jede Amtsthätigkeit coram publico erschien ihnen wie eine Entweihung wichtiger Geheimnisse, jede Betheiligung der Gesellschaft an staatlichen Handlungen als zudringliche Neugierde. In Presse, Literatur und Kammerverhandlungen wurde über diesen Punkt am hitzigsten gestritten. Es war die öffentliche Meinung, welche den Gesetzgeber gezwungen hat, trotz aller Bedenken der Juristen, die Oeffentlichkeit anzunehmen. — Das Publicum war aber zufrieden gestellt durch die öffentliche Hauptverhandlung. Alle Vorbereitung — die ganze Voruntersuchung mit ihren stückweisen, oft ermüdenden Incidentpunkten — sah man als Amtsgeschäfte des Untersuchungsrichters, Staatsanwalts und der Polizei an. In Frankreich hatte die öffentliche Meinung fast gar kein Interesse für die Vorarbeit des Audienztermins, in Deutschland nur ein untergeordnetes.

Folgeweise blieb für alle Vorstadien des neuen Processes der ältere Geschäftsgang stehen. Die früheren Argumente gegen die Oeffentlichkeit nahmen nun folgende Gestalt an. Alle Verhandlungen vor dem Audienztermin, meinte man, müßten ihrem Wesen nach geheim bleiben, da es sich eben nur um Vorbereitungen handle, deren „vorzeitige" Veröffentlichung die Thätigkeit der Criminalpolizei lähmen, die Behörden durch verfehlte Versuche compromittiren, den Schuldigen, seine Genossen und Freunde zu Collusionen und Verdunklung des Thatbestandes in den Stand setzen werde. Dazu kam als durchschlagend das allseitig anerkannte Vorbild des französischen Processes, und dagegen wurde auch in den Gesetzberathungen der Kammern kaum ein Bedenken laut. Man war erfreut, die Justiz in ihren Hauptacten endlich wieder öffentlich walten zu sehen. Richter, Anwaltschaft und Publicum hatten sich in den ungewohnten Formen zunächst heimisch zu machen.

Allein der auf diese Bedingungen geschlossene Friede bestand um den Preis bedeutender Uebelstände. Als das neue Verfahren eine Reihe von Jahren im Gange war und für das Zusammenwirken der einzelnen Factoren sich eine Praxis gebildet hatte, kehrte eine Reihe von Beschwerden wieder. Alles, was man einst gegen Inquisitionsproceß und Inquisitionskunst geeifert hatte, bestand im engern Kreise der Voruntersuchung unverändert fort. Noch immer stand der Angeschuldigte bei verschlossenen Thüren ohne Beistand einem inquirirenden Beamten gegenüber, als Object eines Inquisitionsplanes, der (wenn auch nicht durch Zwangsmittel, so doch) durch ungemessene Specialverhöre, zudringliche Fragen, Ueberraschungen, Vorhaltungen — durch die psychologische Einwirkung der Untersuchungshaft und der Ermüdung — nach alter Weise verfolgt wurde. Wie sonst wurden die Beweise in Abwesenheit des Angeschuldigten und seines Beistands zusammengebracht. Für Mißverständnisse und Uebereilungen in dieser einseitigen Procedur wurde der Angeklagte lediglich auf „Widerrufe" im Hauptverfahren verwiesen.

Noch sichtbarer dauerte der Grundschaden der Verschleppung fort, der durch eine Statistik der Voruntersuchungen überraschend hervortreten würde. Noch immer war also die persönliche Freiheit des Angeschuldigten auf Monate in Anspruch genommen, wie es nicht anders sein kann, wo Inquirent, Staatsanwalt und Polizei auf Requisitionsfuß mit einander verkehren, und deutsche Gründlichkeit die Protocolle nicht allzusehr zu kürzen wagt.

Die wissenschaftlichen Darsteller des Strafverfahrens haben die geheimen Specialverhöre und Beweisaufnahmen, die

Anklagebeschlüsse ohne Anhörung der Parteien, die Schwerfälligkeit und Langsamkeit des Vorverfahrens, jederzeit als Inconsequenzen des neueren Systems gerügt. Auch von Seiten der Practiker wurden vielerlei Mißstände anerkannt und Vorschläge zur Abhülfe gemacht. Der Dresdener Juristentag von 1861 gelangte zu dem Vorschlage der Einseitigkeit der Beweisaufnahme durch eine sog. Parteiöffentlichkeit, d. h. durch die Zulassung beider Parteien zu den Verhandlungen des Vorverfahrens, abzuhelfen.

Inzwischen ist die Anerkennung der bestehenden Widersprüche auch bei unserem Vorbilde durchgedrungen. Der französische Justizminister sagt in dem Bericht an den Kaiser vom 12. Mai 1870:

> La procédure pénale a été divisée par les lois . . . en deux phases: celle de l'information ou instruction préparatoire, restée sous le coup du régime inquisitorial; celle de la procédure de jugement, placée sous les règles du regime accusatoire . . . Le temps est venu de rechercher, si l'on ne pourrait pas, sans danger pour la société, réduire la part laissée au système inquisitorial etc. (Journal Officiel, Mai 1870. S. 805).

Wendungen dieser Art in der französischen Gesetzgebung haben bisher stets einen Einfluß auf Deutschland geübt.

Der Deutsche Entwurf ist in der That mit Ernst an beide Seiten der Aufgabe herangetreten: Erweiterung der Parteirechte und Vereinfachung des Verfahrens.

I. Eine Erweiterung der Parteirechte des Angeschuldigten soll durch eine bedingte Gewährung der vom deutschen Juristentage befürworteten „Parteiöffentlichkeit" zur Ausführung kommen. Der Entwurf geht dabei von folgender correcten Voraussetzung aus. Eine Berufungsinstanz in Strafsachen hatte ihre wesentliche Bedeutung bisher darin, daß die Hauptverhandlung in I. Instanz dem Beschuldigten das Angriffs- und Vertheidigungsmaterial zuerst übersichtlich vorführt, um danach Versäumtes nachzuholen, Verfehltes besser zu machen. Angesehene Praktiker sahen umgekehrt die Zulassung der II. Instanz geradezu als einen Ersatz der bei Vergehen nicht mehr nothwendigen Voruntersuchung an (Oppenhoff zu §. 75 der V.-O. vom 3. Jan. 1849). „Wird nun die Berufungsinstanz in Zukunft ganz beseitigt, so muß nothwendig die Voruntersuchung mit schützenden Formen mehr als bisher umgeben werden." — „Der Entwurf verwirklicht (deshalb) die Anklageform im höheren Grade, als das französische Recht, insofern er die Anklage und die Vertheidigung schon in der Voruntersuchung mit wichtigen selbständigen Rechten ausstattet und sowohl dem Staatsanwalt, wie dem Angeschuldigten die Möglichkeit gewährt, schon in diesem Abschnitte des Verfahrens im ausgedehnten Maße selbstthätig mitzuwirken". — „Die Anklageform und die Parteiöffentlichkeit soll schon der Voruntersuchung zu Statten kommen." (D. Motive 115).

Bei der Ausführung dieses Gedankens kam es auf drei Punkte an: 1) Zulassung oder Nichtzulassung eines Vertheidigers zu den Specialverhören der Voruntersuchung. Der Entwurf glaubt dies ablehnen zu müssen, weil namentlich in schwierigeren Fällen der Erfolg der Voruntersuchung davon abhänge, daß dem Vorverfahren ein einheitlicher Untersuchungsplan zu Grunde liege, der durch eine fortgesetzte Mitwirkung der Betheiligten stetig durchkreuzt werde, und da auch das Personal der Staatsanwaltschaft für ein so weitschichtiges Verfahren nicht ausreichen würde. — Man wird eine Berechtigung dieser Argumente anerkennen müssen; denn solange ein Specialverhör bei verschlossenen Thüren besteht, kann es keinen andern Zweck haben, als durch eingehendes Fragen die Wahrheit, d. h. ein freimüthiges Bekenntniß zu erwirken. Dies Verhör mit Zuziehung der Sachwalter beider Parteien vorzunehmen, steht mit dem Zweck einer geheimen Specialinquisition im directen Widerspruch. Den Untersuchungsrichter in eine geheime Verhörstube hinzusetzen, um zu inquiriren, — dabei aber den Staatsanwalt auf diese, den Defensor auf jene Seite zu setzen, und mit beiden eine contradictorische Untersuchung führen, ist wirklich unpraktisch. Wie sollte man die Contestationen schlichten, die aus einem solchen Trilog oder Quadrilog in jedem Stadium entstehen müßten? Wer sollte diese stetigen Einsprüche von rechts und links entscheiden? Der Deutsche Entwurf ist zu einsichtig, um darauf einzugehen. Wenn auch in neuester Zeit ein solcher Vorschlag von sehr „erfahrenen" Praktikern immer wiederholt wird, so hat der Entwurf eine solche Zumuthung doch wohl mit Recht abgelehnt.

2) Bei Aufnahme des Augenscheins, bei den Zeugen-, Sachverständigen-Verhören und sonstigen Beweisaufnahmen dagegen steht die Zulassung des Angeschuldigten oder seines Vertheidigers in keinem directen Widerspruch mit den Zwecken der Voruntersuchung. Der Untersuchungsplan wird dadurch allerdings partiell offen gelegt, zuweilen durchkreuzt; dies Opfer kann aber einer Erweiterung der Parteirechte gebracht werden. Nur wo zu besorgen ist, daß der Angeschuldigte die zu vernehmende

Person durch seine Gegenwart in einer der Ermittlung der Wahrheit nachtheiligen Weise „beeinflussen" könnte, bleibt seine Ausschließung vom Verhöre vorbehalten. Auch die Oesterr. Str.-P.-O. gestattet die Anwesenheit des Anklägers und des Vertheidigers beim Augenscheine, bei der Haussuchung, bei der Durchsuchung von Papieren, aber nicht beim Zeugenverhöre. — Um indessen den Gang der Voruntersuchung nicht allzu schwerfällig zu machen, will der Entwurf von einer Beiladung oder Benachrichtigung des Angeschuldigten in der Regel absehen.

3) Eine Verständigung des Angeschuldigten mit seinem Defensor und die Einsicht der Acten kann allerdings in bedenklichen Widerspruch mit dem Plan der Voruntersuchung treten. Der D. Entwurf will es dennoch damit wagen, behält aber eine Befugniß vor, die Unterredung mit dem Defensor durch Anwesenheit einer Gerichtsperson zu controliren, und die Acteneinsicht nur zu gewähren, falls dies „ohne Gefährdung des Untersuchungszweckes" geschehen kann. Die gleichen Vorbehalte hat die Sächs. St. Pr. O. Art. 42 gemacht.

Dies sind die neuen Rechte, welche dem Angeschuldigten in der Voruntersuchung gewährt werden.

Es sind dagegen von einer Seite ernste Bedenken erhoben worden, als ob solche zu weit gingen*).

Diejenigen dagegen, welche für den Defensor einen Platz in der Voruntersuchung fordern sind noch unzufriedener. Sie meinen, 1) an erster Stelle die Zulassung zum Specialverhör, um den Angeschuldigten gegen Bedrängung, Uebereilung, Ueberlistung, kurz gegen die gefürchteten Maßregeln der Inquisitionskunst zu schützen. Alles Andere erscheint ihnen daneben als untergeordnet. Diese Hauptsache aber wird versagt. 2) Die Anwesenheit bei den Zeugenverhören und Beweisaufnahmen ist zwar nicht ohne Werth. Aber sie kann unter Umständen ausgeschlossen werden, was präsumtiv eben dann geschehen wird, wenn der Defension

*) Das Gutachten des Appellationsgerichts zu Eisenach bemerkt: „Der Erfolg einer Untersuchung hängt in allen verwickelten Fällen wesentlich davon ab, daß allen in der Sache zu vernehmenden Personen der Untersuchungsplan im Ganzen unbekannt bleibt, und sie deshalb außer Stande sind, wissentlich oder auch nur unwillkürlich ihre Aussagen diesem Plane zu accomodiren. Darin liegt die beste Controle aller Aussagen und die einzige innere Garantie gegen die Collusionen und Lügen. Der Entwurf macht den Vertheidiger zum Mitwisser dieses Planes, indem er ihn dem Untersuchungsrichter zum beständigen Begleiter bei seinen Vorschriften giebt" (Verhandlgn. des D. Juristent. 1873. S. 225).

am meisten daran läge. Jedenfalls ist sie nahezu unvereinbar mit dem Geschäftsleben unserer Advocatur. Soll (da keine Ladung erfolgt) ein Rechtsanwalt stunden- oder tagelang in dem Voruntersuchungsamt antichambriren, bis ein Verhör an die Reihe kommt, an welchem er theilnehmen darf? Das Recht der Zuziehung eines Anwalts (Notars) zu den Zeugenverhören im Civilproceß ist Jahrhunderte lang gemeinen Rechtens gewesen, aber jederzeit als unpraktisch angesehen worden. 3) Unterredungen mit dem Defensor unter Controle einer Gerichtsperson und Acteneinsicht „nach Ermessen des Gerichts" war schon im alten Inquisitionsproceß in ziemlichem Umfang zugestanden, hatte aber zu keiner Zeit als genügend gegolten.

Die vom Entwurf gemachten Concessionen haben einen latenten Widerspruch in sich, in Folge dessen sie Niemandem genügen. Die bisher erschienenen Kritiken lassen darüber kaum einen Zweifel. Alle Welt verlangt an dieser Stelle eine „ganze" Maßregel: aber Niemand vermag die Situation zu ändern. Jedes Verhör hinter verschlossenen Thüren behält nach der Erfahrung aller Jahrhunderte die Tendenz auf Geständniß. Mitten in diese Operation den Staatsanwalt und den Defensor mit ihren Zwischenreden hineinzusetzen, ist eine innerlich widersprechende Sache. Schon der Begriff der „Parteiöffentlichkeit" ist eine bureaukratische Redeform, welche m. W. aus der Zeit der v. Kamptzischen Gesetzgebung datirt. Es ist eben eine Nichtöffentlichkeit, wie denn auch der D. Commiss.-Entwurf (S. 88) anerkennt, daß sie nur äußerlich mit der vollen (wirklichen) Oeffentlichkeit verglichen werden könne. Die praktischen Versuche mit einer sog. Parteiöffentlichkeit in preußischen Verordnungen von 1833 und 1846 haben im Civilproceß nur eine kurze Reihe von Jahren, im Strafproceß nur eine kurze Reihe von Wochen bestanden. Sie bilden immer nur den Uebergang zur wirklichen Oeffentlichkeit.

II. Die Beseitigung des Grundschadens der Schwerfälligkeit war die zweite Aufgabe, welche im D. Entwurf mit großer Energie in Angriff genommen ist. Gerade in Preußen war die Voruntersuchung überaus schleppend geworden, da man die Criminalpolizei dem Staatsanwalt nicht untergeordnet, und folgeweise nun einen Geschäftsgang zwischen drei Bureaus hatte. Eine Statistik über die Dauer der Voruntersuchungen ist bisher nicht gegeben. Die Anlagen des deutschen Entwurfs geben aber folgende Uebersicht der Untersuchungshaft für Baden:

Die Dauer der Untersuchungshaft umfaßte:

	1865.	1868.
I. in Schwurgerichtssachen		
bis zu 1 Monat	20 Fälle.	27 Fälle.
1—2 Monate	39 "	59 "
2—3 Monate	24 "	48 "
3—11 Monate	33 "	51 "
II. in Kreisgerichtssachen		
bis zu 1 Monat	316 Fälle.	374 Fälle.
1—2 Monate	234 "	249 "
2—3 Monate	60 "	91 "
3—8 Monate	28 "	45 "

Die Mitteldauer der Untersuchungshaft steht hiernach auf 2—3 Monate. Die lange Dauer auch in Kreisgerichtssachen zeigt, daß diese Verzögerung nicht blos auf den längeren Zwischenperioden der Schwurgerichte beruht. Man muß annehmen, daß doch gerade in den Haftsachen die äußersten Anstrengungen gemacht worden sind, die Dauer abzukürzen.

Diese Langsamkeit liegt in der Natur eines schriftlichen Officialprocesses, und er ist, wie wir endlich zugestehen müssen, unheilbar. Zweihundert Jahre lang haben die deutschen Landesgesetzgebungen sich abgemüht, die Protocollirung, Decretur und Correspondenz des Inquisitionsprocesses abzukürzen, ohne jeden nachhaltigen Erfolg. Der Grund liegt in der Natur der Schriftlichkeit, und ist durch die jetzige Dreitheilung zwischen Staatsanwalt, Gericht und Polizei nicht besser geworden. Durch Zulassung des Vertheidigers zu Beweisaufnahmen (und zur Stellung von Anträgen) in der Voruntersuchung wird die Sache jedenfalls nur um Vieles schlimmer, mögen die Concessionen auch noch so eng beschränkt werden.

Aus dieser Zwangslage hat der Code Napoléon sich in seiner Weise durch eine scharfe Unterscheidung herausgezogen: indem er die Voruntersuchung nur bei crimes beibehält, bei délits dagegen dem Staatsanwalte überläßt, sich selbst vorzubereiten, und die Sache durch Ladung unmittelbar zur Hauptverhandlung zu bringen. Die deutschen, insbesondere die preußischen Gesetze, folgen diesem Vorbild, indem sie die Voruntersuchung

1) bei Verbrechen obligatorisch,

2) bei Vergehen facultativ

stellen.

Die deutsche Gewissenhaftigkeit hat bisher in ziemlich ansehnlichem Umfang auch bei Vergehen die Voruntersuchungen beibehalten, besonders wo widersprechende Beweise oder überhaupt ein verwickeltes Sachverhältniß zu Grunde liegt. In der großen Mehrzahl der Fälle unterbleibt sie indessen zur wesentlichen Erleichterung des Voruntersuchungsamtes und ohne sichtbaren Nachtheil für die Sache selbst. Was der neue Proceß an Zeitersparniß gewonnen hat, beruht zum großen Theil auf diesem Wegfall der Voruntersuchung.

Die praktischen Criminalisten sahen sich naturgemäß immer auf diesen Punkt hingewiesen, und so entstand allmälig die Losung:

„Fort mit der gerichtlichen Voruntersuchung".

Vom Standpunkt des Staatsanwalts aus zunächst kann man sich den Wegfall gefallen lassen, sobald man ihm als Chef der Criminalpolizei das ganze executive Beamtenpersonal unterordnet. Denn es stehen ihm dann in der Regel die ausreichenden Mittel zu Gebote, auch ohne den Voruntersuchungsrichter die Anklage für die Audienz vorzubereiten. „Man lasse also jedem Theile die Freiheit, sich für die Hauptverhandlung zu seinem Zweck und durch die gesetzlichen Mittel vorzubereiten" —. „Die Instruction der Anklage steht der Sache nach dem Ankläger zu, liegt aber keinesweges im Berufe des Richters, der dadurch Hilfsarbeiter des Anklägers und des Vertheidigers wird." — „Es fallen damit die der Rechtspflege ohnehin nicht förderlichen Collisionen zwischen Untersuchungsrichter und Staatsanwalt von selbst schon weg". (v. Keller „Staatsanwaltschaft" 1866, S. 263—267). Es geht zwar verloren der etwa zu erwartende Erfolg eines Specialverhörs mit dem Angeschuldigten. Einem erfahrenen Verbrecher gegenüber liegt daran jedoch nicht allzuviel, und jedenfalls soll die Specialinquisition im Hauptverfahren unverändert bleiben. Sie kann vielleicht um so wirksamer werden, wenn die Anklage ihre Beweise zunächst für sich behält, und das so gesammelte Material in einem wohl vorbereiteten „Inquisitionsplan" zur artikulirten Befragung des Angeklagten in der Audienz verwendet wird. Die Hauptmomente des Anklagebeweises wird der Staatsanwalt freilich jederzeit in die Anklageacte aufnehmen: aber feinere Incidentpunkte bleiben reservirt, und können sich in der öffentlichen Hauptverhandlung um so überraschender und wirksamer geltend machen, wenn sie durch die Voruntersuchung noch nicht gewissermaßen abgenutzt sind. Diese innere Falte der Frage liegt wenigstens innerhalb des Gesichtskreises derer, welche den Inquisitionsplan als zum Wesen des Strafverfahrens gehörig ansehen. Jedenfalls einigen sich Richter und Staatsanwalt leicht zu der Anerkennung, daß eine Abkürzung des Vorverfahrens eintreten muß, wenn Alles sich beim

Staatsanwalt, in seinem Bureau, in dem ihm untergeordneten Polizeipersonal concentrirt. Geschieht dies aber, so bleibt das Vorbereitungsverfahren des Staatsanwalts (wie alles Polizeiverfahren) selbstverständlich ein geheimes. Niemand kann in diesem Verfahren ein Recht der Anwesenheit oder der Acteneinsicht beanspruchen. In dem sog. Scrutinialverfahren giebt es überhaupt keinen „Angeschuldigten", also auch keine Parteirechte.

Der deutsche Entwurf ist in diese Bahn gedrängt worden, da es in der That einen anderen Weg zur Abkürzung des schriftlichen Vorverfahrens nicht giebt. Die österr. St. Pr. O. unter Autorität des Justizministers Dr. Glaser war in dieser Richtung vorgegangen. Die Zahl der principiellen Gegner der gerichtlichen Voruntersuchung scheint zur Zeit täglich zu wachsen. So kam der Deutsche Entwurf in wesentlicher Uebereinstimmung mit dem Code zu dem Entschluß:

> die Voruntersuchung bei Vergehen fallen zu lassen und nur dem Staatsanwalt das Recht vorzubehalten, eine gerichtliche Voruntersuchung zu beantragen*).

Einige Bedenken blieben dem Entwurf, ob nicht beim Erlaß des Haftbefehls eine gerichtliche Voruntersuchung eröffnet werden müßte, und ob es zulässig sei, nach erfolgter Verhaftung Alles in der Hand des Staatsanwalts zu belassen. Allein ein Antrag auf Voruntersuchung „würde stets eine Verlängerung der Haft herbeiführen. Um diese zu vermeiden, müsse man den Staatsanwalt in den Stand setzen, zu prüfen, ob nicht mit Uebergehung einer Voruntersuchung alsbald die förmliche Anklage erhoben werden könne. Zu dieser Prüfung genüge häufig die Einsicht des Protocolls über die Vernehmung des Verhafteten." (D. Motive S. 91). Der Entwurf kommt damit zur Conclusion:

> Auch nach erfolgter Verhaftung soll die Eröffnung einer gerichtlichen Voruntersuchung nur von dem Ermessen des Staatsanwalts abhängen.

Ernste Bedenken blieben noch, ob nicht nach den Traditionen des französisch-rheinischen Processes bei den vor die Assisen gehörigen crimes die gerichtliche Voruntersuchung unentbehrlich sei.

*) Außerdem ist dem Gericht die Befugniß vorbehalten, bei Erlaß des Anklagebeschlusses eine gerichtliche Voruntersuchung zu veranlassen. Allein wenn der einseitige Antrag des Staatsanwalts die für sich genügende Grundlage jenes Gerichtsbeschlusses sein soll, so kann in der Regel nur eine fehlerhafte Motivirung die Veranlassung dazu geben. Ich lasse diesen Nebenfall zur Vereinfachung der Gesichtspunkte hieraußer Betracht.

Der erste Entwurf wollte die obligatorische Voruntersuchung hier beibehalten. Die vom Bundesrathe eingesetzte Commission ist aber in Verfolgung des neuen Princips auch über dies Bedenken hinweggekommen. „Erfahrungsgemäß giebt es selbst unter solchen Sachen eine Anzahl, bei denen es für die Vorbereitung der Hauptverhandlung einer Voruntersuchung nicht bedarf, und in denen die letztere deshalb nur zur bloßen Form wird.“ (Commiss. Entw. S. 92). Das Schlußresultat ist:

daß bei den großen wie bei den mittleren Schöffengerichten, — bei Verbrechen wie bei Vergehen — die obligatorische Voruntersuchung in Wegfall kommt.

Gewiß ist der so eingeschlagene Weg „praktisch“, d. h. er erreicht den beabsichtigten Zweck. Das Vorverfahren wird, damit eingreifend, durchschnittlich vielleicht um die Hälfte der Zeit abgekürzt. Die österr. P. O. ist darin vorangegangen, und sie ist anscheinend noch folgerichtiger verfahren. Denn, wenn das freie Ermessen des Staatsanwalts entscheidet, ob ein gerichtliches Vorverfahren eintritt, so ist auch ein Gerichtsbeschluß über die Anklage entbehrlich. Das Gericht vermag einen Antrag, der lediglich aus den Acten der Staatsanwaltschaft zu begründen ist, doch nicht sachlich zu prüfen. Es kann die Stärke der Verdachtsgründe nicht selbständig würdigen ohne Unterlage gerichtlicher Verhandlungen. Ueber die Begründung der Anklage nach dem jus in thesi sind selten wirkliche Zweifel vorhanden, und sie kommen sehr bald durch das Haupturtheil zum Austrag. — Aber auch da, wo eine gerichtliche Voruntersuchung stattgefunden hat, bleibt es inconsequent, auf Actenauszüge ein Urtheil zu sprechen. Der Staatsanwalt kann nach specieller und persönlicher Information die Tragweite der Anschuldigungsbeweise in der Regel besser würdigen, als drei Richter nach einem lückenhaften Actenauszuge. Die Consequenz dieser Betrachtung ist:

Fort mit dem Gerichtsbeschluß über Eröffnung der Anklage.

Diese Consequenz ist von der Autorität des jetzigen österreichischen Justizministers schon seit längerer Zeit befürwortet, für Oesterreich zum Gesetz erhoben, und sie wird von geistreichen Criminalisten mit Freuden begrüßt. „Alle gerichtliche Voruntersuchung ist ein schädlicher Hemmschuh der raschen Proceßführung. Die Stoffsammlung ist lediglich Sache des Anklägers. Die unmittelbare Einbringung der Anklage durch die Staatsanwaltschaft ohne Zwischenschiebung eines Gerichtsbeschlusses ist das allein folgerichtige, logische, das liberalere System". (z. B. Wahlberg, Kritik des deutsch. Entwurfs S. 62. 63 und passim).

Der D. Entwurf zieht indessen diese letzte Consequenz nicht, da „alle deutschen Gesetzgebungen doch irgend welche Art richterlicher Prüfung der Anklage beibehalten haben." (Commiss. Entw. S. 100.) Er muß sich nun freilich mit einer sehr mangelhaften Weise der Vorprüfung begnügen. Die Anklagekammer entscheidet auf den Vortrag eines den Acteninhalt wiedergebenden Berichterstatters (a. a. O. S. 99). Die Prüfung wird also immerhin eine mehr oder weniger „oberflächliche" bleiben (a. a. O. S. 102). Wo überhaupt keine gerichtliche Voruntersuchung stattgefunden hat, entscheidet die Anklagekammer nach den Vorverhandlungen des Staatsanwalts selbst; die weniger informirte Behörde corrigirt also die besser informirte. Aehnliche Incongruenzen ergeben sich schon bei dem Antrag des Staatsanwalts auf gerichtliche Voruntersuchung. Der Antrag des Staatsanwalts darf nur aus Rechtsgründen zurückgewiesen werden (a. a. O. S. 94). Gegen jede Zurückweisung hat der Staatsanwalt ein Rechtsmittel. Der Angeschuldigte aber hat kein Rechtsmittel gegen den Einleitungsbeschluß, weil dieser nur die Bedeutung einer „proceßleitenden Verfügung" habe (a. a. O. S. 106). Der Staatsanwalt hat das Recht, eine Vervollständigung der Voruntersuchung zu beantragen; der Vertheidigung ist ein solches Recht nicht ertheilt.

Es entsteht nach diesen Maximen eine zwiefache Alternative für die Behandlung des Vorverfahrens.

Die erste Alternative ist: der Staatsanwalt behält das ganze Vorverfahren in der Hand. Er wird dann durch Correspondenzen, informatorische Zeugenverhöre ꝛc. nach freiem Ermessen verfahren. Er wird das Polizeipersonal mit den nöthigen Nachforschungen und Erkundigungen beauftragen. Er wird für einzelne ergänzende Acte, eidliche Zeugenvernehmungen ꝛc., das Gericht requiriren, welches dann aber nur ex delegatione der Staatsanwaltschaft, nicht als Voruntersuchungsrichter, eintritt (Commiss. §. 139. 142). Das Recht eines Specialverhörs mit dem Verdächtigen hat er nach dem Zusammenhang der Vorschriften nicht, obgleich ausdrücklich auch dies nicht gesagt ist. Von Rechten des Angeschuldigten kann in diesem Verfahren keine Rede sein; denn dieser Staatsanwaltsproceß ist eine Verwaltungsprocedur polizeilichen Charakters, in welcher der Verdächtige keine Rechte haben kann*).

*) Nach der Praxis des schottischen Strafverfahrens führt der Staatsanwalt sogar auch die Specialinquisition mit dem Angeschuldigten unter Auf-

Die zweite Alternative ist: der Staatsanwalt giebt die Sache an das Gericht resp. den Voruntersuchungsrichter ab. Er macht damit das Gericht zum dominus litis. Das Gericht verfährt dann nach eignem Ermessen, und ist an den Antrag auf Einstellung des Verfahrens so wenig wie an andere Anträge der Staatsanwaltschaft gebunden. Dem Angeschuldigten erwachsen damit die obigen Rechte auf eine beschränkte Parteiöffentlichkeit, Anwesenheit bei der Beweisaufnahme und Acteneinsicht, und zwar vom Augenblick der Verhaftung oder der verantwortlichen Vernehmung an (Commiss. Motive S. 84).

Die Staatsanwaltschaft hat also mit einem Worte die Wahl, ob sie selbst Herrin des Vorverfahrens bleiben oder ob sie das Gericht zum Herrn des Verfahrens machen will. Die Motive (S. 125) denken sich das daraus hervorgehende Verhältniß so: Wo in schwierigen und weitläufigen Sachen die Staatsanwaltschaft doch genöthigt sein würde, das Gericht mit wiederholten Anträgen auf Beweiserhebungen anzugehen, da sei im Interesse der Einheit des Untersuchungsplans und der Beschleunigung das Gerichtsverfahren geboten. Ebenso wo in schweren Straffällen ein sorg-

---

sicht des Richters. Der deutsche Entwurf bewahrt seinen guten Tact, indem er sich nicht auf das Vorbild Schottlands beruft. Die kritiklose Weise neuerer Vorschläge beruft sich aber für den Staatsanwaltsproceß bald auf Schottland, bald auf das Gesetzbuch für Malta oder auf andere, nur im Zusammenhange verständliche Vorbilder. Der schottische Criminalproceß hat eine so dunkle Vergangenheit, daß ein Kenner schottischer Geschichte dies Muster für deutsche Reformen nicht empfehlen wird. Der bessere Geist dieser Rechtspflege datirt erst seit der Union mit England, durch die Verbindung mit einer freien vollkommen gesicherten Parlamentsverfassung, durch die Einführung der Jury, durch die Concurrenz der Privatanklage und manche andere Nachhülfen. Wie fremdartig jene Verhältnisse den unsrigen gegenüberstehen, ergiebt sich auch aus der Bemerkung des schottischen Generalstaatsanwalts, daß das ganze System nur erträglich sei in Verbindung mit der Verantwortlichkeit der Staatsanwaltschaft, — gegen das Parlament:

> „J think the system would be quite intolerable without it, because it would put in the power of the Lord-Advocate that which should not be in the power of any man who is not responsible to Parliament! (Anl. z. deutsch. Entw. 192.)“

Nach manchen Erfahrungen wäre übrigens eine ausdrückliche Gesetzbestimmung, daß dem Staatsanwalt nicht auch das Recht der Specialinquisition gegen den Verdächtigen zustehen soll, wohl rathsam gewesen; denn in Zeiten des Parteistreites sind ganz andere „Interpretationen“ zur Anwendung gekommen, wo constitutionelle Minister endgültig über die Auslegung von Gesetzen entscheiden. Auch über diese Frage würde nur die Auslegung der Minister entscheiden.

fältigeres Eingehen auf die Vertheidigung schon im Vorverfahren nöthig erscheine, namentlich wo der Angeschuldigte mit einem Vertheidiger noch nicht versehen sei, „da mindestens von dem Beschuldigten nicht erwartet werden könne, daß er überall zu der Staatsanwaltschaft das Vertrauen hege, dieselbe werde seine Rechte in völlig genügender Weise wahrnehmen." — Das Ermessen des Staatsanwalts soll nach diesen Gesichtspunkten darüber entscheiden, ob ein gerichtliches Vorverfahren etwa auch zur Vorbereitung der Vertheidigung nöthig sei.

Wer nun aber die Gewohnheiten der Behörden kennt, wird sich dies Verhältniß wohl anders denken. Gewiß wird in einer Anzahl von Fällen das gerichtliche Verfahren beantragt werden, schon zur Erleichterung der Amtslast, bei weit aussehenden Verhandlungen und da, wo der Staatsanwalt über einen eigenen Inquisitionsplan nicht schlüssig geworden. Wenn man aber einer coordinirten Verwaltungsbehörde die Wahl stellt, selbst alle Untersuchungsmittel in der Hand zu behalten und sich die Gerichts- und Polizeibehörden als Organe unterzuordnen, — oder einer andern Behörde die Leitung zu überlassen und sich als bloßer Antragsteller unterzuordnen: so fällt die Wahl immer auf die erste Alternative als Regel. Und in den Fällen, in denen die Defension den Inquisitionsplan ernstlich zu durchkreuzen beabsichtigt, wird eine Ausnahme von jener Regel am wenigsten eintreten. Wo die Defension überhaupt ein Interesse zur Mitwirkung im Vorverfahren hat oder zu haben glaubt, hat sie die geringste Aussicht, daß ihr durch freundliche Rücksicht des Anklägers eine Mitwirkung zu Theil werden sollte. Der Staatsanwaltsproceß wird fortan die Regel des Vorverfahrens mit einzelnen Ausnahmen, — nicht zu Gunsten der Vertheidigung, sondern zu Gunsten der Anklage.

Dieser Staatsanwaltsproceß geräth aber durch die Wechselbeziehung zu dem vorher angenommenen Grundsatz einer „Erweiterung der Vertheidigungsrechte" in einen unlösbaren Widerspruch.

III. Die Wechselwirkung zwischen den beiden neuen Grundsätzen ergiebt, daß der Entwurf sich in derselben Zwangslage befand, in welche alle Reformgesetze auf der Grundlage des Inquisitionsprincips gerathen sind. Er wollte die verlangten Parteirechte in der Voruntersuchung gewähren. Er wollte andererseits die unüberwindliche Verschleppung verbessern. Die Mitwirkung der Parteien macht aber die Voruntersuchung viel langsamer, als sie schon war. Der Entwurf greift also zu der Methode des französischen Processes zurück, und legt dem Staatsanwalt in allen Fällen die Befugniß bei, sich auf eigne Hand zu informiren. Er kommt damit aber zu dem Resultat, daß dem Angeklagten nicht nur die neuen, mühsam erworbenen „Parteirechte“ in der Voruntersuchung wieder genommen, sondern daß alle Rechte auf Gerichtsschutz, welche der Angeschuldigte bisher im Vorverfahren gehabt, zur Verfügung des Anklägers gestellt werden. Der Entwurf war davon ausgegangen, daß die Beseitigung aller Rechtsmittel über die Schuldfrage eine Verstärkung der Defension im Vorverfahren bedinge: das Endresultat ist aber, daß die alten, wie die neuen Rechte zugleich verloren gehen.

Die abschüssige Bahn, auf die unsere Criminalisten gerathen, beruht darauf, daß der Geschäftsmann in dem eifrigen Bestreben nach der technischen Verbesserung und Verkürzung des Verfahrens Schritt für Schritt aus dem Auge verliert, daß das Vorverfahren nicht blos zur Vorbereitung der Anklage, sondern ebenso zur Vorbereitung der Vertheidigung bestimmt und unentbehrlich ist. Das bisherige Vorverfahren unterlag dem nicht unbegründeten Vorwurf einer partiellen Ungleichheit der Parteirechte: die grundsätzliche Aufhebung der gerichtlichen Voruntersuchung macht diese Ungleichheit zu einer totalen. Es ist nicht möglich, eine schroffere Ungleichheit der Parteilagen zu schaffen, als sie nunmehr entsteht. Dem Staatsanwalt nach Unterordnung der Criminalpolizei stehen alle amtlichen Wege zu Gebote, um sein Beweismaterial und seinen „Inquisitionsplan“ zum Audienztermin vorzubereiten. Dem Angeschuldigten und seinem Defensor steht keines dieser Mittel zu Gebote. Er kann sich vielmehr in dem so angelegten Verfahren nur aus dem Material informiren, welches die Anklageacte aufzunehmen für angemessen findet. Der Vertheidiger ist erst nach Einreichung der Klageschrift beim Gerichte zur „Einsicht der Untersuchungsacten“ befugt. Was aber zu den Acten der Staatsanwaltschaft gehört, hat jedenfalls der Staatsanwalt zu bestimmen; kein Gericht oder Defensor hat darüber ein Bestimmungsrecht. Wenn also alle Vorbereitung zum Haupttermin und der ganze Inquisitionsplan auf Verhandlungen der Verwaltungsbehörde beruht, und das Hauptverfahren nun mit einem Verhör des Angeklagten beginnen soll, dessen Specialartikel und Incidentpunkte kein Defensor vorher zu übersehen vermag: so ist die Lage des Angeklagten nachtheiliger, als sie jemals gewesen. Ist das wirklich ein fair trial? — wo endgültig über die Schuld entschieden wird, dem Angeklagten mit einem aufgehäuften

Beweismaterial gegenüber zu treten, welches in allen Einzelheiten und engeren Falten nur den geheimen Acten des Anklageamts angehört? Genügt dies wirklich zu einer vollständigen Vorbereitung der Beweiseinreden und der Vertheidigungsbeweise? Es ist vielmehr eine Anlage des Verfahrens, welche die Defension zu erdrücken geeignet ist, und welche über den Code Napoleon hinausgeht, der doch wenigstens bei Verbrechen der Defension einige Vorbereitung und eine gerichtliche Controle der Anklagebeweise sichert. Der Deutsche Entwurf weiß nichts an diese Stelle zu setzen, als die „Voraussetzung", der öffentliche Ankläger werde die gerichtliche Voruntersuchung wählen, wo ein sorgfältigeres Eingehen auf die Vertheidigung nöthig erscheint. Die Wahrheit ist, daß man von jeher ein gewisses Mißtrauen gegen die Stellung des Richters gehegt hat, ob derselbe im geheimen Verfahren die Rechte des Angeschuldigten in völlig unparteiischer Weise wahrnehmen werde. Der Entwurf verlangt, daß man dies Vertrauen fortan zum öffentlichen Ankläger haben soll.

Der Entwicklungsgang der deutschen Criminalistik in diesen Fragen hat auf den ersten Anblick etwas Räthselhaftes. Etwa ein Menschenalter hindurch finden wir sie in der Grundrichtung, welche mit seiner Meisterhand Feuerbach (Frankreich's Gerichtsverfassung 1825. III. Abtheilg.) vorgezeichnet hatte. Sie bekämpft die Einseitigkeit des deutschen Inquisitionsprocesses und zugleich die Lücken und Mängel der napoleonischen Codes, die ungenügenden Vorschriften über den Schutz des Verhafteten, über die Versetzung in den Anklagestand, die vorwiegende Stellung des Staatsanwalts, die Ungleichheit der Parteirechte. Es ist kaum ein namhafter Criminalist zu finden, welcher nicht in dieser Grundrichtung sich bewegte, und zwar in unerkennbarer Uebereinstimmung mit der öffentlichen Meinung.

Mit der wirklichen Einführung der Hauptgrundsätze des französischen Processes kehren sich diese Gesichtspunkte seit einem halben Menschenalter allmälig um. Der geschäftliche Standpunkt gewöhnt sich an die leichteren Formen, befreundet sich damit, sucht sie zu vereinfachen, und endlich zu überbieten in einer Richtung, welche mit wirklichen deutschen Rechtsanschauungen in Widerspruch geräth. Wir gewöhnen uns im Geschäftsleben, täglich von „Principien" zu reden, wo es sich nur um Geschäftsmaximen und um Gewohnheiten handelt. Wir verlieren damit das Augenmaß für die wirklichen Rechtsgrundsätze, am meisten für die staatsrechtlichen Grundsätze des Strafprocesses, welche sich solchen Geschäftsmaximen nicht unterordnen lassen.

Schon der Ausgangspunkt der neueren Schule beruht auf einem verhängnißvollen Irrthum. Wenn man meint, im accusatorischen Proceß sei alle Vorbereitung einfach Sache der Parteien, „die Gleichstellung des Anklägers und des Beschuldigten bestehe eben in der Freiheit eines jeden, die seinem Ziele entsprechenden gesetzlichen Mittel anzuwenden" (v. Keller, Staatsanwaltschaft S. 263), — so ist dies nicht richtig, und die Berufung auf den antiken Strafproceß geradezu widersinnig. Die moderne Einrichtung der Gerichtspolizei, wie sie durch die Bedürfnisse des heutigen Lebens bedingt ist, erzeugt gerade für das Vorverfahren die denkbar größte Ungleichheit der Rechts- und Schutzmittel. Der Staatsanwaltschaft steht zur Vorbereitung der Anklage Alles zu Gebote, die unmittelbare Verfügung über die executive Polizei, jede wünschenswerthe Ermittelung, jede Requisition der Behörden des In- und Auslandes, jede gerichtliche Vernehmung, die Autorität und der öffentliche Glaube des Amts, die Geldmittel des Staates. Die Gegenrechte des Angeschuldigten in dem Staatsanwaltsproceß bestehen in dem „Vertrauen", daß der Staatsanwalt auch den ihm anvertrauten Schutz der Unschuld und den Defensionalbeweis vorbereiten werde. Hier eben ist der entscheidende Punkt, an welchen der Gesetzgeber an eine Ausgleichung der Rechte zu denken hat, und sie wird möglich durch eine sachgemäße Trennung der Funktionen. Das Voruntersuchungsamt bildet diese Ausgleichung, von dem Augenblicke an, wo es nicht mehr selbst und allein mit der Last und Verantwortlichkeit der Anklage beschwert wird*).

Die ältere Rechtsanschauung in Praxis, Gesetzgebung und Literatur bestand auf einer maßgebenden Thätigkeit des Richteramtes:

1) Zur Prüfung und Entscheidung der Gründe für die Verhaftung,
2) Zur Prüfung der Gründe und zur Beschließung über den Anklagestand,
3) Zur zuverlässigen Vorbereitung der Beweise für das Hauptverfahren.

*) Es erledigt sich dadurch der vermeintliche Widerspruch, welchen v. Keller „Staatsanwaltschaft" S. 262 hervorhebt: es ist eine auffallende Erscheinung, daß der früher soviel geschmähte deutsche Inquirent jetzt auf einmal als ein Cherub göttlicher Gerechtigkeit glorifizirt wird, der mit gleicher Unparteilichkeit fast in einem Athem anklagen, vertheidigen und unbefangen richten kann."

Die Gründe dafür sind aber im Anklageproceß nicht weggefallen, sondern sie bestehen im verdoppelten Maße fort.

1) Die deutsche Rechtsanschauung verlangt gerichtliche Entscheidung über die Verhaftung. Eine Habeas corpus-Akte ist unser sprichwörtliches Postulat geworden. Wir haben sie in der Wirklichkeit von jeher gehabt; denn sie besteht in nichts weiter als im Gerichtsbeschluß über die Verhaftung. Statt einer Habeas corpus-Acte bedurften wir vielmehr eines Gesetzes über die rechtliche Verantwortlichkeit der Beamten, welche bei Einführung der sogenannten Habeas corpus-Acten gerade aufgehoben wurde. Der Gerichtsbeschluß über die Verhaftung hat aber nur dann einen Werth, wenn das Gericht das Recht und die Pflicht hat, durch selbständige eigene Ermittelungen den Grund der Verhaftung festzustellen. Eine solche selbständige, zusammenhängende Ermittelung bedingt eine gerichtliche Voruntersuchung, kein bloßes Staatsanwaltsverfahren. Diese ältere Anschauung der Sache ist uns allmälig entrückt durch die Gewöhnung an das französische Vorbereitungsverfahren. Da unsere aus dem Richterstande hervorgegangene Staatsanwaltschaft regelmäßig ebenso gewissenhaft verfuhr, wie früher das Richteramt, so bemerkte man wenig von der Veränderung. Wo in den leichteren Fällen der Staatsanwalt sich auf sein Vorbereitungsverfahren beschränkte, gestaltete sich der Beschluß auf die Anträge und Verhandlungen des Staatsanwalts ungefähr ebenso, wie bei Verbrechen auf gerichtliche Voruntersuchung. Mit seltenen Ausnahmen erschienen die Gründe der Staatsanwaltschaft vollkommen zuverlässig. Man glaubt daher jetzt, den Gerichtsbeschluß grundsätzlich und allgemein auf die Vorverhandlungen der Staatsanwaltschaft stellen zu können, ohne zu bemerken, daß die Sachlage dadurch doch eine andere wird. Der Verhaftete ist zwar durch den Richter stets über den Gegenstand der Beschuldigung zu vernehmen (Com. Entw. §. 102. 114. 115). Allein, auf welcher Grundlage erfolgt dies Verhör? Die amtlichen Protokolle und Correspondenzen des Staatsanwalts und seiner Unterbeamten beanspruchen den öffentlichen Glauben, und der Richter wird auch in gewöhnlichen Fällen und normalen Zeiten kein Bedenken haben, ihnen vollen Glauben zu schenken. Wenn nun aber der Richter in besonders gearteten Fällen und Zeiten, (welche im constitutionellen Staat nie ausbleiben) doch ein sachliches Bedenken gegen solche Bescheinigungen trägt, so

giebt es kein anderes zuverlässiges Mittel, als eine zusammenhängende gerichtliche Feststellung des Sachverhalts. Der Richter kann solche aber jetzt nie anders als auf ausdrücklichen Antrag des Staatsanwalts selbst eröffnen (Commiss. §. 148). Dem zweifelnden Richter bleibt also nur eine Rückfrage bei der Staatsanwaltschaft, die über Zeit und Form der Erledigung zu bestimmen hat, und welche wieder mit amtlichen Correspondenzen und Versicherungen antworten wird. In derselben Lage befinden sich die Gerichtscollegien, wenn sie auf erhobene Beschwerde des Verhafteten entscheiden sollen. Auch sie müssen den öffentlichen Glauben der Verwaltungsacten anerkennen und können eine gerichtliche Procedur erst anordnen, wenn die Sache zum Anklagebeschluß vorliegt (Commiss. §. 163). Der Gerichtsbeschluß wird damit wie so Vieles im Code zu einem Formalismus; die Sache selbst hängt von der Motivirung ab, welche der öffentliche Ankläger seinem Antrage giebt*). Der Deutsche Entwurf nimmt es mit der Untersuchungshaft überhaupt so leicht, daß auch in der gerichtlichen Voruntersuchung das Zeugenverhör in der Regel ohne Eid erfolgen soll, während alle besseren Muster des Strafverfahrens der bürgerlichen Freiheit die Achtung zollen, Verhaftungen nur auf zuverlässige eidliche Aussagen zu verfügen.

2) Die deutsche Rechtsanschauung verlangt einen Gerichtsbeschluß über die Versetzung in den Anklagestand. Eine Zeit lang führte das Mißtrauen gegen den beamteten Richterstand sogar zu der wenig praktischen Forderung einer grand jury.

*) Vergl. auch die Bemerkung in den Preuß. Jahrb. 1859 (III). S. 36: Der Haftbeschluß muß allerdings vom Richter erlassen werden; sobald dies geschehen, verliert letzterer aber wiederum allen Einfluß auf den Gang der Untersuchung. Es kann sich häufig der Fall ereignen, daß dem Richter sich die Nothwendigkeit darstellt, wegen eines dringenden Verdachts gegen einen Angeschuldigten die Haft zu beschließen, daß es ihm aber ebenso nothwendig erscheint, sofort gewisse Ermittlungen vorzunehmen, die diesen Verdacht entweder bestätigen oder widerlegen müssen. Zur Geltendmachung dieser Ansicht stehen ihm aber durchaus keine Mittel zu Gebote. Er hat nur die Wahl, durch gänzliche Verweigerung des Haftbefehls sich einer begründeten Beschwerde auszusetzen, oder nach Erlaß des Haftbefehls die Acten dem Staatsanwalt zu übergeben, der nunmehr selbständig über die Art und Reihenfolge der vorzunehmenden Ermittelungen verfügt. Dieser wird häufig in seiner Ansicht mit dem Richter übereinstimmen, er kann aber auch andere Schritte thun, die nach richterlicher Ansicht sich als fruchtlos und verzögernd darstellen; er kann die Acten mit Requisitionen an fremde Behörden versenden, er kann sie wegen Geschäftsüberhäufung oder behufs reiflicherer Erwägung Tage lang liegen lassen.

Eine ernste Sache vom Standpunkte der bürgerlichen Freiheit und Ehre aus bleibt aber auch heute noch dieser Beschluß, bei welchem man besonders der preußischen Criminalordnung ihre Formlosigkeit zum Vorwurf machte. Nach zahlreichen Partikularrechten hing die Suspension der politischen Rechte, nach zahlreichen Statuten der Verlust wichtiger bürgerlicher Rechte von diesem Acte ab. In jedem Fall lag im Gerichtsbeschluß ein wirksamer Schutz der persönlichen Ehre gegen übereilte Anklagen. Einen Werth hat aber auch diese Garantie nur, wenn der Beschluß auf Grund zuverlässiger, d. h. gerichtlich festgestellter Verdachtsgründe ergeht. Mit Wegfall der gerichtlichen Voruntersuchung wird daraus ein Formalact von sehr zweifelhaftem Werth. Der Deutsche Entwurf behält ihn bei in einem gewiß richtigen Gefühl, daß die öffentliche Meinung einen Werth darauf lege. Auch ohne gerichtliche Voruntersuchung soll nun das Gericht Beschluß fassen „nach Lage der Vorverhandlungen", d. h. der Verhandlungen des öffentlichen Anklägers. (Commiss. Entw. S. 164). Diese Verhandlungen beanspruchen öffentlichen Glauben als Acte einer coordinirten Verwaltungsbehörde, und entziehen damit dem Gerichtsbeschluß wiederum die selbstständige Unterlage. Das Gericht kann zwar noch in diesem Stadium eine Voruntersuchung anordnen, aber die rationes dubitandi, welche dazu die Veranlassung geben könnten, muß erst wieder der öffentliche Ankläger selbst subpeditiren. Der Gerichtsbeschluß ist hier, wie so viele Acte des französischen Richters ein Formalismus. Das sachlich Entscheidende ist die Darlegung der Staatsanwaltschaft, und dem entsprechend hat der Angeschuldigte auch weder das Recht zu einer Gegenerklärung, noch ein Rechtsmittel erhalten. Das Gericht entscheidet nur auf einen Auszug der Acten des öffentlichen Anklägers, welcher folgerichtiger nach französischem Proceß seine Sache dem Gericht selbst vorträgt.

3) Die deutsche Rechtsanschauung verlangt zur Vorbereitung aller Beweise für das Hauptverfahren eine gerichtliche Voruntersuchung. Man tadelte den alten Proceß deshalb, weil der Untersuchungsrichter schon in der Generalinquisition nicht unparteiisch und unbefangen genug dastehe. Von der Stellung der Staatsanwaltschaft gilt nun aber das alte Bedenken nicht im verminderten, sondern im erhöhten Maße. Die gemeine Meinung bleibt nun einmal dabei stehen, die Protocolle des Ge-

richts für zuverlässiger zu halten, als alle anderen. In jedem Falle wird sie darin Recht haben, daß wirkliche Unparteilichkeit eher vom Richteramt, als von dem Ankläger amt zu erwarten ist. In allen Fällen verlangt man auch in der präparatorischen Beweisaufnahme eine volle Berücksichtigung der materiellen Defension, die man eher vom Richter, als vom Ankläger erwartet. Darauf beruht die traditionelle Vorstellung von der Nothwendigkeit der gerichtlichen Voruntersuchung. Auch im Code Napoléon beruht darauf der Unterschied zwischen der Vorbereitungsuntersuchung des Staatsanwalts und der Voruntersuchung des juge d'instruction, mit dem ausdrücklichen Anerkenntniß, daß da, wo Beweisstücke für das Hauptverfahren vorbereitet werden, die Thätigkeit des Gerichts unentbehrlich sei.

Sollte diese ganze Kette von Vorstellungen wirklich nur auf Vorurtheilen, übertriebenem Mißtrauen und Irrthümern beruhen? Ohne einiges Mißtrauen, ohne die Annahme der Möglichkeit eines Mißbrauchs der Gewalten, besteht in der That keine bürgerliche Freiheit. Dem Mißbrauch wird aber die Thür geöffnet, wenn man überall das Actenmaterial einer ministeriellen Verwaltungsbehörde mitten in die Amtsthätigkeit der Gerichte einschiebt, wo sie über Verhaftung und Anklagestand zu entscheiden haben.

Es war das wohl keine Zeit der bloßen Vorurtheile, in welcher die deutsche Staats- und Rechtswissenschaft sich in völlig entgegengesetzten Vorstellungen bewegte, wo sie in den selbständigen Entscheidungen der Gerichtscollegien über Haft, Anklagestand und in Habeas corpus Acten werthvolle Garantien der bürgerlichen Freiheit, ja sogar ein Erbstück des Freiheitssinnes unserer Vorfahren erblickte. Allen diesen Anforderungen ist durch die bloßen Amtsacten der Staatsanwaltschaft nicht zu genügen. Und wenn der Deutsche Entwurf dies dennoch versucht, wenn er Anfang, Ende und Gang alles Vorverfahrens, — auch in Haft und in Capitalsachen, — in das freie Ermessen der Staatsanwaltschaft legt, wenn er ein so bedeutungsvolles Stück des Strafverfahrens von der Competenz der Gerichte völlig ablöst, und einer von der constitutionellen Ministerverwaltung unmittelbar abhängigen Behörde überträgt: so ist der Zusammenstoß solcher Reformvorschläge mit der herrschenden Meinung in weiteren und weitesten Kreisen wohl ebenso unvermeidlich, wie dessen Ausgang unzweifelhaft. Erwägt man, mit welcher Eifersucht die deutsche Grundauffassung die Competenz des Gerichts gegen die Verwaltung festhält, mit welchem Eifer jede kleine Competenzerweiterung in deutschen Kammern für die Gerichte erstrebt wird, wie man in den geringfügigsten Polizeisachen der Verwaltung keine Strafgewalt, kein Verhaftungsrecht, ja kaum ein vorläufiges Straffestsetzungsrecht einräumen will: so ist es nicht glaublich, daß dieselbe deutsche Grundrichtung die volle Hälfte des Strafgerichtsverfahrens in die Hände der Verwaltungsbehörden legen, oder daß sie die Staatsanwaltschaft als eine richterliche Behörde ansehen sollte. Die Staatsanwaltschaft selbst täuscht sich leicht über die Dauer des wohlverdienten Vertrauens, welches sie in ruhigen Zeiten durch eine pflichtgetreue Amtserfüllung gewinnt. In den schweren Zeiten der Verfassungsconflicte hört dies Vertrauen auf, und die streitenden Theile denken nur an die Abhängigkeit, in welcher der Staatsanwalt von der zeitigen Ministerverwaltung steht. Man denke sich in *solchen* Zeiten ein Verfahren, in welchem die Verhaftung nicht auf gerichtliche Zeugenverhöre, sondern nach den Amtsacten des öffentlichen Anklägers verfügt wird, — wo Haft und Vorverfahren sich nach dem freien Ermessen des öffentlichen Anklägers fortsetzen, — wo nach den einseitigen Verhandlungen des Anklägers über den Anklagestand beschlossen wird, — ohne Rechtsmittel, ohne Beschwerderecht des Angeschuldigten bezüglich des ganzen Vorverfahrens. Man denke sich solche Procedurformen in Zeiten der politischen Leidenschaft. Man denke an die Geschichte der politischen Processe, und frage sich, welches Maß des Gerichtsschutzes dies Verfahren gewähren würde? Die Geschichte unseres Jahrhunderts führt aber den Beweis, daß ein solcher Zustand in jedem Menschenalter mindestens einmal eintritt.

Wenn die abschüssigen Wege unserer Fachcriminalisten in dieser Frage mit den Rechtsvorstellungen der weiteren Kreise heftig zusammenstoßen werden, so ist bei Zeiten darauf Bedacht zu nehmen, daß in diesem Streite nicht auch Dasjenige über Bord geworfen werde, worin der Commissionsentwurf (wie schon im Obigen angedeutet ist) unzweifelhaft Recht hat.

Praktisch richtig ist das Bestreben, durch Wegfall der Voruntersuchung, — wo sie nicht aus Rechtsgründen *nothwendig* ist, — den Proceß abzukürzen und das Richteramt zu erleichtern. Es ist wahr, daß unser Anklageverfahren wegen „Vergehen“ eine Ueberzahl von *einfachen, zweifellosen, unerheblichen* Fällen einbegreift, welche man in anderen Ländern (z. B. England) unbedenklich dem summarischen Verfahren vor Einzelrichtern überläßt. Das von dem Code angebahnte Verfahren der unmittelbaren

Ladung zum Audienztermin ist in der That ein praktisch geeignetes. Man kann die Fälle nach Zehntausenden rechnen, in welchen wirklich Niemandem mit Voruntersuchung und Anklagebeschluß gedient ist. Es gilt dies im Durchschnitt jedenfalls von der größeren Hälfte der Anklagen wegen Vergehen.

Der Fehler der Construction des Gesetzentwurfs liegt aber darin, daß man diesem geschäftlichen Gesichtspunkt die höheren unabänderlichen Rechte der Vertheidigung opfert. Es wird daher die Aufgabe des deutschen Reichstages sein, um so entschiedener diese Grundsätze zur Geltung zu bringen und zu befestigen. Nach Rechtsgrundsätzen erscheint die gerichtliche Voruntersuchung nothwendig:

1) Für alle Anklagen wegen Verbrechen bezw. in den vor die großen Schöffengerichte gehörenden Sachen;
2) in allen von einem Privatankläger erhobenen Anklagen;
3) in allen Haftsachen; der Erlaß des gerichtlichen Haftbefehls (nicht schon des Verwahrungsbefehls) muß kraft des Gesetzes die Eröffnung der gerichtlichen Voruntersuchung enthalten;
4) in sonstigen Anklagen wegen Vergehen, wenn die gerichtliche Voruntersuchung entweder vom Staatsanwalt oder von dem Defensor beantragt wird.

Das Erste ist das geltende Recht der deutschen und der französisch-rheinischen Gesetzgebung.

Das Zweite ist vom Deutschen Entwurf und von allen Seiten als richtig anerkannt.

Das Dritte ist der reale Sinn aller Habeas-corpus-Acten, stellt die soliden älteren Maximen des deutschen Verfahrens wieder her, und ist auch praktisch unbedenklich, sobald der Staatsanwalt das naturgemäße Recht erhält (S. 53), die Anklage in jeder Lage zurückzunehmen und wenn das Verfahren kürzer wird.

Das Vierte entspricht dem System des deutschen Entwurfs selbst; dies Recht kann aber nicht dem Staatsanwalt einseitig, sondern es muß auch der rechtlichen Erwägung des Defensor zustehen, da der Zweck der deutschen Voruntersuchung jederzeit ebenso die Vorbereitung des Defensionalbeweises gewesen ist.

Die rechtliche Seite der Frage wird damit wohl in die richtige Lage gebracht sein.

Anders steht es mit der praktischen Ausführung. Es ist mir unzweifelhaft, daß die deutschen Strafgerichte mit ihren jetzt vorhandenen Kräften die schriftliche Voruntersuchung in diesem Umfang auszuführen außer Stande sind. Das Richteramt ist an allen Punkten schon überbürdet, insbesondere auch das Voruntersuchungsamt. Beim Mangel einer Statistik der Voruntersuchungen läßt es sich nur annähernd vermuthen, daß (namentlich durch die Haftsachen) die Zahl der gerichtlichen Voruntersuchungen sich verdreifachen, vervierfachen und noch darüber hinaus erhöhen wird. Aber nicht blos die Ueberbürdung, sondern auch die Geschäftsverschleppung steigert sich damit bis zur Unerträglichkeit. Die Mehrheit der Untersuchungsgefangenen würde den neuen Grundsatz verwünschen!

Es ist dies der vitiöse Cirkel, der von Anfang an in dieser Frage uns entgegentritt. Die Commission kann auf jeden Vorwurf mit Recht entgegnen, daß ein anderer ausführbarer Vorschlag ihr nicht entgegengebracht worden ist. Der vitiöse Cirkel ist so alt wie der Inquisitionsproceß selbst. Es ist der ewige Fluch, der auf diesem Grundsystem ruht: entweder die Rechte des Angeklagten und alle höheren Gebote des Rechts zu verletzen, oder mit voller Gewährung der Vertheidigung zu einem praktisch Unmöglichen zu gelangen.

Die deutsche Gesetzgebung ist dadurch schon einmal gezwungen worden zu einer Revision der Richtigkeit ihrer obersten Grundsätze. Es wird dieser Zwang noch einmal eintreten im Gebiet der Voruntersuchung, nachdem bisher auch der redlichste Wille nur von Widerspruch zu Widerspruch weiter getrieben ist.

I. Zur Revision des Grundsatzes vom Inquisitionsplan und von dem Specialverhör des Angeschuldigten.

Die Commission geht von dem Obersatz aus, daß das Inquisitionsprincip fortdauere, und nur die Anklageform im Strafverfahren eine Berechtigung habe. „Gegen eine weitergehende Geltendmachung des Anklageprincips kommt in Betracht, daß der Erfolg der Untersuchung wesentlich davon abhängt, daß dem Vorverfahren ein einheitlicher Untersuchungsplan zu Grunde liege.“ (D. Motive S. 116). — „Der Entwurf konnte sich (dabei) der Erwägung nicht verschließen, daß die Vernehmung des Beschuldigten, ungeachtet sie den letzteren nicht zu einem Geständniß nöthigen soll, immerhin ein wichtiges Untersuchungsmittel bleibt, auf welches man in vielen Fällen so gut wie ganz verzichten würde, wollte man dem Vertheidiger gestatten, bei der Vernehmung anwesend zu sein und den Beschuldigten von jeglicher Auslassung, zu welcher dieser geneigt sein möchte, zurückzuhalten.“ (D. M. 127). — Der Entwurf erklärt sich deshalb auch gegen die Vorschrift der braunschweigischen Gesetzgebung, dem Angeschuldigten ausdrücklich zu eröffnen, daß er zu keiner Antwort verbunden sei, „weil es den Anschein erwecke, als solle auch die sittliche Pflicht zur Angabe der Wahrheit verneint werden". (D. Motive S. 94). — Bei den Einzelbestimmungen über das Maß der „Parteiöffentlichkeit" wiederholt sich der Gesichtspunkt, daß man ein Mehreres nicht gewähren könne, ohne die Einheit des Inquisitionsplanes zu gefährden.

Der Entwurf steht hier wieder in Uebereinstimmung mit herrschenden Ansichten. Man ist zwar einig, daß die Vernehmung des Angeschuldigten den Zweck eines rechtlichen Gehörs hat, — aus dem Gehör wird aber sofort ein Verhör, „da der Staat auf dieses Mittel zur Erforschung der Wahrheit einmal nicht verzichten kann." Diese Grundanschauung beherrscht in der That die Amtsgewohnheiten aller Länder, die aus dem Inquisitionsproceß in ein neues Verfahren übergegangen sind. Aber es ist ebenso wahr, daß in der anderen Hälfte der civilisirten Welt eine ebenso energische Strafjustiz mit dem entgegengesetzten Grundsatz besteht. Deutschland wird sich bei der Gesammtrevision seines Strafverfahrens endlich zwischen beiden Grundsätzen entscheiden müssen. Vor Austrag dieser Frage wird nie ein Friede unter den deutschen Rechtsverständigen werden über die höchsten Grundsätze des Strafverfahrens. Mit besonderer Energie wurde 1873 auf dem Juristentage in Hannover nochmals diese Seite der Frage betont: „es sei und bleibe das sittliche officium des Richters, den Angeklagten zum Bekenntniß seiner Schuld zu bringen, ihm Gelegenheit zu geben, durch reumüthiges Bekenntniß seinen Frieden zu machen mit seinem Gotte".

Es ist das ein ernstes Wort, welches eine noch ernstere Antwort verdient, die ich zunächst mit den Worten meines verewigten Collegen Keller gebe:

> „Ich übersehe nicht, daß man das übliche Verhör auch vom sittlichen und religiösen Standpunkte aus zu rechtfertigen sucht, und respectire sehr die Zwecke an und für sich, die man dabei im Auge hat: aber davon bin ich fest überzeugt, daß in Wirklichkeit nie unter der Firma eines guten sittlichen Zwecks so viel Unsittliches geübt und so wenig Gutes erreicht worden ist, als unter dieser." (Keller zu Götze, d. Preuß. Schwurgerichte, S. 69).

Jenes Argument ist trotz tausendfältiger Wiederholung ein Fehlschluß, weil die angebliche Pflicht zur Wahrheit eine moralische, nicht eine rechtlich erzwingbare ist, und weil sie nach rechtlichen Grundsätzen durch die Collision mit anderen Pflichten sich aufhebt.

Die moralische Pflicht, die Wahrheit zu sagen, ist allerdings eine allgemeine; die Pflicht, der Obrigkeit die Wahrheit zu sagen, aber eine rechtlich beschränkte, soweit die Rechtsordnung und das Staatswohl dadurch bedingt ist (wie durch die Zeugenpflicht). Der Angeklagte wird aufgefordert, jene moralische Pflicht zu erfüllen, wenn man ihn fragt, ob er sich schuldig bekenne? Eine solche allgemeine Einlassung ist die nothwendige Voraussetzung der contradictorischen Verhandlung. Aber etwas ganz Anderes ist es, wenn diese Pflicht zu einer erzwingbaren erhoben wird, sei es durch Gewalt oder durch List. Wer die Gewalt (Tortur) verwirft, muß auch die Inquisitionskunst verwerfen; denn ein Verfahren, das durch unbestimmt fortgesetzte Specialverhöre den Angeklagten in Widersprüche zu verwickeln sucht, ihn durch Vorhaltungen, Ermahnungen, Beschämungen (und in Wechselwirkung damit durch die Einsamkeit einer monatelangen Untersuchungshaft) zum Geständniß zu bringen sucht, liegt nicht im Berufe des Richteramts und ist des rechtsprechenden Staats nicht würdig. Darum muß es aufgegeben werden ohne Rückhalt. Die geheime Voruntersuchung, welche in lang hingezogenen Proceduren jene zudringliche Fragmethode fortsetzt, welche die hinter dem Rücken des Angeschuldigten zusammengebrachten Beweismomente sammelt und mit der dialectischen Ueberlegenheit und Amtsautorität des Präsidenten zum Specialverhör nutzbar macht, ist und bleibt die alte Inquisition auf unveränderter, unhaltbarer Grundlage.

Die Analogie der Zeugenpflicht und anderer erzwingbaren Pflichten im Staate spricht nicht für, sondern gegen die Specialinquisition. Unsere Strafgesetzgebung hat an jedem Punkte den Fortschritt gemacht, die Collision der Pflichten auch im Rechtsgebiet gelten zu lassen. Die Zeugenpflicht fällt weg, wo sie mit der Pietätspflicht der Familie oder anderen Pflichten collidirt. Die Anzeigepflicht wegen Verbrechen erlischt aus gleichen Gründen. Die einfache Selbstbefreiung des Gefangenen wird straflos durch die Collision mit der Selbsterhaltungspflicht. Ebendahin gehört der Nothstand u. A. Kann der Gesetzgeber mit gutem Gewissen diese Collision der Selbsterhaltungspflicht bei Seite setzen, wo der Angeklagte mit dem Geständnisse Leben, Freiheit und Ehre unmittelbar zu verlieren hat? Der Deutsche Entwurf geht mit zarten Rücksichten für die Pflichten-Collision beim Zeugenbeweis sogar weiter, als nöthig war. Warum soll diese Rücksicht nicht gelten bei einem unendlich schwereren Widerspruch, der zu den schwersten Collisionen der Pflicht im menschlichen Leben überhaupt gehört?

Nein! Der Grundsatz: „Nemo tenetur se accusare“, den unsere Stammesgenossen in drei Welttheilen zum obersten Grundsatz ihres Strafverfahrens erhoben haben, beruht auf einem sittlich wahren, unanfechtbaren Fundamente, und alle Reservationen dagegen, welche alte Amtsgewohnheit zurückgelassen hat, sind nicht mehr als Sophismen, mit welchen endlich gebrochen werden muß. In welchem Maße die Amtsgewohnheit den gesunden Sinn zu verwirren vermag, zeigt das persönliche Verhalten unserer Juristen noch vor einem Menschenalter, in welchem wohl kaum ein namhafter, freisinniger und aufgeklärter Mann der Criminalistik zu finden war, der sich nicht zum Mitschuldigen der sog. Inquisitionskunst und ihrer Technik gemacht hatte. Es giebt wirklich Gebiete, in welchen die „Stimme des Volks“ die Meinungen der Juristen zu berichtigen hat. Dahin gehört das Gebiet der Verirrungen, die aus der Verwechslung des Moralischen mit dem Rechtlichen hervorgehen. Ohne die öffentliche Meinung würde die Gerichtspraxis der Folter das 19. Jahrhundert erlebt haben. Noch einmal hat diese Macht in Deutschland die Grundprincipien des öffentlichen Anklageprocesses durchgesetzt. Dasselbe wird sich wiederholen in der engern Frage der Voruntersuchung. Und wenn alle Berufsautoritäten darüber einig wären, daß wir nichts weiter haben dürften, als einen Inquisitionsproceß mit Anklageformen, daß das Specialverhör des Angeklagten nicht zu entbehren sei: ein deutsches Parlament wird nach ernster Debatte mit Nein antworten, und auch dies letzte Reservatrecht der Bureaukratie im Strafverfahren streichen. Denn auch dies hat keine andere Unterlage, als die ewige Verwechslung von Moral- und Rechtspflicht, auf welcher die schwersten Verirrungen des menschlichen Geistes beruhen, auf welcher Folter, Ketzerverbrennung und clerikale Souveränetät, auf welcher der patriarchalische Absolutismus und die extremen politischen Theorien, auf welcher alle Carricaturen des Allerheiligsten im letzten Hintergrunde beruhen. Es ist ein innerlich unwahrer Standpunkt, den eine gesetzgebende Versammlung — durch die Berathung in großem Maßstabe eine Stufe höher gerückt — als solchen erkennen und verwerfen wird

Gewiß wird jeder Strafrichter ein reumüthiges Geständniß des Angeklagten bereitwillig annehmen, moralisch und rechtlich in seiner Bedeutung abwägen und nach Umständen bei Strafmessung und Gnadenanträgen mit berücksichtigen. Aber nur in der Frei-

6*

willigkeit liegt dessen Werth und Bedeutung. Die Rechtsordnung fordert nur, daß jede That bestraft werde, welche durch die äußeren, dem menschlichen Richter zu Gebote stehenden Mittel als Verbrechen festzustellen ist. Die Gerechtigkeit fordert aber nicht, das jedes delictum occultum mit Strafe belegt werde, welches durch Beweise nicht festzustellen, sondern nur durch einen Gewissensakt des Angeklagten zu offenbaren wäre. Die beschränkte Aufgabe des Staats zur Aufrechterhaltung der äußeren Ordnung des Rechts enthält keine Berechtigung, jenen Gewissensakt zu erzwingen.

Ich glaube mich auch nicht zu täuschen, wenn ich behaupte, daß der inquisitorische Standpunkt auf dem Rückzuge begriffen ist. Es giebt sehr wenige Criminalisten, die noch ernstliche Erfolge der Inquisitionsmethode zu rühmen wüßten, am wenigsten Erfolge beim Gewohnheitsverbrecher. Was unter überwältigenden moralischen Eindrücken zu erlangen ist, wird gewöhnlich vorweg genommen von den Beamten der Criminalpolizei in den ersten Scenen nach der Verhaftung, und behält einen immer zweifelhaften Werth, wenn nicht freiwillig vor Gericht wiederholt. Es entsteht durch jene Weise der unverbesserliche Fehler einer Begünstigung des schlauen, überlegten Angeklagten vor dem minder geschickten. Die Gesammterfolge der Inquisitionskunst erscheinen bei der heutigen Oeffentlichkeit des Hauptverfahrens in einer sehr durchsichtigen Dürftigkeit.

Die Vertheidiger des Alten lassen sich auch bereits auf einen sehr schwachen Rückzugspunkt drängen: man müsse den Angeklagten ad causam verhören, „weil sein Schweigen über die Einzelheiten der Anklage nicht selten ihm selber zum Nachtheile gereichen würden.“ Es ist das eine sehr gütige, aber unnöthige Fürsorge. Denn diese Veranlassung dazu liegt erst vor, wenn die einzelnen Beweismittel wirklich vorgeführt sind: in diesem späteren Stadium soll er speciell gefragt werden, was er zu sagen habe. Dagegen hat der Angeklagte weder eine Veranlassung noch eine Pflicht, auf einen schriftlichen Actenauszug (Anklageacte) articulirt zu antworten, ehe noch irgend ein wirklicher Beweis vorgebracht worden ist.

Der deutsche Entwurf hat auch actuell das Specialverhör der Voruntersuchung schon aufgegeben, indem er auf die gerichtliche Voruntersuchung selbst als Regel verzichtet.

Jede durchgreifende Revision muß diese Frage einen Schritt weiter bringen. Und so ist auch die Commission (Motive S. 71, 72) weiter gerückt zu dem Anerkenntniß:

die Vernehmung wird, wenn und soweit der Beschuldigte geständig ist, als freiwillig dargebotenes Untersuchungsmittel auch im heutigen Verfahren vom größten Werthe sein; es kann aber nicht gefordert werden, daß der Beschuldigte gegen seinen Willen zu seiner Ueberführung beitrage.

Es fehlt diesem wahren und würdigen Satze nichts weiter als der Nachsatz und die Ausführung:

der Angeschuldigte ist also vom Gericht nur über seine Personalverhältnisse zu hören, und ob er sich „schuldig" oder „nicht schuldig" bekennt — und mehr nicht.

Man kann nicht mehr als diese generelle Einlassung fordern. Jeder weitere „Inquisitionsplan" nach der Voruntersuchung beruht auf einer Verwechslung der Rollen. Die Verfolgung eines „Inquisitionsplanes" ist allerdings Sache des Staatsanwalts als Leiters der Gerichtspolizei; die polizeiliche Thätigkeit ist ohne einen solchen Plan gar nicht zu denken. Aber vor das Richteramt gehört nur die offene Darlegung der nach jenem Plane gefundenen Beweise, und eine Anhörung beider Theile mit ihren Gründen und Gegengründen. Ist das die richtige Auffassung des richterlichen Berufs, so kommt der Stein in das Rollen — und mit einem Male werden alle Gründe hinfällig, die bisher die Defension von der Voruntersuchung ausschlossen.

Der Defensor kann bei der Vernehmung des Angeschuldigten zugegen sein, wenn hier nichts weiter zu fragen ist, als nach den Personalien, und ob „schuldig" oder ob „nichtschuldig." Der Unwissende, Aengstliche, Bestürzte soll doch nicht veranlaßt werden, mehr zu sagen, als was er freiwillig zu sagen hat. Warum soll er sich das nicht mit seinem Beistand überlegen?

Der Angeklagte und sein Defensor darf unbedenklich bei jeder Beweisaufnahme zugegen sein. Wenn man überhaupt Parteirechte anerkennt, welchen anderen Inhalt soll dies Recht haben, als das der Gegenwart und Mitwirkung bei den Beweisen. Man erkennt dies im Hauptverfahren an, warum nicht im Vorverfahren?

Das Recht der Acteneinsicht und des freien Verkehrs mit dem Defensor ist von diesem Grundsatze aus so selbstverständlich, daß darüber kein Wort zu verlieren ist. Amtliche Schildwachen und Reservationen haben dann keinen Sinn mehr.

Ist aber der Zweck alles Gerichtsverfahrens nur die offene, rückhaltslose Vorlegung der Beweise: so ist auch nicht einzusehen, warum diese Vorlegung nur in Gegenwart der Parteien, warum sie nicht vor aller Welt geschehen soll. Es führt dies zur Revision der zweiten Grundmaxime.

II. Zur Revision des Grundsatzes der Schriftlichkeit und Geheimheit des Vorverfahrens.

Als vor einem Menschenalter der Streit über die Oeffentlichkeit des Strafverfahrens durchgekämpft wurde, erschien eine unabsehbare Reihe von Bedenken und Gefahren, welche die Oeffentlichkeit im Gefolge haben sollte, — Bedenken, welche heute Niemand mehr aufrecht erhält, von welchen heute Niemand mehr spricht.

Das Feld des Streits ist heute enger geworden: auf dem Gebiete der Voruntersuchung kehren aber die alten Ideen wieder, und die heute vorliegenden Berichte und Gutachten mancher deutschen Behörden, wenn man sie dreißig Jahre zurückdatirt, geben wörtlich den alten Streit wieder, mit denselben Gründen, mit denen er damals geführt wurde. Dem gegenüber stelle ich ohne Bedenken die Behauptung voran:

Alle Gründe, welche für die Oeffentlichkeit des Strafverfahrens gelten, — alle Gründe, welche die endliche Anerkennung der Oeffentlichkeit herbeigeführt haben, — sind gültig auch für das Vorverfahren. Jede richterliche Thätigkeit nach außen ist ihrer Bestimmung nach eine öffentliche.

Vom Standpunkte des Angeklagten aus zunächst ist die Oeffentlichkeit nothwendig, weil durch das begonnene Strafverfahren seine Freiheit oder seine Ehre oder Beides zugleich betroffen wird. Der Verdacht eines begangenen Verbrechens erzeugt schon mit den ersten Schritten der Voruntersuchung mindestens eine levis notae macula, gegen welche der geheime Proceß weder einen Schutz, noch eine Reparation gewährt. Denn die sog. Geheimheit alles Gerichtsverfahrens ist nur eine unregelmäßige Oeffentlichkeit. Jeder Schritt zur Strafverfolgung wird durch die Angehörigen und Bekannten des Prevenu und des Damnificaten, sowie durch das Personal der Gerichte und der Polizei Jedermann bekannt, der davon wissen will. Der daraus hervorgehende Makel haftet aber, und er haftet unverwischbar gerade an dem Unschuldigen und dem schwach Gravirten, gegen den die Strafverfolgung eingestellt wird. Der stärker Belastete kommt später zu seinem Rechte durch die öffentliche Verhandlung. Derjenige, gegen den das Verfahren eingestellt wird, erhält keinerlei Rechtfertigung. Dem Publikum ist bekannt, daß das Strafgericht sich mit ihm befaßt hat; um den späteren Verlauf der Sache bekümmert sich aber Niemand. Man sucht hier vergeblich nach einem Grunde des Unterschiedes zwischen gerichtlichem Vorverfahren und Hauptverfahren.

Die Oeffentlichkeit ist ferner nothwendig für den Zeugen wegen des psychischen Eindrucks, den sie auf die Wahrhaftigkeit des Zeugen übt, — sicherer noch als der Eid. Will man zuverlässige Aussagen gewinnen, um darauf eine Verhaftung und Eröffnung der Anklage eintreten zu lassen, so genügt es nicht, den Zeugen in geschlossener Gerichtsstube vertraulich zu verhören. Wir beklagen die so oft wiederkehrende Erscheinung, daß die Zeugen im öffentlichen Hauptverfahren von den Aussagen der Voruntersuchung abweichen. Die daraus entstehenden widerwärtigen Contestationen sind in Ländern der öffentlichen Voruntersuchung überaus selten, nahezu unbekannt. Sie entstehen, wenn die Zeugen zweimal nach verschiedenen Proceßsystemen verhört werden, und sie ergeben zugleich den Beweis von der minderen Zuverlässigkeit des geheimen Verhörs. Der volle ernste Wille, wahrhaft und vollständig, auch zum Nachtheil seiner Mitbürger auszusagen, ist in den confidentiellen Verhören der geschlossenen Amtsstube niemals in dem Maße zu gewinnen, wie in der öffentlichen Verhandlung, die dem Zeugen seine bürgerliche Pflicht und seine Verantwortlichkeit so vor Augen führt, wie es auch der gemeine Mann versteht.

Die Oeffentlichkeit ist nothwendig für den Richter. So lange ein geheimes Verfahren besteht, so alt sind auch die Mißbräuche der Inquisition mit ihrem Drange auf Geständniß durch Gewalt oder List. Gewiß sind in der heutigen geheimen Voruntersuchung captiöse, täuschende Fragen und die alten Künste der Inquisition seltener, als das Publikum glaubt. Allein, wenn in hundert Fällen auch nur einmal der Inquirent mehr thut, als er sollte, so glaubt das Publicum, daß der Mißbrauch in allen Fällen üblich oder doch möglich sei. Nur die öffentliche Voruntersuchung kann auch auf diesem Gebiete der Justiz das volle Vertrauen wiedergeben, und mit dem geheimnißvollen Dunkel schwindet auch das Mißtrauen gegen die Geständnisse der Voruntersuchung und die Neigung der Geschworenen, einen Widerruf der Geständnisse der Voruntersuchung als motivirt anzunehmen.

Diese und die anderen Gründe für die Oeffentlichkeit sind (nach Feuerbach's Vorgang) von Anfang an geltend gemacht: sie scheiterten aber an der Gewohnheit des Geschäftsganges, vor Allem an den Gewohnheiten der Polizei, mit welcher die Justiz auf einen stetigen Wechselgang der Geschäfte an dieser Stelle angewiesen blieb. Liegt aber das Hinderniß darin, so folgt daraus nur, daß sich die Polizei den nothwendigen Grundsätzen der Strafjustiz anbequemen muß, nicht aber diese dem veralteten Geschäftsgange der Polizei.

Mit der Oeffentlichkeit kehrt auch die Mündlichkeit wieder. War die schriftliche Voruntersuchung zu unerträglicher Länge und Schwerfälligkeit ausgedehnt: so folgt, daß man ihr ebenso abzuhelfen hat, wie dem Hauptverfahren. Man erkennt von allen Seiten an, daß dem Hauptverfahren wirklich geholfen ist durch das Zusammenbringen der betheiligten Personen und durch den gesetzlichen Zwang mit einander mündlich zu verhandeln. Es wird dadurch in der Regel an einem Tage erledigt, was früher unter dem Namen des Hauptverfahrens monatelang in Anspruch nahm. Es handelt sich jetzt darum, die als richtig erprobte Maxime auch auf das Vorverfahren anzuwenden und damit den Grundschaden zu heben, zu dessen Beseitigung der verzweifelte Weg versucht wird, die Gerichte aus dem Vorverfahren zu verdrängen. Die Wechselbeziehung zweier richtiger Grundsätze löst die Frage, während die Wechselbeziehung unrichtiger Grundsätze von Widerspruch zu Widerspruch treibt.

III. Die Wechselwirkung der beiden richtigen Maximen enthält in der That die befriedigende Lösung.

Eine öffentlich mündliche Vorverhandlung sollte für unsere Criminalisten an sich nichts Fremdartiges oder Abschreckendes haben, sowenig wie die Oeffentlichkeit von Terminen für die Todtenschau oder die Oeffentlichkeit der summarischen Verhandlung einer Uebertretung. Das Neue liegt nur in dem Zusammenwirken von Staatsanwaltschaft, Criminalpolizei und Voruntersuchungsrichter, an die wir bisher nur in Form des schriftlichen Geschäftsganges gewöhnt waren. Gerade von dieser Seite aus greift aber das unabweisbare Reformbedürfniß der Polizei mit dem der Justiz in fördernder Wechselwirkung in einander.

Die Polizei ist in Deutschland von Alters her ein sitzendes Gewerbe geworden, welches seine Geschäftsformen durch Berichte, Protocolle, Decrete, der Justiz entlehnt hat und stets dem Geschäftsgange der Justiz langsam gefolgt ist. Diese Amtsgewohnheiten sind in Verbindung mit den Gewohnheiten unseres Voruntersuchungsamts getreten, und die dazwischen geschobene Staatsanwaltschaft mußte sich dem Vorgefundenen anbequemen. So entstanden für das Vorverfahren jene drei Bureaus, die sich sämmtlich auch auf Hausarbeit einrichteten, — das Voruntersuchungsamt, das Polizeibureau und der Staatsanwalt, — zwischen denen die

Papiere hin und her wandern unter verdoppelter Arbeit und verdreifachtem Zeitaufwand. Daß man in England und Amerika die Voruntersuchungen in 8—14 Tagen regelmäßig beschließt, schreibt unsere Beamtenwelt nur dem Mangel an Gründlichkeit zu.

Energische Polizeipräsidenten sind in großen Städten schon früher als Reformatoren aufgetreten. Man hat zur Ueberwindung des Schlendrians den Polizeibeamten Pickelhauben aufgesetzt, hat sie an Straßendienst, Marschiren, Appells und mündliche Rapporte gewöhnt. Allein ohne gesetzliche Grundformen dauert es damit nicht lange. Nach kurzer Zeit sitzen die Leute wieder in der warmen Stube, führen ihre wenig nutzbaren Listen, schreiben ihre Berichte und Protocolle, fahren das Publikum an, welches sie in der Schreibarbeit stört, und ersetzen einigermaßen die groben Postbeamten der alten Zeit. Nur da, wo man sie braucht, auf der Straße, wo die Wogen der freizügigen Bewegung zusammenschlagen, wo der Straßenverkehr stockt, bei Tumulten, wo man Fenster einwirft, in der Nachtarbeit der großen Städte sind sie schwer zur Stelle, zuweilen gar nicht zu finden. Die Criminalpolizei wird unter den schwierigen Verhältnissen der großen Städte und der Fabrikdistricte immer unzureichender. Statt der Klagen über das Zuviel werden die Klagen über das Zuwenig immer mehr die Regel.

Sollte es wirklich unmöglich sein, eine einsichtige Polizeiverwaltung zu überzeugen, daß den großen Reformen der Justiz im Sinne der Mündlichkeit und Unmittelbarkeit nun auch die Polizeireform noch einmal nachfolgen muß? Unsere Criminalpolizei ist noch immer auf eine seßhafte Bevölkerung eingerichtet, innerhalb welcher die Personen und die Ereignisse der Nachbarschaft bekannt sind. Ein System von Anmeldungen, Abmeldungen und Legitimationen erhielt den Faden zwischen Criminalpolizei und Publikum, richtete die Aufmerksamkeit auf jeden fremden Eindringling. Durch die Freizügigkeit, die Eisenbahnen, die Beseitigung des Paßwesens und aller wirksamen Controlen des Personenverkehrs sind jene Fäden zerrissen. Alle betheiligten Personen, Thäter, Zeugen, alles Sachliche, was man braucht, kann in wenigen Minuten durch die Eisenbahn in alle Winde zerfahren. Die Criminalpolizei kann unter diesen Schwierigkeiten nicht mehr die alte Wirksamkeit entfalten und findet sich um so hülfloser, als sie vom Publikum sehr unzureichend unterstützt wird.

Dieser Zustand ist für uns neu. Wo er aber alt ist, hat sich die Hülfe fast von selbst gefunden. Die Gesellschaft findet in den Schattenseiten ihrer Entwicklung zuletzt auch die Mittel der Hülfe, wie dies allen Menschenaltern gelungen ist. Die Hülfe kommt, wenn es der Criminalpolizei gelingt, das Publikum in Masse heranzuziehen und es zu interessiren an der Vorermittelung der Straffälle, wenn es gelingt, die Tagespresse dafür zu interessiren, die Voruntersuchung sogar zum Hauptgegenstande der Zeitungsberichte zu machen. Während wir bisher nur die Hauptverhandlungen für ein neugieriges Publikum in den Gerichtszeitungen finden, kennen wir bisher noch nicht die Bedeutung der Tagespresse für die Voruntersuchung. Nur durch das Interesse, welches das Publikum an der Sache nimmt, und durch eine stetige Aufforderung an dasselbe ist die Indolenz und das alte Vorurtheil zu überwinden: Es schicke sich nicht für den anständigen Mann zu denunciren; es schicke sich nicht der Polizei Dienste zu leisten.

Das Mittel aber zu diesen anderen Gewöhnungen ist die Oeffentlichkeit der Voruntersuchung. Durch die Oeffentlichkeit wendet sich der Schwerpunkt der Berichterstattung über Criminalfälle vorzugsweise der Voruntersuchung zu; denn die öffentliche Meinung und die Presse interessiren sich an erster Stelle für das eben erst Geschehene. Damit findet sich im Publikum, wenn in diesem Stadium die Umstände der Voruntersuchung bekannt werden, das nothwendige Interesse an der Ermittelung des Schuldigen. Unsere Polizei ist jetzt schon genöthigt, ausnahmsweise dasselbe Mittel anzuwenden, nämlich expreß das Publikum aufzufordern: Helft uns den Schuldigen ermitteln! Das ist nicht unbedenklich, weil man dabei directe Fragen stellen muß, die leicht zu Verunstaltungen verleiten; während die unbefangene habituelle Mittheilung gerade so viel giebt, um dem Publicum ein Interesse an einer Mitarbeit für die Criminalpolizei einzuflößen. Und was ist der Erfolg? — Zeugen, die wir amtlich in allen Winkeln aufsuchen müssen, melden sich von selbst. Die Fäden der Indicien, die wir durch kein Arrangement der Polizei erschöpfend verfolgen können, setzen sich fort durch das Publikum, und bringen das Wichtigste fast unwillkürlich heraus. Mancher an sich ganz unbedeutende und doch entscheidende Umstand, der sonst von Jedermann übersehen wäre, kommt von selbst zur Geltung. Ein Verkehr der Polizei mit dem Publikum stellt sich somit kürzer und wirksamer her, als durch amtliche Berichte und Anzeigen. Die Polizei wird eo ipso ambulant; sie kann auch eigentlich nichts anders thun, als sich umsehen. An die Stelle der Polizeiberichte treten einfache Schemata, welche Schutzleute und Gensd'armen ausfüllen, statt ihre wunderlich stilisirten Berichte zu liefern. Die Masse der Geschäfte erledigt sich brevi manu durch mündliche Mittheilung. Die Gerichtspolizei findet sich in dem einfacheren und wirksameren Dienst bald heimischer, als in der Bureauarbeit. Unsere deutschen Landsleute haben sich mit dieser Weise Polizei in England wie in den großen Städten Amerika's rasch befreundet. Man überzeugt sich dort nach kurzer Gewöhnung bald, wie die heutige freizügige Gesellschaft in ihrem ruhelosen, unstäten Treiben der Polizei bedarf zum Sehen, zum Hören, zum zeitigen Eingreifen, aber nicht zum Berichten, Correspondiren und Tabellenschreiben, — keiner sitzenden, sondern einer ambulanten Polizei, — keiner Bureaus, sondern zahlreicher Stationen und Doppelposten, — keiner Dekrete und expedirter Schreiben, sondern mündlicher Anweisungen. Die Criminalpolizei bedarf aller dieser Dinge im erhöhten Maße. Man muß diese Verhältnisse nur eine kurze Zeit kennen, um sich zu überzeugen, um wieviel wirksamer die öffentliche Verhandlung den Verkehr zwischen Polizei und Publikum gestaltet.

Allerdings bedarf die mobilgemachte Polizei im erhöhten Maße eines **Rechtsregulators**, um die Gesetzmäßigkeit des Verfahrens, der Beschlagnahmen, Haussuchungen, Verhaftungen und Verhöre zu sichern. Man muß deshalb das gerichtliche Voruntersuchungsamt in eine gesetzliche Verbindung mit dem strafverfolgenden und dem executiven Polizeipersonal bringen. Das dazu Erforderliche ist aber nur zu gewinnen, wenn die auf gemeinsame Action angewiesenen Beamten in bestimmten Geschäftsstunden **zusammentreten**. Dazu bietet sich auch uns das Amtslokal des Voruntersuchungsrichters als der naturgemäße Mittelpunkt dar, von welchem aus die Criminalpolizei durch die Staatsanwaltschaft ihre Direktion zu erhalten hat, unter möglichster Beschränkung der Correspondenz, und mit Einfügung eines gewissen Maßes militärischer Disciplin und militärischer Geschäftsformen für die Mannschaften.

Solche Aenderungen sind natürlich nicht ohne einiges Widerstreben des Personals durchzuführen. Eine deutsche **Strafproceßordnung** kann aber das Ihrige thun, wenn sie jenes persönliche Zusammenwirken durch die Formen der Voruntersuchung erzwingt. Die Ausführung muß dann zunächst durch Instruktionen des Ministers des Inneren und des Justizministers erfolgen, während der umgekehrte Weg nicht zum Ziele führt. Denn die Polizeiministerien haben bisher wenig Initiative gezeigt, und eine vorgängige Verständigung unter den zahlreichen Departements der Einzelstaaten würde eine längere Reihe von Jahren erfordern, als eine Strafproceßordnung. Die Nöthigung durch ein Reichsgesetz wird aber diese Polizeireform ebenso in Gang bringen, wie viel tiefergehende Reformen der deutschen Verwaltung glücklich zu Stande gebracht sind. Die Einzelelemente der Verbindung sind längst vorhanden und bedürfen nur der Zusammenfügung.

Der Voruntersuchungsrichter bleibt in der uns gewohnten Weise die leitende Person des Vorverfahrens. Es steht doch nichts entgegen, daß er die Anträge des Staatsanwalts mündlich entgegen nehme, wie jetzt schriftlich.

Der deutsche Entwurf ordnet bereits die Criminalpolizei den Anweisungen des Untersuchungsrichters unter (Comm. §. 152). Es steht nichts entgegen, und ist auch beabsichtigt, diese Unterordnung ebenso durchzuführen, wie nach dem Braunschw. Gesetz vom 19. März 1850 und in der Thüringisch. Str. Pr. O.

Dies vorausgesetzt bedarf es nur einer gesetzlich zwingenden Form, die Voruntersuchungsrichter, Staatsanwalt und Polizeipersonal nöthigt, gleichzeitig an demselben Orte mit einander zu verhandeln, und die mündliche Voruntersuchung wird damit ebenso in Gang gebracht sein, wie sie in anderen Ländern mit einem sehr ungeschulten Personal seit Menschenalter sich im Gange befindet.

Es läßt sich dagegen nur das Bedenken erheben: wie sollen wir uns ein solches neues Verfahren praktisch denken? Allein, als wir vor wenig Jahrzehnten in die öffentlich-mündliche Hauptverhandlung übergehen mußten, war der Uebergang gewiß viel schroffer und gewagter. Jetzt handelt es sich nur darum, schon geläufige Maximen auf das präparatorische Verfahren anzuwenden.*)

Wer hindert denn aber die Verfasser unserer Gesetzentwürfe, sich mit dem Geschäftsgange eines öffentlich-mündlichen Anklageprocesses praktisch bekannt zu machen? Ein kleiner Theil der Mühe, welche wir einst darauf verwandt haben, den französischen Proceß mit allen Feinheiten der police judiciaire, des juge d'in-

*) Die obigen Gesichtspunkte im Einzelnen sind auch in unserer criminalistischen Literatur schon nachdrücklich vertreten worden: die Unangemessenheit der Specialinquisition des Angeschuldigten von Dr. Glaser „Kleine Schriften" I. S. 251 ff.; „die contradictorische Gestalt des Verfahrens" von Stemann in Goldammer's Archiv VIII. 41 ff.; Zachariae „Handbuch des Strafprocesses" I. S. 46., II. S. 68. Für Belgien wird die öffentliche Voruntersuchung befürwortet von Prins et Pergaméni, Reforme de l'instruction préparatoire en Belgique. (Paris 1872).

struction, der chambre de conseil und der chambre d'accusation mit ihrem technischen Nebenwerk sich vertraut zu machen, würde genügen, um die schlichten Formen einer mündlichen Voruntersuchung kennen zu lernen.

Es wird ein Bild des so gestalteten Verfahrens zu der folgenden Frage gegeben werden müssen.

Als Resultat kann ich aber schon hier bemerken, daß die mündliche Verhandlung im Sinne der Abkürzung sich ebenso bewährt, wie in unserem Hauptverfahren, und daß die mündliche Voruntersuchung durchschnittlich nur soviel Tage und Wochen beansprucht, wie die schriftliche Wochen und Monate in Anspruch nimmt. Auch die Staatsanwaltschaft wird durch mündliche Verhandlung im Voruntersuchungsamt mit dem Richter und mit der ihr untergeordneten Criminalpolizei in wenigen Geschäftsstunden täglich weiterkommen wie mit einer Tagesarbeit im Bureau. Vor allem aber verschwindet endlich das Mißtrauen gegen die geheime Inquisition, und es verschwinden die Inquisitionskünste selbst. Die anerkannten Gebrechen des bisherigen Verfahrens, — die Schutzlosigkeit des Angeschuldigten und die Verschleppung — werden damit wirklich gehoben.

Dem 1873 in Hannover abgehaltenen Juristentag lag die Frage nach der Oeffentlichkeit des Vorverfahrens zur Verhandlung vor. Sie ist unter lebhaftem Widerspruch in der III. Abtheilung, wie im Plenum (Stenogr. Ber. S. 209—228. 330—354.) erörtert und an beiden Orten der Beschluß zur Annahme gelangt:

> der Grundsatz der Oeffentlichkeit ist auch in der Voruntersuchung als Regel anzuerkennen.

Die erhobenen Einwendungen, welche hier und in deutschen Gesetzentwürfen vorkommen, sind die sehr begreiflichen Bedenken, welche sich aus den Gewohnheiten des schriftlichen Geschäftsganges ergeben, die sich aber in der täglichen Praxis des öffentlich-mündlichen Verfahrens längst zufriedenstellend erledigt haben.

Die Motive der neuen Oesterr. St. Pr. O., welche von einem so gründlichen Kenner des englischen Verfahrens, wie Justizminister Dr. Glaser, herrühren, erkennen vorweg an, daß sachliche Gründe gegen die Oeffentlichkeit des Vorverfahrens nicht sprechen, wohl aber der „allgemeine Gebrauch" der Behörden des Continents. Das Vorhandensein jener Amtsgewohnheiten erkenne auch ich an. Die schwierigen Verhältnisse des österr. Kaiserstaats können auch eine Erklärung dafür geben, wie die Gesetzgebung dort dazu gelangt, die unüberwindliche Schwerfälligkeit der Voruntersuchung durch Aufhebung des Gerichtsverfahrens und des Anklagebeschlusses zu beseitigen. Warum für Deutschland jener exorbitante Ausweg weder rathsam noch ausführbar ist, ist oben dargelegt worden.

Der Deutsche Entwurf (Motive S. 118) ist der Ansicht, daß die Oeffentlichkeit nur von Bedeutung sei, wenn die Voruntersuchung die Anklageform wenigstens soweit verwirkliche, wie dies in England geschehe. Dort stelle sich die Voruntersuchung als eine „Reihe aufeinanderfolgender Verhandlungen" unter fortwährender Betheiligung der Parteien dar. Die Voruntersuchung des Entwurfs dagegen stelle sich als eine „Reihe einzelner Beweisacte" dar, bei welchen vorzugsweise nur der Richter verhöre, dagegen Anklage und Vertheidigung nur hier und da selbstthätig in den Gang der Untersuchung eingreife, — „wenn schon zugegeben werden kann, daß die Oeffentlichkeit ein erwünschtes Mittel sein würde, schon in diesem Stadium den richterlichen Anordnungen das öffentliche Vertrauen im vollsten Maße zu sichern." — Es scheint dabei aber ein thatsächliches Mißverständniß obzuwalten, da es sich mit den einzelnen Acten der Voruntersuchung in England und Amerika ganz genau ebenso verhält, wie bei uns (s. Frage III). Wie in unserem Hauptverfahren entsteht eben durch die Mündlichkeit der Zusammenhang der Untersuchungshandlungen, und durch das Zusammenwirken der Betheiligten bildet sich die Einheit der Handlungen, wie in jedem mündlichen Verfahren, von selbst*).

*) Weiter citiren die Motive S. 118 zwei schottische Juristen als Autoritäten gegen die Angemessenheit der englischen Oeffentlichkeit, während Schottland nur ein Vorbereitungsverfahren durch den Staatsanwalt kennt. Auch dort zu Lande urtheilt jeder praktische Jurist nach seinen Amtsgewohnheiten. Die jetzt oft citirten Worte Lord Brougham's lauten jedoch nur dahin: „Freilich ist die Oeffentlichkeit der Voruntersuchung mit erheblichen Unzuträglichkeiten (inconveniences) verbunden: es ist eine sehr große Härte für den Angeschuldigten, vor den öffentlich verhandelnden Richter gestellt zu werden, und zweifelsohne in gleicher Weise auch eine sehr große Belästigung (annoyance) und Härte für die Zeugen und den Ankläger. Aber allen diesen Bedenken muß man den großen Nutzen entgegenhalten, welchen die Oeffentlichkeit in doppelter Beziehung gewährt: einmal, indem sie gesetzwidrigen Maßregeln des Richters vorbeugt, dadurch, daß derselbe das Auge des Publikums auf sich gerichtet sieht; sodann durch ihren wohlthätigen Einfluß, von polizeilichem Standpunkte aus betrachtet, sofern es sich darum handelt, die Wahrheit zu ermitteln und den Ankläger in den Stand zu setzen, Zeugen ausfindig zu machen — sodaß ich Alles in Allem genommen, nicht den mindesten Zweifel habe, daß der Nutzen der öffentlichen Voruntersuchung die Nachtheile derselben überwiegt. — Der schottische Generalstaatsanwalt dagegen meint,

Immer von Neuem wiederholt sich sodann der Einwand, daß die Oeffentlichkeit der Vorverhandlung „unseren nationalen Anschauungen" widerspreche. Niemand mache gern öffentliche Anzeigen. Der „deutsche" Zeuge scheue überhaupt die öffentliche Vernehmung, in welcher er oft von beiden Theilen übel behandelt werde. Es sei eine „furchtbare" Härte für den Angeschuldigten darin u. s. w. — Es gab eine Zeit, in welcher diese Bedenken in den sächsischen Landestheilen mit Vorliebe behandelt wurden. Es ist damals in der sächsischen Kammer bei Weitem am umständlichsten über den „stillen deutschen Bürger" verhandelt worden, dessen Natur aller Oeffentlichkeit widerstrebe. — Allein diese Bedenken sind doch wohl durch die Praxis hinreichend widerlegt. Unsere Zeugen bewegen sich im öffentlichen Gerichtsverfahren (wie überall) je nach ihrem Bildungszustand und ihrem guten Gewissen. Es ist Sache des Richters, den Zeugen gegen impertinente Fragen zu schützen, und es ist überhaupt nicht einzusehen, welche besonderen Bedenken das öffentliche Verhör der Voruntersuchung mit sich führen soll, nachdem man es im Hauptverfahren ohne Widerspruch als das richtige anerkennt. Der Zeuge kann übrigens bei öffentlicher Voruntersuchung seine Mittheilungen zunächst einem Polizeibeamten vertraulich machen, wie dies auch meistens geschieht. Die Oeffentlichkeit und die Presse geben nur dem Publikum einen Anstoß und ein Interesse, Spuren der That an den Tag zu bringen, welche die Criminalpolizei allein in dem rasch beweglichen heutigen Leben nicht mehr aufzufinden vermag. Die Nothwendigkeit einer solchen Aufforderung erkennt die Polizei schon jetzt sogar mit Aussetzung von Prämien an.

„daß der Ausschluß der Oeffentlichkeit im ersten Verfahren der Untersuchung sehr erheblich zur Entdeckung des Schuldigen beiträgt, und ich glaube nicht, daß unsere Staatsanwälte in der öffentlichen Vernehmung der Zeugen einen Vortheil finden werden." Er urtheilt ebenso, wie unsere Staatsanwaltschaft urtheilen würde, wenn der Deutsche Entwurf zum Gesetz geworden wäre. Das Verfahren der Verwaltungsbehörde ist seinem Wesen nach nicht öffentlich, und ein Staatsanwalt könnte die Oeffentlichkeit seines Verfahrens höchstens dann befürworten, wenn er sich in der That als eine richterliche Person ansieht. — Die englischen Zeugenaussagen über die Angemessenheit und Nothwendigkeit der Oeffentlichkeit der Voruntersuchung stehen in dem bekannten VIII. Report der Commission über die Reform des Strafverfahrens (Register) und in dem Report from the Committee on administration of justice 27. June 1849 Unter diesen Zeugenaussagen ist keine Differenz. Die Angemessenheit der Oeffentlichkeit gilt dort ungefähr für ebenso notorisch, wie jetzt in Deutschland die Oeffentlichkeit des Hauptverfahrens.

Vom Standpunkt der Polizeiverwaltung knüpft sich daran das Bedenken, die Behörden würden in Folge dieser Oeffentlichkeit mit dienstfertigen Anzeigen „überlaufen" werden. Die Voruntersuchungen würden gar kein Ende nehmen, wenn „hundert zugelaufene Zeugen sämmtlich verhört werden wollten." Aus nahe liegenden Gründen tritt eine solche Verlegenheit niemals ein. Denn wenn man auch nicht eine unüberwindliche Furcht vor Zeugenverhören hat, so ist ein übertriebener Zulauf dazu ebensowenig zu bemerken. Natürlich kamen bei Mordthaten und andern causes célèbres der Polizei manche vage und wenig glaubhafte Mittheilungen zu: es ist aber eben ihre Sache, nach praktischen Erfahrungen die Materialien vorher zu sichten und nur das Brauchbare vor das Voruntersuchungsamt zu bringen. Bei den Polizeiinspectoren der großen Städte in England wie in New-York wird man keine Meinungsverschiedenheit finden über den evidenten Nutzen, ja über die Unentbehrlichkeit der öffentlichen Vorverhandlung. Genau dieselben Gründe dafür, welche man heute hört, wurden schon ein halbes Jahrhundert früher von den damaligen Polizeidirectoren geltend gemacht*).

Nicht unerheblich erscheint allerdings die Besorgniß vor einer Verdunklung des Thatbestandes und vor Collusionen des Angeklagten. Dabei versteht es sich jedoch vorweg, daß Voranträge wegen Verhaftung, die etwa den Angeschuldigten zur Flucht veranlassen würden, wie bei der Polizei so auch in dem Bureau des Voruntersuchungsrichters gestellt werden können. Nur die Vorführung der Anschuldigungsbeweise erfolgt öffentlich in Gegenwart des Verhafteten. Die Möglichkeit von Collusionen unter Mitschuldigen und mit Zeugen ist überhaupt jederzeit vorhanden. Aber gerade die Oeffentlichkeit der Voruntersuchung vermindert die Gefahr, weil sie gleichzeitig die Aufmerksamkeit des ganzen Polizeipersonals und des Gesammtpublicums auf dergleichen Versuche lenkt,

*) Die praktischen Erfahrungen der Sicherheitspolizei in dieser Richtung sind so alt, wie die in dem Leben der Großstädte zuerst sichtbar gewordenen Folgen der Freizügigkeit. Das heutige Urtheil des Chefs und der Inspectoren der Metropolitan Police wurde schon ein halbes Jahrhundert früher fast mit denselben Worten abgegeben (Rey, les institutions judiciaires de l'Angleterre 1826 II. Cap. 5): „Freilich, wenn man mit den Beamtengewohnheiten des Continents nach England kommt, so kann man sich nicht vorstellen, daß die Ermittlung eines schweren Verbrechens möglich wäre ohne im Anfange wenigstens das äußerste Stillschweigen zu beobachten." Allein ꝛc. (es folgt nun die Hervorhebung der obigen Gesichtspunkte). In gleicher Richtung bewegt sich die älter Schrift von Coulqhoun.

und solche wirksamer vereitelt, als die Ueberwachung durch einzelne beauftragte Beamte. Jene Gefahr wird von den an die geheime Voruntersuchung Gewöhnten anders angesehen, als sie sich unter dem Einfluß der Oeffentlichkeit gestaltet. Auf die Besorgniß vor Collusionen wird ein Criminalpolizeibeamter von London oder New-York zunächst antworten, daß, wenn solche Versuche vorkommen, sie der Criminalpolizei nicht unerwünscht sind. Denn alle solche Versuche, insbesondere auch der Versuch zu einem falschen Alibibeweis, werden regelmäßig zu Mitteln, den colludirenden Verbrecher in seinen eignen Schlingen zu fangen. Die listigen Veranstaltungen des Schuldigen und seiner Kameradschaft sind (infolge der gleichmäßigen Publicität der Umstände, auf die es ankommt) nicht gewachsen der Gesammtmacht der Polizei und der Aufmerksamkeit des Publikums, welche in den kritischen Tagen der öffentlichen Verhandlung von allen Seiten gespannt auf die Schuldmomente gerichtet ist. Eine Folge dieser Erfahrung ist die Maxime aller Anwälte, dem Clienten vor Allem von Collusionsversuchen abzurathen, weil sie nur zum Verderben des Angeschuldigten ausschlagen. Das Inspectionspersonal der jetzt in England und Irland gleichmäßig durchgeführten Polizeimannschaften ist auch über diese Seite der Frage wesentlich einig, und die deutschen Reichsbehörden würden auf jede Anfrage bei dem Home-Office immer dieselbe Antwort erhalten auf Grund der Auskunft von Personen, die über die Collusionsfrage aus specieller Praxis Auskunft zu geben vermögen.

Es ist in thesi zuzugestehen, daß in singulären Fällen die Oeffentlichkeit einer Verhandlung dem Schuldigen das Signal der Flucht geben, die Vernichtung des corpus delicti oder eines einzelnen Indiciums zur Folge haben, und daß auch sonst die Verheimlichung eines einzelnen Umstandes auf kurze Zeit nützlich sein kann. Solche Fälle kann aber der Voruntersuchungsrichter in der öffentlichen so gut, wie in der geheimen Voruntersuchung berücksichtigen. Es genügt dafür die Befugniß des Voruntersuchungsrichters, die Oeffentlichkeit für einzelne Verhandlungen auszuschließen. Der überaus seltene Gebrauch, der davon gemacht wird, führt eben den Beweis, daß ein praktisches Bedürfniß für jene Geheimheit nicht vorhanden ist.

Wenn das große Werk einer gemeinsamen deutschen Strafproceßordnung einmal geschaffen werden soll, so wird bei dieser Frage nur ein ganzer Entschluß den vorhandenen Uebelständen abhelfen. Dieser Entschluß bedingt die Lossagung von mancher liebgewordenen Amtsgewohnheit. Aber eine „Gefahr“ für die höchsten Zwecke der Rechtspflege ist damit in keiner Weise verbunden, wenn die deutsche Reichsgesetzgebung den Grundsatz ausspricht:

> Die gerichtliche Voruntersuchung findet im ordentlichen Gerichtslokale öffentlich, in Anwesenheit eines Vertreters der Staatsanwaltschaft und eines oder mehrer Beamten der Criminalpolizei statt. Dem Voruntersuchungsrichter bleibt es jedoch vorbehalten, aus Gründen des öffentlichen Wohles oder der Sittlichkeit, die Oeffentlichkeit für einzelne Verhandlungen auszuschließen.

Amerikanische Gesetze untersagen zwar jede Beschränkung der Oeffentlichkeit. Ein solcher Rigorismus empfiehlt sich jedoch nicht für die erste Einführung des Grundsatzes. Die bisher gemachten Erfahrungen zeigen auch, daß dieselbe für unser Hauptverfahren vorbehaltene Ausnahme von den Gerichten mit Umsicht und Mäßigung gehandhabt wird, daß überhaupt das Richterpersonal an die Oeffentlichkeit sich leicht gewöhnt.

Mittelbar sind dadurch freilich noch weitere Aenderungen bedingt. Es wird sich unten ergeben, daß die öffentliche Voruntersuchung mittelbar den Gang des Strafverfahrens dahin verändert, daß sie den Schwerpunkt von Anfang an in die offene Vorlegung aller Beweise und in die contradictorische Verhandlung darüber legt. Sie steht daher in nothwendiger Wechselwirkung mit dem sogleich zu erörternden Grundsatz,

> daß jedes Beweisstück schon im Vorverfahren in Gegenwart des Angeschuldigten oder seines Vertheidigers zu verhandeln ist.

Schließlich ist die auf dem Juristentag in Hannover ausgesprochene Besorgniß, daß diese Oeffentlichkeit den „Herren Spitzbuben“ gar zu viele Rechte einräume, wirklich unbegründet. Solche Anschauungen entspringen nur den Gewohnheiten der Amtsstube. Für den Schuldigen ist die Oeffentlichkeit nichts weniger als eine Wohlthat und Begünstigung. Die Oeffentlichkeit der Voruntersuchung in Verbindung mit einer mobilgemachten Sicherheitspolizei bildet eine sehr scharfe, energische, den schwierigsten Aufgaben der heutigen Zeit gewachsene Strafverfolgung. Sie hat überhaupt nichts mit liberalen oder conservativen Systemen der Staatspolitik zu thun, sondern mit allgemeinen Maximen von Angriff und Vertheidigung in Rechtssachen. Sie giebt dem Schuldigen wie dem Unschuldigen nur das, was ihm zukommt.

III.

Das Kreuzverhör.

Bei dem Uebergang vom Vorverfahren zum Hauptverfahren steht die Frage im Vordergrund, ob die Beweise durch den Richter von Amtswegen aufzunehmen, oder ob solche von den Parteien vorzulegen und selbständig zu handhaben sind in Form des vielbesprochenen Kreuzverhörs.

Diese Frage setzt indessen eine allgemeine Revision der Grundsätze von dem „Inquisitionsprincip und der Anklageform" voraus, für die es noch einmal einer Erinnerung bedarf, wie die heute geltenden Formen sich an den französischen Proceß angeschlossen haben.

Schon seit dem XV. Jahrhundert, wie oben erwähnt, hatte sich der französische Proceß dahin formirt, daß der Richter den Anklagebeweis von Amtswegen übernahm, die gens du roi aber ihm zur Seite traten in einem Wechselverfahren, in welchem der promotor inquisitionis die Anträge stellt, das Gericht aber beschließt, ohne an die Anträge gebunden zu sein. Die Revolution hatte unter manchen Experimenten eine kurze Zeit lang die Rollen des Staatscommissars und des öffentlichen Anklägers getrennt. Man kehrte aber bald zu dem gewohnten Wechselgange zurück, indem man dem Staatsanwalt die Initiative der Strafverfolgung überließ, im übrigen aber dem Richter die alte Stellung als judex inquisitionis bewahrte. Ist die Voruntersuchung einmal beantragt, so verfährt der Untersuchungsrichter nach eigenem Ermessen. Der Staatsanwalt tritt erst wieder mit Schlußanträgen ein (Hélie, Traité V. 153). Der Voruntersuchung folgt ein zwiefacher Gerichtsbeschluß, der die Anklageformel auch ultra petitum des Anklägers feststellt. Im Hauptverfahren bindet sich der Gerichtshof ebenso an keinen Antrag der Staatsanwaltschaft. Der Staatsanwalt kann die Anklage überhaupt nicht zurücknehmen und muß auch die vom Gericht völlig veränderte Anklage weiter führen. So entsteht jenes seltsame „Zusammenwirken coordinirter Behörden, welche unabhängig von einander in einer allgemeinen Richtung arbeiten, während sie in den Besonderheiten wieder auseinandergehen."

Der französische Gesetzgeber hatte gewiß nicht Unrecht, wenn er an gewohnten Formen festhielt. In Deutschland war für eine so künstlich zusammengefügte Procedur eine historische Anknüpfung freilich nicht vorhanden. Aber es war das einzige bekannte Muster, es hatte sich schon in deutschen Gebieten als praktisch bewährt, es schloß sich ziemlich leicht an unsere General- und Specialinquisition an, und es bewahrte dem Richteramte eine hervorragende Stellung, welche man gern beibehielt. Richter und Staatsanwälte haben dies Verfahren nun seit Jahrzehnten geübt. Das ursprünglich fremde ist zum eignen System geworden, und die Frage, ob Anklage- und Richteramt sich nicht in anderer Weise folgerichtiger auseinanderzusetzen hätten, wird nicht mehr aufgeworfen.

So erklärt es sich, daß auch der Deutsche Entwurf diese Gestaltung als selbstverständlich voraussetzt. Der Commiss.-Entwurf (§§. 132—135) will zunächst dem allgemeinen Gedanken Ausdruck geben:

„daß das Wesen des Anklageprocesses sich in der Form
„eines Rechtsstreits bewege, dessen Eröffnung durch das
„Auftreten eines Anklägers bedingt sei (S. 79)."

„Das Hauptverfahren bewegt sich in der Anklageform, wird aber nicht von dem Anklageprincip beherrscht" *)" „Im Princip ist

*) „Es besteht in der deutschen Gesetzgebung, wie in der Wissenschaft und Rechtsübung darüber kein Zweifel, daß es sich im Strafverfahren weder auf Seiten des Staats, noch auf Seiten des Angeklagten um verzichtbare Parteirechte, vielmehr um die Ermittelung materieller Wahrheit handelt, daß deshalb auch noch gegenwärtig das inquisitorische Princip im Hauptverfahren zur Geltung kommen muß, insofern es nämlich die Pflicht des Gerichts ist, den in der Hauptverhandlung neu hervortretenten Belastungs- und Entlastungsbeweisen ohne und sogar gegen den Antrag der Parteien selbst-

die Stellung des Richters dieselbe wie früher geblieben; seine prüfende und urtheilende Thätigkeit ist aber in den Vordergrund getreten, während er für die Ausmittlung und Herbeischaffung des Materials nur ergänzend thätig wird, soweit Anklage und Vertheidigung ihn in Stich lassen"*).

Im Verlauf der Motive wird wiederholt darauf Bezug genommen, daß es sich hier nicht um verzichtbare Parteirechte, sondern um die Ermittlung materieller Wahrheit handle; daß das Gericht auch gegenwärtig die Pflichten des Richters, des Anklägers und des Vertheidigers in gewissem Maße in sich vereinige. — Immer wiederholt wird auf die Natur der Strafsache, als einer Sache des öffentlichen Rechts, und auf die Würde des richterlichen Amtes verwiesen.

Hervorragende Mitglieder der Commission haben an anderer Stelle ihre Bedenken gegen diese Combination von Inquisitionsprincip und Anklageform offen ausgesprochen. Die Commission hat auch die Frage nicht beantwortet, warum England, Amerika — die zweite Hälfte der civilisirten Welt, in welcher der Anklageproceß seit Jahrhunderten besteht, — zu einer solchen Durcheinanderschiebung von Anklage- und Richteramt nicht gelangt sind, während doch auch dort ein Verständniß des öffentlichen Rechts und der Würde des Richteramts in hohem Maße vorhanden ist.

Ich will indessen über die theoretische Folgerichtigkeit jener Sätze an dieser Stelle nicht streiten**). Ließe sich damit ein mündlicher An-

ständig nachzugehen. Die Thätigkeit des erkennenden Gerichts beschränkt sich mithin nicht, wie im Civilproceß, auf die Prüfung der von den Parteien angetretenen Beweise, sondern besteht zugleich in der selbstständigen Herbeischaffung noch fehlender Entlastungs- und Belastungsbeweise von Amtswegen, und insoweit vereinigt das Gericht auch gegenwärtig in gewissem Maße die Pflicht des Richters, des Anklägers und des Vertheidigers in seiner Thätigkeit" (D. Motive 112).

*) „Aus dem Princip des Anklageprocesses folgt nicht, daß (wie im Civilproceß) die Thätigkeit des Richters nach jeder Richtung hin durch die Anträge des Anklägers und des Beschuldigten bedingt werden müsse. Vielmehr ergiebt sich aus der Natur der Strafsache, als einer Sache des öffentlichen Rechts, daß der Richter ebenso berechtigt, als verpflichtet sein muß, die Wahrheit nöthigenfalls auch durch andere Mittel, als die von dem Kläger oder dem Beschuldigten an die Hand gegebenen, zu erforschen, sowie daß er bei der rechtlichen Beurtheilung der That und bei Abmessung der Strafe nicht an die Anträge des Klägers gebunden sein darf." (D. Motive 105. 112.)

**) „Es ist ein Irrthum, zu behaupten, daß die von der neuern Wissenschaft erkannte Natur des Verbrechens das Untersuchungsprincip fordere.

klageproceß nach den heutigen Bedürfnissen wirklich gestalten, so käme es auf die Allgemeingültigkeit jener Wahrheiten nicht an.

Allein es hat sich bei der Entwicklung der zweiten Frage gezeigt, daß unsere anerkannt fehlerhafte Voruntersuchung mit jenen Maximen keinen Schritt weiter zu bringen ist, daß man vielmehr von Widerspruch zu Widerspruch getrieben wird, so lange die Specialinquisition fortdauert. Jenes unüberwindlich störrige Hinderniß jeder Verbesserung führt dahin, entweder Alles beim Alten zu lassen, oder den Grundsatz der mündlichen contradictorischen Beweisverhandlung auch für das Vorverfahren anzunehmen. Der Mündlichkeit folgt die Oeffentlichkeit und eine weitere Umwandlung.

An diesem Punkte nehme ich die oben abgebrochene Frage wieder auf: Wie sollen wir uns eine öffentlich-mündliche Voruntersuchung denken, an welche in Deutschland Niemand gewöhnt ist?

Ich erwidere darauf nochmals, daß wir bei der viel einschneidenderen Hauptreform vor einem Vierteljahrhundert in einer weit übleren Lage waren. Man hat sich damals mit dem praktischen Zustande der Länder bekannt gemacht, in welchen die Sache in langer Uebung bestand, und ein geringer Theil der Mühe, welche wir damals aufgewendet haben, um die Feinheiten des französischen Verfahrens kennen zu lernen, würde heute genügen, um viel einfachere Dinge kennen zu lernen. Wenn aber die Gelegenheit dazu fehlt, so muß man das Zeugniß glaubhafter Juristen annehmen, welche die Sache aus eigner Anschauung kennen. Auch der Fachcriminalist vergiebt sich nichts, wenn er für nothwendige Aenderungen sich durch Andere informirt in Fragen, die er aus eigner Wahrnehmung zu beurtheilen keine Gelegenheit gehabt hat.

Den deutschen Criminalisten war die genügende Gelegenheit dazu geboten worden, ebenso durch die anschaulichen Darstellungen praktischer Juristen, deren sichere Geschäftskenntniß schon aus der Darlegung ersichtlich ist*), wie durch die Darstellung wissen-

---

Sie fordert nur eine solche thätige Theilnahme des Staats an der Stoffsammlung, wodurch der nachtheiligen Willkür der Privatpersonen zweckmäßig vorgebeugt wird. Das wird aber durch das Institut der Staats- und Rechtsanwaltschaft erreicht. Auf solchem Wege ist für die Erreichung materieller Wahrheit, soweit sie menschlichen Kräften überhaupt erreichbar ist, sicherer gesorgt, als durch Vermischung von unverträglichen Funktionen in der Stellung des Gerichts." (Planck, System D. St. V. S. 153.)

*) Die treffliche, anschauliche, wenn auch kurze Uebersicht in Rüttimann, „Bericht über die englische Strafrechtspflege" 1837, die für den deutschen

schaftlicher Juristen, deren Unbefangenheit und Vielseitigkeit nicht zu bezweifeln ist*).

Bei jeder Skizze dieser Art (Gneist, Selfgovernement, 3. Aufl. 1871. §. 40) ist aber zu befürworten, daß die Voruntersuchung in England und Amerika unter einer Reihe so ungünstiger Verhältnisse besteht, daß schon aus diesem Grunde an eine Uebertragung auf unsere Gerichte verständiger Weise nicht zu denken ist.

1) Die Voruntersuchungsrichter sind nur in wenigen großen Städten geschulte Rechtsverständige: in der Regel sind es nur Friedensrichter, d. h. geschäftskundige Gentlemen, und ihr Gerichtsschreiber hat eine viel geringere Bildung, als ein deutscher Actuarius. Auch das Verfahren des Coroner ist erst durch die neuesten Reformen aus primitiven Zuständen herausgebracht (Gneist, Selfgovernement, §. 13).

2) Es fehlt an einer Staatsanwaltschaft für die Voruntersuchung; der Richter muß daher von Amtswegen die Verhöre und die Hauptfunktionender Anklage übernehmen.

Juristen bestimmten Erläuterungen des Justizraths Mühry in der Uebersetzung von Stephen „Handbuch des englischen Strafrechts" 1843 und mehre Schriften von Stemann lassen an Sicherheit des praktischen Urtheils gewiß nichts zu wünschen übrig.

*) Die Unbefangenheit des Urtheils in den tief eingehenden Schriften des (jetzigen Justizministers) Dr. Glaser, — die auf längere Anwesenheit im Lande beruhende Darstellung von Marquardsen in der Uebersetzung von Best „Engl. Beweisrecht", — die ausführlichen Schriften Mittermaier's lassen auch für die Einzelheiten des Verfahrens kaum etwas zu wünschen übrig. Die am meisten benutzte ausführliche Schrift Mittermaier's: „Das englische, schottische und nordamerikanische Strafverfahren" 1851, war die Frucht eines persönlichen Aufenthalts in England, den ich selbst mit dem Verfasser getheilt habe, so daß alle hier gemachten Beobachtungen gemeinsame gewesen sind. Ich kann hinzufügen, daß ich die Bekanntschaft mit Land und Leuten, mit Juristen und Institutionen, nahezu 30 Jahre fortgesetzt, daß ich in demselben Zeitraum das preußische Referendariat, Assessorat, das Richteramt erster, zweiter, dritter Instanz, auch das Amt des Untersuchungsrichters und Defensor, eine Reihe von Jahren fortgeführt, (eine gleiche Reihe von Jahren auch ein gemeinrechtliches Spruchrichteramt,) und daß ich in dem gleichzeitigen Verkehr mit der französischen Rechtsprechung auf die wesentlichen Punkte hinreichend aufmerksam geworden bin. Die mir täglich zukommenden Belehrungen darüber, wie sich diese Dinge „praktisch" verhalten, sind nicht immer nothwendig, ich empfange sie indessen stets mit lebhaftem Dank. Als Gegendienst dafür beansprucht man dann aber eine Glaubwürdigkeit in solchen Dingen, die unseren Rechtsverständigen aus eigner Wahrnehmung nicht bekannt sind.

3) Es fehlt in der Regel an einem rechtsgebildeten Defensor; in der geringen Zahl von Fällen, in welchen sich der Angeschuldigte in der Voruntersuchung eines Anwalts bedient, ist es regelmäßig ein solicitor untergeordneten Ranges, ungefähr mit der Bildung unserer Winkelconsulenten.
4) Es fehlt nochmals an einer Staatsanwaltschaft zur Entwerfung der Anklageacte; wenn der prosecutor dazu keinen Rechtsanwalt nimmt, so verfaßt ein Bureaubeamter die Anklageformel für eine Gebühr von 1 sh.

Die begreiflichen Mängel eines solchen Verfahrens haben die heutigen englischen Gesetzvorlagen über die Einführung einer Staatsanwaltschaft veranlaßt. In Amerika besteht zwar ein Distriktsanwalt, aber meistens mit geringem Einfluß auf den Gang der Voruntersuchung; im Uebrigen ist die Beschaffenheit des Personals noch ungünstiger als in England.

Allein die Ungunst aller dieser Verhältnisse ist seit Menschenaltern ausgeglichen durch das redliche Bestreben nach einem ehrlichen Proceß (fair trial), welcher vorweg darauf verzichtet, durch einen scharfsinnigen „Inquisitionsplan" ein Geständniß herauszufragen. Die Aufgabe ist vielmehr: offene Vorlage der vorhandenen Beweise, um die Anklage und Vertheidigung vorzubereiten, um eine Grundlage und einen Leitfaden für das Hauptverfahren zu gewinnen. Man weiß dort nichts von einem Unterschiede zwischen „Anklageprincip" und „Anklageform": aber man hat den Rechtsgrundsatz, daß jedes Beweismittel (öffentlich) vorzulegen und zu verhandeln ist, und zwar in Gegenwart des Angeschuldigten, vom ersten Augenblicke an, an welchem er verhaftet oder persönlich mit einer Anschuldigung belastet ist.

Aus diesem Grundsatz hat sich ein Voruntersuchungsproceß in der Praxis formirt.

Im ersten Termine hört der Richter den Polizeibeamten oder den Denuncianten, der den Fall vor Gericht gebracht hat, und womöglich noch etwa einen oder zwei Zeugen über Thatbestand und Thäterschaft. Nach jedem Verhör wird der Angeschuldigte gefragt, was er gegen diese Aussage zu erinnern hat, mit dem Rechte des Kreuzverhörs für sich und den etwa angenommenen Anwalt. In einfachen Sachen ist die Voruntersuchung schon damit zu Ende.

Anderenfalls wird nach 2, 3 oder mehr Tagen ein neuer Termin zur Fortsetzung der Examination anberaumt. Diese Zwischenzeit genügt meistens, um allen Polizeistationen, Polizeibeamten und dem Publikum die Aufforderung zu weiteren Nachforschungen zukommen zu lassen, welche durch die Oeffentlichkeit der Verhandlung und durch die Presse gegeben ist. Die Oeffentlichkeit selbst wirkt wie eine Edictalcitation. Wo es besonderer Instructionen für die Criminalpolizei bedarf, ertheilt diese der Voruntersuchungsrichter oder der anwesende Polizeiinspector mündlich. Im zweiten oder dritten Termin pflegen die Ergänzungen herbeigeschafft zu sein, und das Verfahren ist auch in schwereren Fällen meistens in 2—3 Wochen beendet, mit der seltenen Ausnahme von causes célèbres.

Das System der Verhandlung ist immer dasselbe: ein Verhör praesente reo mit der Frage, „was er dagegen zu erinnern" hat, und mit der Befugniß zum Kreuzverhör. Für eine Specialinquisition ist dabei keine Anknüpfung; vielmehr war es alte Praxis, dem Angeschuldigten zu sagen, daß er nicht schuldig sei zu antworten. Diese Vorhaltung ist jetzt durch Gesetz vorgeschrieben*).

Am Schluß erläßt das Voruntersuchungsamt den Ueberweisungsbeschluß (commitment), der nach Maßgabe der mündlichen Verhandlung von 2 Friedensrichtern (oder von dem Polizeirichter) sofort erlassen wird, mit Vorbehalt eines beschränkten Rechtsmittels, von welchem sehr selten Gebrauch gemacht wird.

Aus den Verhandlungen notirt der Gerichtsschreiber die Punkte, welche zur Entwerfung der Anklageformel und zur Orientirung der beiden Parteien im künftigen Hauptverfahren dienen können. Dies Informationsmaterial pflegt sich auf wenige Blätter zu beschränken.

Am Schluß der Verhandlung verpflichtet der Friedensrichter zugleich den geeigneten Zeugen oder Damnificaten, als prosecutor die Sache zum Austrag zu bringen. Letzterer läßt durch seinen Anwalt oder durch den Gerichtsschreiber aus den Verhandlungen die Anklageformel (bill of indictment) kanzleimäßig stylisiren, und bringt sie vor die Anklagejury, mit deren Bestätigung sie dann in das Hauptverfahren wandert.

Die Einfachheit der Procedur liegt in ihrer Anlage.

---

*) Die gesetzliche Vorhaltung 11 et 12 Vict. c. 42 §. 18 lautet:
„Nach Anhörung des Beweises wünscht Ihr irgend etwas zu sagen zur Beantwortung der Anschuldigung? Ihr seid nicht verpflichtet, irgend etwas zu sagen, wenn Ihr es nicht zu thun wünschet; was Ihr aber sagen werdet, wird schriftlich aufgenommen und kann in Eurem Hauptproceß gegen Euch vorgelegt werden."
Diese Vorhaltung gilt jedoch nur als reglementarische (directory).

Da keine Specialinquisition stattfindet, so kommt die lange Reihe abortiver Versuche der Inquisition stillschweigend in Wegfall. Da alle Beweise viva voce so zusammenhängend, wie man sie beschaffen kann, vorgelegt werden, so treten die starken und die schwachen Seiten sogleich erkennbar hervor. Die Anklage begnügt sich daher, wenn irgend möglich, mit wenigen guten Zeugen und unzweideutigen Beweisen, und läßt die schwachen und zweideutigen bei Seite. Mißverständnisse werden durch ein paar Worte vorweg beseitigt, während sie in der schriftlichen Inquisition sich fixiren und weitläufige Verhandlungen veranlassen. Für einen Indicienbeweis treten die schlüssigen Elemente in der contradictorischen Verhandlung sogleich hervor; zweideutige Nebenmomente, in die sich schriftliche Protokolle und Anklageacten mit Vorliebe verlaufen, werden gar nicht aufgenommen. Nicht erschöpfende Verhandlung, sondern eine Information etwa in dem Umfang einer kurz motivirten Anklageacte ist der leitende Gesichtspunkt. Die Verhandlung in dieser Gestalt giebt aber ein wirkliches Bild des relativen Eindrucks, den die mündliche Verhandlung des Hauptverfahrens gewähren wird, während eine schriftliche Inquisiton die Elemente so stückweis, farblos, zusammenhanglos heranbringt, daß der Combination der weiteste Spielraum bleibt, und die Anklageacte sich nur zu leicht in untergeordnete, unzuverlässige Punkte und Nebenindicien vertieft, die sich im Hauptverfahren als unnütz und nachtheilig erweisen.

Die Gesammtheit dieser Geschäftsformen hat sich seit Menschenaltern zu einer sicheren Praxis entwickelt, welche 1848 in der englischen Voruntersuchungsordnung codificirt wurde. Das Verfahren ist gleichartig dem summarischen Untersuchungsverfahren bei Polizeiübertretungen, welches 1848 ebenfalls codificirt ist. Die Artikel beider Gesetze stimmen großentheils wörtlich überein. Es herrscht also dabei der Grundgedanke, daß das Voruntersuchungsamt, (soweit es die Lage der Sache zuläßt), ebenso verfahren soll wie der Polizeirichter in seinem Verfahren wegen Uebertretungen. Der Unterschied liegt im Schluß, der im summarischen Proceß ein Strafurtheil, im Voruntersuchungsproceß ein Ueberweisungsbeschluß ist.

Fragt man, ob der Grundsatz des „ehrlichen Processes" nicht auch auf deutsche Verhältnisse anwendbar sei, so erhält man regelmäßig die Antwort: alle diese Dinge paßten wohl für englische und amerikanische Verhältnisse, nur nicht für Deutschland. Hier seien nur die echt deutschen Proceduren der police judiciaire, des ministère public, der chambre de conseil, der chambre d'accusation, des pouvoir discrétionaire, des examen, der Requisitorien, der plaidoyers u. s. w. anwendbar, wie wir sie heute unter deutschen Namen anwenden.

Der deutsche Entwurf hat zwar die Möglichkeit und Wichtigkeit einer anderen Formation keinesweges verkannt, und widmet ihr so viel Aufmerksamkeit, um das ganze englische Gesetz über das Voruntersuchungsverfahren in deutscher Uebersetzung beizufügen. Dem Resultat nach aber scheint er die Vorstellung zu theilen, daß daraus überhaupt nichts für Deutschland Anwendbares zu entnehmen sei.

Zunächst geht der Entwurf von der folgenreichen, aber unbegründeten Vorstellung aus, diese Voruntersuchung habe nur den Zweck, dem Friedensrichter ein Urtheil darüber zu ermöglichen, ob genügender Grund vorliege, das Erscheinen des Beschuldigten vor dem erkennenden Gericht durch Haft oder Bürgschaft zu sichern (D. Motive S. 113). Es war dies buchstäblich richtig vor 300 Jahren, als die ersten Verordnungen darüber ergingen (Gneist, „Geschichte des Selfgovernment" 1863. S. 307.); seit vielen Menschenaltern ist aber der Zweck der Voruntersuchung derselbe wie bei uns.

Sodann ist aus einer bloßen Uebersetzung einer englischen Parlamentsacte mit Citaten aus einem englischen Compendium (Stephen) es überhaupt unmöglich, ein Urtheil über die für uns praktischen Fragen zu gewinnen. Die englischen und amerikanischen Einrichtungen sind etwas schwerfällig und weniger handlich, als Uebersetzungen französischer Gesetze. Es bedarf dabei mehrfacher Erläuterungen über Zusammenhang des Voruntersuchungsamts mit dem Geschäftsgange der Polizei (Gneist, „Selfgovernment" 3. Aufl. §. 38—40. 81. 82.). Es würde dann sehr wohl verständlich geworden sein, wie die examinations, die unserem protokollirenden juge d'instruction als eine zusammenhanglose Summe von Einzelacten, Requisitionen und Correspondenzen erscheinen, sich dort als ein zusammenhängendes summarisches Verfahren gestalten. Das für den schreibenden Inquirenten nicht sogleich Erkennbare beruht auf dem Zusammenwirken der Personen und in der Maxime der offenen Vorlegung der Beweise.

Es ist auch gewiß begründet, daß wir in Deutschland keine Friedensrichter, prosecutors, grand jury nachbilden können, sowenig wie wir die französischen Codes hätten übertragen sollen. Daß keine einzige englische Institution als solche auf Deutschland übertragbar ist, hat gerade der Verfasser dieser Schrift im Einzelnen nachgewiesen. Es bestehen die durchgreifenden Unterschiede zwischen den dortigen und unseren Verhältnissen: aber diese Unterschiede bestehen darin, daß ganz andere und viel solidere Unterlagen für eine geordnete Voruntersuchung mit dem Character eines fair trial in Deutschland vorhanden sind. Die Unterschiede sind:

1) Daß wir überall ein geschultes Localrichteramt haben, welches sowohl in dem Geschäftslocal des Einzelrichters (Amtsgerichts), wie in dem Voruntersuchungslocal des Kreisgerichts (Landgerichts) alle Garantien eines geordneten mündlichen Verfahrens darbietet. Bei den Landgerichten und ihrem Voruntersuchungsamt in etwas größeren Städten concentrirt sich ohnehin die größere Masse der Voruntersuchungen auch wegen Vergehen. Es liegt kein Wagniß in der Annahme, daß diese Richter mit ihren Actuarien mehr leisten können, als Friedensrichter mit halbgebildeten Schreibern.

2) Wir haben ein gleich tüchtiges Personal von Staatsanwälten und Substituten, die ihre Geschäftsstunden sehr wohl in das Voruntersuchungsamt verlegen, Zeugen verhören, Anträge stellen und mündliche Anweisungen an Polizeibeamte ebendaselbst ertheilen können. Diese Weise der Verhandlung wird sehr viel leichter vor sich gehen als dort, wo die Friedensrichter alle Verhöre und Anweisungen selbst übernehmen müssen.

3) Wir haben am Hauptort der künftigen Voruntersuchungsämter (Landgericht) ein Barreau von Anwälten, welches sich der Vertheidigungspraxis widmet, und können in Ermanglung solcher auch leichtere Bedingungen für die Voruntersuchung stellen, ohne gerade (wie in England und Amerika) bloße Schreiber zuzulassen. Es kommt hier hauptsächlich auf die Möglichkeit eines Rechtsbeistandes an. Wo es daran fehlt, hat der Voruntersuchungsrichter selbst für die materielle Defension zu sorgen, ebenso wie der Friedensrichter es täglich thut, und der deutsche Untersuchungsrichter es jederzeit hat thun sollen.

4) Für Anklagebeschluß und Anklageformel haben wir ein geschultes Personal von Staatsanwälten, die sofort nach dem Schluß der mündlichen Verhandlung ihre Anträge formuliren können. Der formulirte Verweisungsbeschluß kann dann sofort vom Untersuchungsrichter erlassen werden (wie in England vom Polizei- oder Friedensrichter) mit Vorbehalt eines beschränkten Rechtsmittels.

Die Verhältnisse liegen also in **Deutschland** allerdings sehr **verschieden**: aber sie liegen so, um eine Sicherheit und Präcision des Verfahrens in ganz anderer Weise erreichen zu können, als dies in anderen Ländern möglich gewesen ist. Es bedarf dazu nur der Veränderung einiger Amtsgewohnheiten, d. h. einer **gesetzlichen Nöthigung** für Untersuchungsrichter, Staatsanwalt und Polizeiinspector, sich an einem Ort zusammen zu finden und zur mündlichen Verhandlung mit einander zu gewöhnen, — anstatt aus 3 Bureaus einander zu schreiben. Alle bisherige Verbesserung unseres Hauptverfahrens beruht lediglich darauf.

Das Voruntersuchungsamt wird dann der **Mittelpunkt**, von welchem aus die Gerichtspolizei ihre Direction erhält, zunächst durch den Staatsanwalt, — in mündlicher Communication mit dem Voruntersuchungsrichter einerseits, — mit dem Polizeipersonal andererseits.

Die öffentliche Voruntersuchung ist und bleibt der Hauptsache nach eine „**Voruntersuchung**", d. h präparatorische Feststellung der Hauptmomente des Beweises für das künftige Hauptverfahren unter Direction des Richters. Aber sie gewinnt eine theilweise contradictorische Gestalt durch die Gegenwart des Staatsanwalts und des Angeschuldigten (Defensors), durch das beiderseitige Recht des Verhörs der Zeugen 2c., der Anträge, der Erläuterungen. Sie gewinnt eben damit eine zusammenhängende Gestalt, analog dem summarischen Proceß bei Uebertretungen. Sie gewinnt die nothwendige Kürze durch das persönliche Zusammenwirken in mündlicher Verhandlung. Sie gewinnt eben damit auch die **Vorbedingungen der Oeffentlichkeit**.

Unser rechtsgebildetes Richteramt, unsere Staats- und Rechtsanwaltschaft geben dem mündlichen Verfahren eine völlig andere Grundlage, um welche die Länder jenseits des Oceans uns beneiden würden, die aber eben nur in Deutschland zu schaffen ist, als Folge der Decentralisation des Gerichtswesens. In Voruntersuchungen beim **Amtsgericht** genügt zur Vertretung der Anklage auch unser Polizei- oder Amtsanwalt, der sehr viel leistungsfähiger sein wird, als der amerikanische Districts-Attorney. Ist der Staatsanwalt einmal nicht zugegen, so procedirt der Voruntersuchungsrichter ex officio (wie er es in England und Amerika fast immer selbst thun muß).

Von dem Verfahren zur **Feststellung des Thatbestandes** gehört in das öffentliche Voruntersuchungsamt jedenfalls die Feststellung der Identität der Personen. Unser gewohntes gründliches

Verfahren kann ebenso gut in öffentlichen Terminen, wie hinter verschlossenen Thüren vor sich gehen. Für die Leichenschau können besondere geeignete Locale bestehen, für die Section und technische Specialuntersuchung ein abgesondertes Verfahren (wie auch in England und Amerika).

Der Erlaß des Anklagebeschlusses gestaltet sich zu einem einfachen Act des Voruntersuchungsrichters auf Antrag des gegenwärtigen Staatsanwalts. Der Einzelrichter, auf Grund der vollen mündlichen Verhandlung, ist dazu geeigneter, als ein Collegium auf ein lückenhaftes Actenreferat. Er ist dazu ebenso geeignet, wie der englisch-amerikanische Friedensrichter, sobald er nicht mehr die Obliegenheiten eines Specialinquirenten hat, also die nöthige Unbefangenheit bewahrt. Der Beschluß wird meistens pro petito des Staatsanwalts lauten; bei Meinungsdifferenz mag dieser Berufung einlegen. Ebenso der Angeklagte, wenn er auf die Gefahr, seine Untersuchungshaft um 8—14 Tage zu verlängern, die Berufung binnen 3 Tagen einlegen und durch einen Rechtsanwalt vor der Anklagekammer mündlich ausführen lassen will. Findet der Staatsanwalt bei ruhiger Ueberlegung, daß die am Schluß der mündlichen Verhandlung redigirte Anklage, vielleicht in einiger Eile gefaßt, noch einer Amendirung bedarf, so genügt es, daß er dieselbe zur Bestätigung dem Landgerichte einreicht, und daß dabei dem Angeschuldigten ein Adhäsionsrecht gewährt wird. Dasselbe genügt im Falle nachträglich auftauchender nova. Erscheint keine Aenderung des Anklagebeschlusses nöthig, und wird von keiner Seite dagegen Beschwerde erhoben, so bedarf es nur einer Beifügung der Gründe, — und die Anklageacte ist fertig zum Uebergange in das Hauptverfahren*).

---

*) Die Lücken, welche das englische Vorverfahren läßt, würde man dort längst ausgefüllt haben, wenn das Personal dafür ausreichte. Zuweilen kommen erhebliche nova zwischen dem Ueberweisungsbeschluß (commitment) und dem Audienztermin vor Allein die Friedensrichter sträuben sich gegen nachträgliche Beweisaufnahmen, wenn ihre Examination einmal geschlossen ist. Der Ueberweisungsbeschluß der Friedensrichter enthält ferner zwar schon die Angabe des Vergehens; es fehlt aber die correcte Formulirung nach Kanzleistyl, mit welcher der Friedensrichter in Ermangelung eines Staatsanwalts nicht zu Stande kommen kann. Man muß daher diese Formulirung einem darin geübten Bureaubeamten des Criminalhofes oder dem Anwalt des prosecutor überlassen. Es fehlt ferner die Möglichkeit eines Berichtigungsverfahrens, wenn es sich zeigt, daß schon bei Beginn der Hauptverhandlung die Anklageformel nicht paßt. Dieser letzte Uebelstand namentlich macht die Einführung der Staatsanwaltschaft in England unvermeidlich.

Warum mit unserem geschulten Personal das mündliche Verfahren nicht eben so sicher und präcise geführt werden sollte, wie mit einem dilettantischen Personal in anderen Ländern ist in der That unerfindlich. Und ebenso wenig ist ersichtlich, warum unter den persönlich zusammenwirkenden Factoren die Sache nicht ebenso gut im ersten, zweiten oder dritten Termine beendet sein sollte, wie dort; denn die Natur des Stoffes und der Verhandlung ist dieselbe. Man braucht aber zur mündlichen Verhandlung durchschnittlich nur soviel Tage und Wochen, wie in der schriftlichen Voruntersuchung Wochen und Monate*).

Erst nachdem durch die Mündlichkeit des Vorverfahrens einige Bureaugewohnheiten überwunden sein werden, läßt sich die Frage des Kreuzverhörs grundsätzlich in Erwägung ziehen.

Es ist die Frage, ob nicht eine sachgemäßere Arbeitstheilung zwischen dem deutschen Richteramt, dem Staatsanwalt und dem Defensor möglich ist, als die altfranzösische Theilung zwischen dem judex und dem promotor inquisitionis. Unser Richterpersonal hat bereits die Zahl von vier Tausend überschritten. Die größten Gerichte haben eine monströse, auf die Dauer unmögliche Gestalt erhalten. Und dabei ist das Richteramt an jedem Punkte überbürdet, die Staatsanwaltschaft nicht genügend und nicht bedeutungsvoll genug beschäftigt.

Ist denn die persönliche Aufnahme aller Beweise an sich eine richterliche Thätigkeit? Die Antwort giebt am sichersten die geschichtliche Entwicklung unseres Verfahrens; denn diese Geschichte ist der Ausdruck des naturgemäßen Verhältnisses. Alle mündliche Gerichtsverhandlung betrachtet die Beweisführung von Hause aus

---

*) Eine amtliche Statistik über die Dauer der Voruntersuchungen besteht so wenig in England wie in Deutschland. Ich kann dabei nur eine durchschnittliche Schätzung geben, aus etwa tausend Straffällen, deren Verhandlung ich im Laufe der Zeit persönlich beigewohnt habe. Eine unrichtige Vorstellung von der Dauer kann entstehen, wenn die Anlagen des Deutschen Entwurfs eine Stelle aus Burn's Justice citiren, in der gesagt wird, daß die Verhandlungen vor einem londoner Polizeigericht bis zum Anklagebeschluß „in vielen Fällen länger als zwanzig Tage dauern". Wo die Voruntersuchungen, wie in London, nach Zehntausenden zählen, kommen natürlich auch solche Fälle vor, und es giebt dort, wie bei uns, Monstreprocesse, in denen die Voruntersuchung Monate dauern kann (wie sie bei uns Jahresfrist überschreiten kann).

als Parteihandlung. Der germanische Proceß, sobald er auf Zeugenverhöre und rationelle Beweismittel eingeht, giebt den Parteien das Selbstverhör. Selbst der canonische Proceß hat die Rechtssitte nicht geändert. Noch im heutigen gemeinen Civilproceß werden die Zeugen auf die Beweisarticul des Producenten verhört, auf die Interrogatoria des Producten kreuzverhört. Nur ist die Parteithätigkeit erstarrt in der Steifheit der schriftlichen Form.

Im Strafproceß wurde diese Parteithätigkeit allmälig aufgehoben durch den Inquisitionsproceß, welcher dem Untersuchungsrichter die ganze Last der Beweisung aufbürdet. In Ermangelung eines geeigneten Anklageorgans war damit die Sache wenigstens in die zuverlässigsten Hände gelegt. Dem unparteiischen Richter wurde nun auch ein Verhör zu Gunsten des Angeklagten als „materielle Defension" zur Pflicht gemacht. Das deutsche Richteramt hat die erdrückende Doppelstellung nach besten Kräften auszufüllen gesucht.

Soll im Anklageproceß endlich eine Trennung der schwer vereinbaren Functionen stattfinden, so ist es gewiß natürlich, dem Ankläger die Production des Anklagebeweises, dem Defensor die Production des Vertheidigungsbeweises, beiden Theilen das Gegenfragerecht wieder zu geben. Unsere Staats- und Rechtsanwaltschaft besitzt unzweifelhaft die Fähigkeit zur Selbstübung dieser Geschäfte; und der Richter, welcher bisher das ganze Geschäft geführt hat, wird um so unzweifelhafter befähigt sein, eine Controle und Ergänzung der Parteithätigkeit zu übernehmen.

Das Hinderniß der ganzen Reform an dieser Stelle lag einerseits in der Amtsgewohnheit; man hatte im Anfange noch ein Gefühl der Unsicherheit, ob die neu zu bildende Staatsanwaltschaft Verhöre mit Sicherheit leiten, ob die Rechtsanwaltschaft den rechten Gebrauch vom Fragerechte machen werde. Andererseits wollte man auf das Specialverhör, „auf die Vortheile eines gerichtlichen Geständnisses nicht verzichten" (D. Motive S. 154). So lange man den Beruf des Richteramts in einem „Inquisitionsplan" findet, ist eine Aenderung jenes Verfahrens allerdings ohne Aussicht.

Beide Gründe tragen sich aber wechselseitig: fällt der eine, so fällt auch der andere.

Verzichtet man in der Voruntersuchung, wie im Hauptverfahren auf die Specialinquisition, so machen sich die natürlichen Forderungen einer mündlichen contradictorischen Verhandlung mit zwingender Konsequenz geltend. Anklage und Vertheidigung kommen dann immer mehr zum Bewußtsein, daß im Civil- wie im Strafverfahren die Selbstthätigkeit der Parteien das allein Richtige ist, wie sich in dem Worte „Production" die Erinnerung daran unwillkürlich erhalten hat. Diese Selbstthätigkeit, die Mündlichkeit und die Oeffentlichkeit bilden ein zusammenhängendes Ganze, in welchem sich die Rückkehr zur Theilnahme am Staate auch auf dem Boden der Rechtspflege bethätigt.

Die Vorzüge eines selbstthätigen Eintretens der Parteien in die Beweisaufnahme sind in der „Theorie" schon seit langer Zeit geltend gemacht. Man hat versucht, unser Justizpersonal zu überzeugen, daß die Sache auch in der Praxis sich vortrefflich gestalten werde. Diejenigen, welche das Kreuzverhör aus eigner Anschauung kannten, geben ihm unbedenklich den Vorzug vor dem Präsidentenverhör*).

Die praktischen Vorzüge sind folgende drei. Erstens: Das Kreuzverhör ist eine der gründlichsten und eingehendsten Weisen der Beweisaufnahme überhaupt, insbesondere für Zeugen und Sachverständige. — Staatsanwalt und Vertheidiger kennen die starken und die schwachen Seiten des Beweises in der Regel besser, als der Präsident solche aus den Voruntersuchungsacten entnehmen kann. Beide haben das lebendigste Interesse, den Beweis für ihre Anträge scharf und erschöpfend aus der Zeugenaussage herauszuziehen; umgekehrt die Zweifel und schwachen Seiten des gegnerischen Beweises durch die Kunst des Fragerechts hervorzukehren, die Wahrheitsliebe und die Gedächtnißtreue, die Beobachtungsgabe und die Fähigkeit, die Unsicherheiten und die Widersprüche auf den Probierstein zu bringen. Auch dem Sachverständigen kann eine solche Probe ohne Nachtheil für die Sache, oft zum großen Vortheil derselben, sehr wohl zugemuthet werden. Die Individualität des Zeugen und Sachverständigen tritt in der zweiseitigen Befragung sehr viel schärfer hervor, als bei der einseitigen durch den Präsidenten. Zweifel gegen die Fähigkeit und Unbefangenheit des Zeugen kommen nur durch das Kreuzverhör wirklich erschöpfend zur Geltung, während die schematischen Generalfragen des Präsidenten in ihrer monotonen Weitläufigkeit den wirklich vorhandenen schwachen Punkt oft nicht treffen, und mit einem kurzen Nein! beant-

*) Vergl. z. B. die eingehende Darlegung von Sundelin: „die Staatsanwaltschaft" S. 122 ff. und im Gerichtssaal XI. S. 101 ff. v. Stemann in Goltdammer's Archiv VIII. S. 47. und in den Verhandlungen des D. Juristentags 1873. S 1—40 u. A.

wortet werden. Alle Rechtsverständigen Deutschlands, welche das Kreuzverhör praktisch kennen, sind voll der Anerkennung dieses Vorzugs. — Es ist dabei nur ein Bedenken, welches jetzt in Amerika so stark hervortritt, daß amerikanische Juristen unsere Präsidentenverhöre vorzuziehen anfangen. Die Licenz der amerikanischen Advocatur mißhandelt die Zeugen im Kreuzverhöre und verschiebt nicht selten den Beweis durch captiöse Fragen. Allein unserer wie der englischen Advocatur sind solche Mißbräuche als Regel fremd. Es genügt dagegen die Befugniß des Präsidenten, jeder Zeit gegen chicanöse, verwirrende, verletzende Fragen beschwichtigend und controlirend einzutreten. Um aber diese Controle sicher wirksam zu erhalten, ist es nothwendig, dem Präsidenten die Befugniß zu bewahren, das Verhör jeder Zeit selbst fortzusetzen und selbst zu führen, mit Vorbehalt ergänzender Parteifragen, welche dann wieder am Schluß eintreten.

Der zweite Vorzug des Kreuzverhörs ist die unvergleichliche Lebendigkeit des Eindrucks, welchen diese Verhöre auf Geschworene zurücklassen. Eine contradictorisch erhobene Beweisung prägt sich ganz anders dem Zuhörer ein als die immer etwas monotone amtliche Vernehmung durch den Vorsitzenden. Durch die Fragkunst, welche die allgemeine Behauptung in ihre Bestandtheile zerlegt, Thatsachen und Schlußfolgerungen trennt, — durch die ernsten, wie durch die scherzhaften Zwischenfälle des Kreuzverhörs — richtet sich eine intensive Aufmerksamkeit ebenso auf die Individualität, wie auf die Aussage des Verhörten. Die Geschwornen hören gespannt, oft mit einer gewissen Aengstlichkeit den Proben zu, denen der Zeuge unterworfen wird. Schließlich aber wird das Zeugniß seinem Werthe nach so festgestellt und abgeschlossen, daß jeder Versuch, es später durch die Parteireden wieder in Frage zu stellen, vergeblich wäre und daher auch unterlassen wird. Die Beweisaufnahme wird damit zum Schwerpunkt der Hauptverhandlung, das Fragerecht wird zur Hauptwaffe der Anklage, wie der Vertheidigung. Die Kräfte der Anklage wie der Vertheidigung finden darin ihre volle Verwerthung. Die Parteireden, welche der französische Proceß zur Hauptsache macht, werden zur Nebensache. Die Klarheit und Präcision der Beweisaufnahme, welche die erste Bedingung für die Urtheilsprechung von Laien ist, hat ihre Lebenswurzel im contradictorischen Verhöre. Die Kürze und Objectivität der Verhandlungen, die in England und Amerika das Schwurgericht mit Sicherheit walten läßt, beruht wesentlich auf jener Weise der Verhandlung.

Der dritte Vorzug ist die unbefangene Stellung des Präsidenten, welche hier in ganz anderer Weise gewonnen wird, als da, wo man den Präsidenten mit der stunden- und tagelangen Arbeit des Inquirenten überhäuft, und ihm dabei Staatsanwalt und Defensor als Controleure setzt, ohne zu fühlen, daß das schickliche Verhältniß nur das umgekehrte sein kann. Der Präsident tritt hier stets nur ergänzend, controlirend, Streitpunkte entscheidend in die Verhandlung ein, behält die Ruhe und Muße, den Gang der Verhandlungen zu überwachen, und die rechte Stimmung für ein objectives und unbefangenes Resumé der von ihm notirten Punkte. Der richterliche Beruf der Proceßleitung, der Rechtsanwendung und der Strafzumessung bleibt rein erhalten, wo man dem Präsidenten es erspart, als Agent der Inquisition in stetige Contestationen mit allen Betheiligten zu treten, und zuletzt die Resultate seiner eignen Inquisitions-Thätigkeit zu resumiren. Es bedarf dann kaum noch einer gesetzlichen Vorschrift darüber, daß es nicht der Beruf des Präsidenten ist, durch ein geschicktes Specialverhör Geständnisse zu gewinnen. Das Richteramt in dieser Stellung fühlt von selbst keinen Beruf, das Verhör über seinen rechtlichen Zweck auszudehnen. Der Grundsatz: „Nemo tenetur se accusare" kommt schon durch die Praxis des Kreuzverhörs zur Geltung.

Diese Vorzüge würden kaum eines Fürsprechers bedürfen, wenn wir Gelegenheit gehabt hätten, sie praktisch kennen zu lernen. Allein das preußische Gesetz ist völlig unpraktisch geblieben, da es das Kreuzverhör von einer Vereinbarung unter den Parteien abhängig macht. Man betrachtete bei der Revision der preußischen Strafproceßordnung das damals (von Professor Keller) vorgeschlagene Kreuzverhör als ein ganz ungewohntes, gefährliches „Experiment", zu welchem man die Zustimmung der Parteien haben müsse. So hing man ein Bleigewicht daran, welches die Bestimmung unpraktisch machte. Denn, wenn eine Partei die Anwendung eines ungewöhnlichen Verfahrens verlangt, so entsteht bei der Gegenpartei stets der Verdacht, daß man etwas Besonderes im Schilde führe. Es ist mir nicht bekannt, ob die Staatsanwaltschaft jemals in ein von dem Defensor verlangtes Kreuzverhör eingewilligt hat; ebensowenig, ob der Antrag jemals von einem Staatsanwalt gestellt worden, und ob etwa zeitweise innerhalb der Staatsanwaltschaft Instructionen auf Ablehnung des Kreuzverhörs gegeben worden sind. Thatsache ist es, daß das preußische Gesetz ein todter Buchstabe geblieben, woraus sich dann der scharfsinnige Schluß ziehen ließ, daß es „unpraktisch" sei.

Der Deutsche Entwurf ist dieser Ansicht nicht, vielmehr geneigt, gewisse Vorzüge des Verfahrens anzuerkennen. Er trägt aber Bedenken, es als Regel einzuführen: erstens, weil die Vernehmung der Zeugen in der Hauptverhandlung keineswegs eine „nothwendige Folgerung aus der Anklageform" sei; zweitens, weil nur in einem Bruchtheile der Strafsachen die bei dem Kreuzverhöre nothwendige Mitwirkung des Vertheidigers stattfinde. (D. Motive 167.) Das erste Bedenken ist indessen nur ein theoretisches; denn unser Strafverfahren ist nicht dazu bestimmt, irgend ein bestimmtes (französisches) Princip auszuführen, sondern die Anklageform ist um der Bedürfnisse des Processes willen da. Das zweite Bedenken beruht auf einem Mißverständnisse. In den Ländern des Kreuzverhörs tritt im Hauptverfahren der Angeklagte sehr häufig ohne Defensor, im Vorverfahren meistens ohne Defensor auf. Die Centralisation der Justiz bringt es sogar mit sich, daß es in England rechtsgelehrte Defensoren nur bei den Assisen geben kann. Die mittleren Straffälle bei den Quartalsitzungen müssen sich mit einem subalternen Anwaltspersonal begnügen. Für die Voruntersuchung steht in der Regel nur das Personal der kleinsten solicitors (mit der Bildung eines Winkelconsulenten) zu Gebote. Eine nähere Bekanntschaft mit dem Gange des Kreuzverhörs würde jenes Bedenken vollständig erledigt haben.

Der Entwurf hat jedenfalls den redlichen Willen, einen Schritt weiter zu kommen. Das Kreuzverhör soll auf Antrag der einen oder der andern Partei eintreten. Wenn beide Parteien übereinstimmend es beantragen, so muß der Präsident darauf eingehen; wenn ein Theil es beantragt, so kann er darauf eingehen (Commiss. Motive 124). Es soll damit dem Kreuzverhöre ein möglicher Boden geschaffen werden, um seine Tüchtigkeit in Concurrenz mit dem älteren Verfahren zu bewähren.

So anerkennenswerth dieser Fortschritt ist, so wird er doch in dieser Nebeneinanderstellung zu erheblichen Mißständen führen.

1) Die vorbehaltene Zustimmung des Präsidenten beruht zunächst auf keiner praktischen Nothwendigkeit, da im Falle eines Mißbrauchs der Präsident jederzeit interveniren und das Fragerecht selbst handhaben kann. Der Commiss. Entwurf §. 201 giebt dem Präsidenten alle darauf bezüglichen Befugnisse, wie dies auch der alten Praxis der Kreuzverhöre ent-

spricht. In dem concurrirenden Fragerecht des Präsidenten liegt auch die Befugniß, das Verhör seinerseits zu übernehmen, — und dies Verhältniß von Regel und Ausnahme ist das naturgemäßere.

2) Das Verfahren des Entwurfs behält die fehlerhafte Gestalt eines Ausnahmeverfahrens. Beantragt es die eine Partei, so erregt es das Mißtrauen der anderen. Verständigen sich beide Parteien, so erscheint es wie ein Mißtrauen gegen den Präsidenten. Gerade dies ergiebt die bisherige Erfahrung unzweifelhaft.

3) Alle betheiligten Factoren: Präsident, Ankläger, Defensor müssen vorweg wissen, wie sie sich zu informiren, worauf sie sich einzurichten haben. Ist der Präsident vollständig vorbereitet, und sieht er sich durchkreuzt durch einen unerwarteten Antrag der Parteien, so ergiebt dies eine Mißstimmung, zuweilen Verwirrung. In derselben Lage befinden sich Staatsanwalt und Defensor. Man muß sich für die eine oder die andere Einrichtung entscheiden. Alternative Geschäftsformen machen jedes Proceßverfahren unsicher.

Der stille Grund des Widerstrebens ist und bleibt nun einmal das Festhalten an der Specialinquisition als Grundlage des Hauptverfahrens. Soll das Präsidium mit diesem Specialverhöre des Angeklagten als seiner Hauptaufgabe den Audienztermin beginnen, so bleiben naturgemäß auch alle folgenden Verhöre, im Anschlusse daran, in der Hand des Präsidenten vereinigt. Und ebenso verhält es sich umgekehrt. Nach ehrlichem Aufgeben jener Maxime werden die sog. praktischen Bedenken wie ein Nebel verschwunden sein. Das Specialverhör ist die Achse der ganzen Reformfrage schon seit einem Vierteljahrhundert.

Fällt das Specialverhör weg, so geht die Voruntersuchung sogleich über in die directe Vorlegung der Anschuldigungsbeweise und das rechtliche Gehör des Angeschuldigten darüber.

Fällt jene Specialinquisition weg, so geht das Hauptverfahren sofort über in die Vorlegung der Anklagebeweise und das rechtliche Gehör des Angeklagten darüber, und setzt sich fort in einen Vertheidigungsbeweis und das rechtliche Gehör des Staatsanwalts darüber.

Muß die Staatsanwaltschaft endgültig verzichten auf jene Specialbefragung, so hat sie um so mehr die Veranlassung und das Recht, den Anklagebeweis nach ihrem System zu produciren und auszunutzen, und die Erfahrung lehrt, daß sie durch das eigne

Verhör eine scharfe und wirksame Waffe gegen den Schuldigen besitzt.

In gleicher Lage ist die Vertheidigung. Sie ist von Anfang an auf das Gegenfragerecht als ihre Hauptwaffe verwiesen und in weiser Selbstbeschränkung veranlaßt, einen selbständigen Defensionalbeweis nur dann anzutreten, wenn sie ebenso unzweideutige Gegenbeweise bringen kann wie die Anklage.

In dieser Lage wird die selbstthätige Beweisaufnahme ebenso zum Ehrenpunkt wie zum Bedürfniß der Parteien. Sobald die Beweisverhandlung als der eigentliche Gegenstand in den Vordergrund tritt, wird unsere Staatsanwaltschaft wie unsere Rechtsanwaltschaft das selbstthätige Verhör selbst verlangen, und sich rasch damit befreunden. Es handelt sich nur darum, beiden Theilen ernstlich das zuzumuthen, was sie mit Sicherheit leisten können. Es liegt in dieser Entlastung des Richteramts kein gefährliches „Experiment", sondern (nach Wegfall der Specialinquisition) nur die Rückkehr zur naturgemäßen und altnationalen Weise der Beweisung.

In Erwägung dieser Verhältnisse ist der Juristentag in Hannover 1873 zu dem Beschluß gelangt:

daß im Strafverfahren das Kreuzverhör dem Verhör durch den Präsidenten vorzuziehen ist*).

Der Gang der Verhandlungen bei dem Juristentag hat aber nochmals den Beweis geführt, daß die Frage des Kreuzverhörs untrennbar ist von den Aufgaben der Specialinquisition, und daß alles Sträuben gegen das Kreuzverhör seinen Hintergrund in jener Vorfrage hat.

Die übrigen Bedenken sind ziemlich untergeordneter Art.

Man hat nicht ganz mit Unrecht hervorgehoben, daß der Angeschuldigte dem selbstverhörenden, redegewandten Staatsanwalt gegenüber sich in einer ungünstigeren Lage befinde, als unter dem Verhör des Präsidenten. Es ist das insoweit richtig, als der Schuldige vielleicht das Präsidialverhör vorziehen würde. Das Fragerecht des Anklägers ist eine sehr starke und wirksame Waffe: aber es ist eine rechtmäßige Gewalt, welche zur Repression des Verbrechens in Anwendung kommt. Man muß dabei im Auge behalten, daß nach Wegfall des Specialverhörs nur die contradictorische Beweisaufnahme übrig bleibt, und daß auch der Staats-

*) Siehe das vorbereitende Gutachten des Regierungsraths v. Stemann in den Drucksachen des D. Juristentags 1873 I. S. 3—41; die Verhandlungen der III. Abtheilung S. 137—160; die Verhandlungen im Plenum S. 323—327.

anwalt dem Zeugen nicht mehr abfragen wird als er weiß. Ebenso scharf ist sodann die Gegenwaffe des Vertheidigers, wenn wirkliche Vertheidigungsgründe und glaubhafte Vertheidigungsbeweise vorliegen. Nur mit Redekünsten allein ist wenig auszurichten, wo die Partei unmittelbar vor die „brutale Gewalt der Thatsachen“ d. h. vor ein directes, schlüssiges Beweismittel gestellt ist. Das aber eben ist die rechte Form eines Strafverfahrens mit starken Mitteln für Schuld und Unschuld. Die Unbeholfenheit eines Angeklagten, ohne Defensor, oder die Ungleichheit der Befähigung seines Defensors, ist auszugleichen durch das Fragerecht des Präsidenten, dessen Beruf zur materiellen Defension, dessen nobile officium überhaupt durch das Kreuzverhör unverändert bleibt, dessen Aufmerksamkeit sich gerade erst dann wirksam der Ausgleichung der Kampfmittel zuwenden kann.

Im Zusammenhange damit erledigt sich das vermeintliche Hauptbedenken: das Kreuzverhör setzte die Bestellung von Defensoren in allen Sachen voraus. Wenn daher solche (in jährlich 100,000 Untersuchungssachen) auf Kosten der Parteien nicht zu beschaffen seien, werde der Staat die Gebühren zu bezahlen haben. Man hat dabei eine dramatische Vorstellung vom Kreuzverhör, welches der Wirklichkeit nicht entspricht. Ein solcher Defensionalzwang besteht nirgends, und kein Staat würde die Mittel dafür aufbringen können. In England und Amerika erscheint in der großen Mehrzahl der Voruntersuchungen der Angeschuldigte ohne Rechtsbeistand, und die Mehrzahl der Vertheidiger sind solicitors sehr untergeordneten Ranges. Oder ist die Lage unseres Angeklagten ohne Defensor etwa besser, wenn er einem inquirirenden Präsidenten und einem mitinquirirenden Staatsanwalt gegenübersteht? Unsere Verhältnisse liegen gerade in jener Beziehung günstiger, da sich die Mehrzahl der Voruntersuchungen in den mittleren und größeren Städten concentrirt, wo künftig unsere größeren Landgerichte ein Barreau von Advokaten haben werden. Mit der Selbstthätigkeit des Defensors wächst auch die Neigung zur Uebernahme des Amts. Für die von den Amtsgericht.n geführten unbedeutenden Voruntersuchungen genügen Defensoren von einer geringeren geschäftlichen Bildung. Dies Personal wird durchschnittlich immer noch besser sein als dasjenige, mit welchem die Länder der öffentlichen Voruntersuchung arbeiten. Die Nachfrage nach Rechtsbeiständen ist speciell in der Voruntersuchung übrigens geringer, als man voraussetzt. Das Entscheidende für den Angeschuldigten ist die offene Vorlegung der Beweise in seiner Gegenwart, und die Befugniß, sich mit dem Rechtsbeistand zu berathen. In der Mehrzahl einfacher Sachen ist für den Defensor wirklich wenig zu sagen und noch weniger zu thun. Sehr gewöhnlich verhält sich daher auch der englische Rechtsbeistand in der Voruntersuchung schweigend. Das materielle Interesse der Defension nimmt der gegenwärtige Voruntersuchungsrichter wahr, und in dem Hauptverfahren der Präsident, — ebenso, wie er es im deutschen Processe seit Jahrhunderten thut. Der Unterschied ist nur der, daß der dortige Assisenpräsident — entlastet von der Hauptarbeit der Specialinquisition und des Anschuldigungsbeweises — mehr Zeit und Ruhe hat, an das Interesse des Angeschuldigten zu denken. Man hat deshalb in dem Mangel eines Defensors kaum einen fühlbaren Uebelstand gefunden. Jenes Bedenken rührt zum Theil auch wohl von Gewohnheiten des Civilprocesses her. Man denkt beim Kreuzverhör an zwei perorirende Advokaten, während die contradictorische Verhandlung der Beweise sich einfacher gestaltet und für die Beredtsamkeit wenig Raum bietet. Die Sache ist so einfach, daß Angeschuldigte das Kreuzverhör sehr häufig selbst vollkommen sicher und mit Erfolg vornehmen. Die Erhebung eines selbständigen Defensionalbeweises kommt in der contradictorischen Beweisverhandlung überhaupt seltener vor, weil man aus alter Praxis weiß, wie gar viel ein schwächlicher oder zweideutiger Defensionalbeweis schadet. Auch diese wenig zeitraubende Function kann das nobile officium des Richters leicht übernehmen, wie es von Alters her geschieht. Wenn unsere Richter nur eine kurze Zeit die Berufsthätigkeit ihrer Collegen in den Ländern des Kreuzverhörs in Augenschein nehmen wollten, so würden sie sich überzeugen, daß der Assisenpräsident kaum ein Zehntheil von dem zu reden hat, was unserem inquirirenden Präsidenten obliegt, und daß innerhalb der controlirenden Thätigkeit reichlich die Zeit bleibt, auch einmal einen Defensionalzeugen selbst zu verhören, oder eine Defensional-Frage zu stellen. Haben bisher unsere Richter das unendlich schwerere Geschäft der ganzen Beweisaufnahme geführt, so werden sie auch den Bruchtheil der Arbeit übernehmen können und sich überzeugen, wie diese Function dem Richter so wohl ansteht, und welchen Antheil sie an der hochangesehenen und populären Stellung des Richteramts in jenen Ländern haben. The judge is the counsel of the prisoner, ist ein Satz auch des deutschen Processes, wird es in Zukunft bleiben, und schickt sich für den Richter viel besser als für den Staatsanwalt. — Es kommt dazu schließlich noch der jenen Ländern unbekannte

Vortheil, daß bei uns eine Mehrheit von Richtern zu Gericht sitzt und noch die weitere Möglichkeit gegeben ist, solche Geschäfte einem beisitzenden Richter zu delegiren, wie dies in einigen deutschen Gesetzgebungen (Braunschweig, Altenburg) bereits vorkommt.

Sehr unerheblich ist das weitere Bedenken, daß unsere deutschen Zeugen dem Kreuzverhöre nicht gewachsen seien, daß sie, von den Parteien hin und her gefragt, in Verlegenheit oder in Verwirrung kommen würden, daß sie zu einem trotzigen Benehmen oder auch zum persönlichen Streit mit der Staatsanwaltschaft oder der Vertheidigung verleitet würden. Es sind dies allgemeine Bedenken, welche man gegen die Oeffentlichkeit des Gerichtsverfahrens gehabt, aber nach längerer Erfahrung hat aufgeben müssen. Gegen captiöse und impertinente Fragen schützt ein wachsames Richteramt, welches im Kreuzverhör einzig diesen Ueberwachungsproceß übt. Noch nachhaltiger wirkt das Schicklichkeitsgefühl der Staats- und Rechtsanwaltschaft, welche durch ein würdeloses Verfahren ihrer Sache nur schadet.

Eben damit erledigen sich schließlich die Bedenken, welche man aus einzelnen Auswüchsen des Verfahrens auf Grund von Zeitungsmittheilungen erhebt. Sie beziehen sich weniger auf England als auf Amerika, ohne zu erwägen, daß die gesellschaftliche Stellung und Bildung unserer Staats- und Rechtsanwälte eine von der dortigen sehr verschiedene ist. Der Hintergrund des Unfugs, welcher dort auch im Kreuzverhör vorkommt, liegt in Mängeln des Justizpersonals, und in allgemeineren Uebelständen, die aus dem Culturleben einer sich neu bildenden Gesellschaft hervorgehen. Man gelangt zu einem völlig unpraktischen Urtheil, wenn man einzelne Rohheiten der Art hervorgreift und sie irgend einer Form zur Last legt. Die uns gewohnten Formen würden zu denselben — vielleicht zu sehr viel größeren Mißbräuchen führen, wenn man sie in die Umgebungen neuamerikanischer Civilisation zu versetzen suchte. Es wird genügen, daran zu erinnern, welche ungeheuerliche Folgen man von der freien Parteithätigkeit unserer Rechtsanwälte vorher gesagt und wieviel davon sich verwirklicht hat.

Es bleibt von allen vermeintlichen Bedenken in der That nichts stehen, als die Generaleinrede: man führe damit etwas Englisches in den deutschen Proceß ein, was nicht angehe, da alles das mit den „geschichtlichen, Rechts- und Culturverhältnissen" des Inselreiches ebenso untrennbar verwachsen sei, wie das (sehr zurückgebliebene) englische Strafrecht, welches man dann zugleich importiren müßte. Man kann das um so zuversichtlicher behaupten, je weniger man von jenen „besonderen geschichtlichen Rechts- und Culturverhältnissen" überhaupt eine bestimmte Vorstellung hat. Für die vorliegende Frage ist aber der Einwand deshalb übel angebracht, weil in allen obigen Vorschlägen keine Geschäftsform und kein Element enthalten ist, welches mit dem englischen Voruntersuchungsverfahren wirklich übereinstimmt. Es bleibt nichts weiter stehen, als ein allgemeiner Verdacht, daß eine „öffentliche Voruntersuchung mit Kreuzverhör" eine nationalenglische Einrichtung sein müßte, da sie keine französische ist. Allein auch diese allgemeine Verdächtigung ist nicht zutreffend. Der Grundsatz der Oeffentlichkeit ist bereits ein Grundsatz des deutschen Gerichtswesens. Und die weitere Maxime, nach jedem Zeugenverhör den Angeklagten zu fragen, was er darauf zu sagen habe, gehört schon dem Hauptverfahren des code d'instruction an, und tritt nur ganz anders in den Vordergrund, sobald das Specialverhör des Angeschuldigten wegfällt. Die obigen Vorschläge enthalten nur eine neue Combination deutscher Gerichtselemente und deutscher Geschäftsmaximen, die das von allen Seiten Verlangte wirklich zur Ausführung bringt. Will der deutsche Gesetzentwurf das Vorverfahren in einen Staatsanwaltsproceß verwandeln, so erfüllen auch die obigen Vorschläge das Postulat: sie entlasten das Richteramt und geben dem Staatsanwalt die hervorragende active Stellung, die ihm gebührt, — nur unter Controle des Richteramts und der Oeffentlichkeit, wie dies nach Rechtsgrundsätzen nöthig ist. Wollen andererseits die Gegner des Entwurfs den Staatsanwalt und den Defensor mit gleichen Parteirechten in die Voruntersuchung setzen: so geschieht dies in den obigen Vorschlägen vollständig. Natürlich aber kann man keine geheime Inquisition unter Mitwirkung des Defensor führen, wie sich das der „erfahrene" Praktiker wohl selber sagen müßte. Läßt man aber die Specialinquisition weg, verzichtet man auf den schriftlichen Bureaugang, ordnet man die Gerichtspolizei dem Staatsanwalt unter, und wendet man dann die normalen Grundsätze unseres Hauptverfahrens an: so schieben sich die vorhandenen Elemente des deutschen Beamtenthums und des deutschen Geschäftsganges in der obigen Weise so naturgemäß zusammen, daß eine andere kaum zu finden sein wird, in keinem Falle eine einfachere.

Eine Vergleichung mit dem englischen und amerikanischen Proceß hat nur den Vortheil, zu einer richtigeren Fragestellung zu kommen. Diese richtigere Stellung der Frage lautet: ob wir mit einem tüchtigen, gleichmäßig geschulten und vertrauenswürdigen Personal es wagen können, die naturgemäßen, freien Parteistellungen im Strafprocesse herzustellen, welche sich auch unter sehr ungünstigen Voraussetzungen in nationalverwandten Rechtsbildungen und Staaten bewährt haben, deren Verfassung und Achtung vor der bürgerlichen Freiheit einen ehrenvollen Platz in der Geschichte der Menschheit einnimmt.

IV.

Die Construction des Hauptverfahrens.

Die Fehler des heutigen Processes liegen überwiegend in dem Vorverfahren. In dem Hauptverfahren sind die Maximen des Anklageprocesses etwas folgerichtiger durchgeführt, es sind jedoch in die hastige Reform Grundfehler des französischen Processes aufgenommen, welche der Geist der deutschen Rechtsprechung stillschweigend, aber nur mangelhaft verbessert hat.

Wenn ein heftiger Parteimann einen Streitfall zur Entscheidung vorzutragen hat, so verfährt er so, wie der französische Gesetzgeber den Proceß vor den Assisen gestaltet. Anstatt Thatsachen vorzutragen, bestürmt er den Richter mit seiner Auffassung, Combination und Färbung der Thatsachen, erschöpft sich in Verdächtigungen des Gegners, seiner Vergangenheit, seines Characters, seiner Intentionen, und sucht die möglichsten Vortheile aus der Unbeholfenheit und Ueberraschung des Gegners zu ziehen. Die Beweise sind überall die Nebensache Wie in den glänzenden Perorationen antiker Redner besteht das Hauptverfahren aus einer Reihe zusammenhängender Vorreden und Nachreden, in welchen die Einschaltung der trocknen Beweise eine bloße Parenthese bildet, welche für den Hörer absichtlich in den Hintergrund gestellt wird.

Diese für ein gerichtliches Verfahren ungeeignete Parteimethode ist das Vorbild unserer Gesetzgebung geworden.

Der öffentliche Ankläger praeoccupirt vorweg das Feld der Verhandlung mit allen entscheidenden Momenten, ehe die Vertheidigung zu Worte kommt.

Die Verhandlung beginnt mit der Vorlesung einer motivirten Anklageacte, welche die Beweise für Thatbestand, Thäterschaft und erschwerende Umstände möglichst erschöpfend aufzählt, systematisch combinirt und erfolgreich gruppirt, in oft stundenlanger, zuweilen tagelanger Verlesung. — Dies Verfahren rührt nicht von Rechtsverständigen her, welche mit Geschworenen zu verhandeln gewohnt sind, sondern aus alter Gewohnheit gelehrter Juristen, welche ein stundenlanges Anhören der Relationen auch Geschworenen zumuthen zu können glauben. Der Napoleonische Gesetzgeber verbindet damit die Absicht, den ersten Eindruck zu gewinnen, den Geschworenen alle der Anklage günstigen Schlüsse vorweg aufzudringen. — Folgt der Geschworene, soweit er es vermag, wirklich der Verlesung, so findet er die daraus gewonnenen Auffassungen durch die späteren Verhandlungen überall durcheinander geworfen und verwirrt, und es entsteht eine Vermengung von vorgefaßten Vorstellungen und Eindrücken der wirklichen Beweise, in welche schließlich nur das Resumé des Präsidenten einigen Halt zu bringen vermag. Im günstigeren Falle dagegen macht die eintönige geschmacklose Verlesung des Schriftstückes nach 10 Minuten den Eindruck der einschläfernden Langeweile. Der Geschworene sucht einen bequemeren Sitz, läßt in stumpfer Resignation den Gerichtsschreiber weiter lesen, giebt seinen Gedanken Audienz, und hört vielleicht nach einer halben Stunde kein Wort mehr. Dabei operiren aber Präsident und Staatsanwalt in der weiteren Verhandlung so, als ob die Geschworenen jedes Wort des werthvollen Schriftstücks gehört, durchdacht und verarbeitet hätten.

Der zweifelhafte Erfolg der Vorlesung macht es dann freilich rathsam, daß der Präsident noch Einiges bevorwortet, und daß der Staatsanwalt noch eine mündliche Blumenlese aus der Anklageacte, — in Frankreich nicht selten im Tone einer Philippica voranschickt. Es ist damit die Möglichkeit gegeben, in dreifacher Weise den Geschworenen ein Bild der That aufzudringen, ehe der wirkliche Beweis auch nur mit einem Wort zur Geltung kommt.

Der Beweis folgt aber auch jetzt noch nicht. Da nicht der Beweis, sondern eine anticipirte Beweisübersicht die Grundlage der Verhandlung bildet, so folgt nun erst die specielle Einlassung des Angeklagten in Gestalt einer Special-Inquisition durch den Präsidenten. Der Angeklagte, der meistens dem logischen System der Anklageacte nicht einmal zu folgen vermag, soll Glied für Glied auf das gelehrte Schriftstück Rede und Antwort geben. Noch wirksamer, als durch die Anklageacte, wird nun die Aufmerksamkeit der Geschworenen auf die Persönlichkeit des Angeschuldigten gelenkt, seine Lebensstellung, seine Lebensschicksale, alle dunklen Seiten seiner Vergangenheit vorangestellt, bis dann „zur Sache" die Einzelantworten folgen. Von der überlegenen Logik und Amtsautorität des Präsidenten wird erwartet, daß er in diesem Verhör womöglich ein Geständniß erringe, — in Ermanglung eines Geständnisses wenigstens durch die unklare, ausweichende, widersprechende Weise der Antworten darlege, mit wem man es auf der Anklagebank zu thun habe. In jedem Falle wird die Aufmerksamkeit der Geschworenen noch einmal von dem bevorstehenden Beweise auf unzählige Einzelheiten gelenkt, die sich aus den Personalien des Angeklagten und seiner vorangeschobenen Erklärung über Beweise, Indicien und Schlüsse ergeben. Diese selbst werden den Geschworenen noch immer vorenthalten.

Die hier dem Präsidenten angewiesene Stellung ist weder eine offene, noch eine unbefangene. Es entsteht hier folgende Alternative:

Entweder: die Anklageacte enthält das Material des Anklagebeweises wesentlich vollständig, so ist es voreilig und präjudicirlich, vom Angeklagten Satz für Satz eine Erklärung über die Behauptungen des Anklägers zu verlangen, an Stelle von Erklärungen über die Beweise, von denen noch kein Wort vorliegt.

Oder: die Anklageacte ist unvollständig, so liegen noch in den Falten der geheimen Voruntersuchung eine Reihe von Umständen, mit denen der Angeklagte überrascht werden kann und soll.

Nach beiden Alternativen soll der Präsident seinen „Inquisitionsplan" einrichten. Mit diesem „Plan" schon beginnt er die Anklage als seine eigne Sache zu führen, und mit dem System seiner Inquisition und den darauf folgenden Vorhaltungen und Streitigkeiten ist die Unparteilichkeit der Richterstellung bereits erschüttert, ehe noch ein Wort von wirklichen Beweisen vorgeführt wird.

Nun endlich folgen die Beweise. Es ist derselbe Präsident, der soeben die specielle litiscontestatio auf die Anklageacte vorgenommen hat, welcher nun nochmals als Agent der Anklage die Anschuldigungsbeweise, als quasi-Defensor die Entschuldigungsbeweise aufnehmen soll, — und dabei soll er die volle Unparteilichkeit wahren, während er durch das System seiner Inquisition für den Ausgang bereits an jedem Punkt engagirt ist!

Die beisitzenden Richter, der Staatsanwalt und die Geschworenen gelten als mitberechtigte Agenten der Inquisition, mit dem Rechte, selbständige Fragen zu stellen (Art. 319 des Code d'instr). Dem Defensor aber giebt der französische und preußische Gesetzgeber an dieser (allein wesentlichen) Stelle nur ein Bittrecht beim Präsidenten, eine ergänzende Frage stellen zu dürfen. Der bessere Geist der deutschen Gerichtspraxis gewährt dies Recht thatsächlich fast unbeschränkt. Für die Anlage des Ganzen ist es aber der Punkt, der die falsche Anlage am schärfsten characterisirt.

Nun endlich wird der Defensor herangelassen, um sein Werk zu thun. In welchem Stadium aber? Ausgeschlossen vom ganzen Vorverfahren, ausgeschlossen von dem wichtigsten Parteirecht im Hauptverfahren, findet er die Beweisung vollendet vor, und — was schlimmer ist, — diese Beweisung überschüttet durch eine zwei- oder dreimalige Parteidarstellung und Gruppirung der Beweise, überladen mit einer Menge persönlicher Zwischenpunkte aus dem Specialverhör und irrelevanter Nebenumstände zur Colorirung der Indicien-Beweise. — Jene Methode der Anklage bestimmt nothwendig die Methode der Vertheidigung, die sich nun der gleichen Mittel bedient, die Phrase der Phrase, die Verdächtigung der Verdächtigung gegenüberstellt, und (ebenso wie die Anklage) die Vorstellungen der Geschworenen von dem Inhalte der Beweise abzieht. So entsteht jenes Defensionssystem, welches Cormenin (Timon) in seiner beißenden Weise gekennzeichnet hat:

> „Mancher Angeklagte, der ganz schwarz vom Verbrechen aus den Händen des öffentlichen Anklägers kam, wird, wenn er wieder in die Hände seines Vertheidigers gelangt, von diesem wieder mit dem weißen Kleide der Unschuld angethan. Seine reine jungfräuliche Stirn schmückt eine Krone von Tugenden, so daß nichts Anderes übrig bliebe, als ihn aus dem Gerichtssaal in einem Reliquienkästchen zur Heiligsprechung nach Rom zu senden."

Auf diese Vertheidigungsrede folgt dann die entsprechende Replik, auf die Replik die Duplik, und möglicherweise des Wortwechsels noch mehr, bis es gelungen ist, die einfachen Eindrücke der Beweisung soweit wie möglich in den Hintergrund, in Vergessenheit zu bringen, und in den Geschworenen ein Chaos von vorgefaßten Meinungen und vermischten Eindrücken zurückzulassen.

Auf diese künstlich erzeugte Verwirrung folgt dann das Resumé des Präsidenten. Man kann es nicht entbehren, am wenigsten bei so verkehrten Formen. Nachdem man aber dem

Vorsitzenden eine Stellung gegeben, die eine unbefangene Wiedergabe seiner eignen Inquirentenarbeit unmöglich macht; so wird der maßgebende Einfluß dieses Schlußworts wieder Gegenstand einer habituellen Eifersucht, die das Resumé ganz bei Seite schaffen möchte und es in einzelnen Gesetzgebungen glücklich beseitigt hat.

Auf das Resumé folgt eine Fragestellung, die sich nicht auf eine Bestätigung des Anklagebeschlusses richtet, sondern auf das zwischengeschobene Material, welches sich aus der Verlesung der motivirten Anklageacte, aus der Specialinquisition des Präsidenten und aus den zur Hauptgrundlage gemachten Parteireden weiter und weiter verwickeln muß.

Das französische Publicum findet diese Verhandlungen allerdings interessant, wie die Parteidebatten der Parlamente. Staatsanwalt und Vertheidiger wetteifern in guten Pointen und eindrucksvollen mots. Die Presse berichtet das, was das Publicum daran interessirt. Durch längere Gewöhnung sieht man dies Verfahren als einen geordneten Gang Rechtens an.

In Deutschland ist das Verfahren thatsächlich anders geworden. Wir sehen ein Strafverfahren nüchtern genug an, um die höheren Zwecke der Rechtspflege keinem dramatischen Zwecke zu opfern. Aber ein sehr unerquickliches Erzeugniß der Tagespresse hat sich aus diesem Verfahren herausgebildet, welches unter dem Namen von „Gerichtszeitungen" das Publicum mit pikanten Redewendungen aus den Plaidoyers, aus dem Specialverhör und aus den Zwiegesprächen zwischen Präsident und Angeklagten regalirt. Werden auch die schlechten Leidenschaften weniger aufgeregt, wie in Frankreich: dem gesunden Urtheil des Publicums und einer würdigen Anschauung vom Berufe der Rechtspflege dient diese Art der Berichterstattung nicht.

Man mag im Allgemeinen anerkennen, daß die schlimmsten Auswüchse des französischen Assisen-Processes sich in Deutschland stillschweigend gemildert haben. Richter, Staatsanwälte, Vertheidiger sprechen ruhiger und sachlicher als dort. Aber von Grund aus fehlerhaft und verkehrt bleibt die Anlage dieses Processes darum nicht minder.

Der Deutsche Entwurf hat diese Fehler der Anlage, wenn ich nicht irre, überall gefühlt und ihnen abzuhelfen versucht.

Die Anklageacte soll in ihrer Formulirung „dem Anklagebeschlusse entsprechen", — aber doch die Angabe der Thatumstände und Beweismittel enthalten; „die meistentheils zu sehr zu deducirende, nicht selten sogar deklamatorische Art der französischen Anklageschriften" soll ebenso wie die allzuknappe, der nothwendigen Individualisirung entbehrende Art der englischen Anklageschriften vermieden, das Richtige vielmehr durch Innehaltung „einer gewissen Mitte zwischen beiden Methoden" gefunden werden (D. Motive S: 135).

Die Anklageschrift soll nicht verlesen, sondern ihr Inhalt durch die Staatsanwaltschaft mitgetheilt werden. Der Entwurf hat hierbei einen „freien Vortrag" im Auge, keine eigentliche Verlesung; er muß es aber dem verständigen Ermessen der Staatsanwaltschaft überlassen, in welchem Maße bei dem Vortrage die Anklageschrift selbst benutzt werden soll. (D. Motive S. 169).

Darauf soll die Vernehmung des Angeklagten über seine persönlichen Verhältnisse und über den Inhalt der Anklage folgen. Die Vernehmung über den Inhalt hat den in §. 121 angebenen Zweck: „sie soll ihm Gelegenheit zur Rechtfertigung und Beseitigung der gegen ihn vorliegenden Verdachtsgründe gewähren." Dem Vertheidiger ist es gestattet, die thatsächlichen Angaben des Angeklagten zu vervollständigen; „er wird dieselben nicht ändern, sondern nur erläutern dürfen", da die eigenen Angaben des Angeklagten entscheiden. (Commiss. Motive 125).

Aber wie sollen solche Verbesserungen zur Geltung kommen, wenn die Anlage des Verfahrens unverändert dahin geht, überall die Parteidarstellung der Sache voranzustellen? Durch diese Anlage werden Präsident und Vertheidiger immer wieder zu systematischen Gegendarstellungen und zu einem weitläufigen Hin- und Herreden gezwungen, durch welches der einfache Eindruck der Beweise verwischt, der Geschworene mit vorgreifenden Schlüssen und Nebendingen überhäuft wird.

Jenen Grundfehler kann nur ein scharfer Einschnitt beseitigen, das ist:

die Nichtverlesung der motivirten Anklageacte.

Diese entscheidende Vorfrage setzt eine Verständigung über Anklagebeschluß und Anklageacte überhaupt voraus.

Mit Geschworenengerichten ist nur zu verhandeln, wenn ihr Spruch rechtlich und thatsächlich klar begrenzt ist; sonst wird die Jury aus einem zuverlässigen Organe der Rechtsprechung zu einem Organe der Rechtsverwirrung.

Diese Abgrenzung kann nur durch eine feste, also schriftliche Formel erfolgen, sowie sie der englische und amerikanische Prozeß seit unvordenklicher Zeit gehabt haben, weil die Richter dort von Alters her mit Geschworenen zu arbeiten gewohnt waren. Auch die feine juristische Anlage der Römer hat es nicht verschmäht, Jahrhunderte lang die Technik der formula auszubilden, auf deren scharfer Bemessung ihre Meisterschaft in Recht und Proceß beruht.

Zur rechtlichen und thatsächlichen Begrenzung gehört Zweierlei:

1) die Bezeichnung des gesetzlichen Begriffs der unter Anklage gestellten Handlung. Dies erste Erforderniß hatte in England mit großen Schwierigkeiten zu kämpfen, da die älteren Gesetze dürftig und nachlässig gefaßt, und da die strafbaren Handlungen nach Gewohnheitsrecht (common law) nur durch eine Umschreibung mit herkömmlichen Worten zu bezeichnen waren. Diese Schwierigkeit war so sehr schwer überwindlich, daß man dem Nothstand der Geschworenen gelegentlich auch ein „special verdict" abzugeben gestatten mußte. — Weit günstiger lag die Frage nach der französischen Gesetzgebung. — Am günstigsten liegt sie nach Fassung des deutschen Strafgesetzbuches, welches mit umsichtiger Rücksicht auf die Fragstellung redigirt ist. Es bedarf also für uns nur der einfachen Vorschrift,

die unter Anklage gestellte Handlung ist nach ihren gesetzlichen Merkmalen anzugeben (Braunschw. Str.-Pr.-O. §. 140).

2) Zur thatsächlichen Begrenzung sind die concreten Umstände des Falles soweit einzuschalten, um die Identität der Person und des Straffalles zu constatiren, für den Fall, daß künftig die Frage der res judicata auftritt. Es genügt dazu in der Regel die kurze Angabe von Zeit, Ort, Object und Begehungsweise. Es concurriren hier zwei Gesichtspunkte:

a) die möglichst knappe Bezeichnung ist zu wählen, wo die Voruntersuchung die einzelnen Momente der Begehung in nicht ganz sicherer Specialität ergeben hat. Die Anklage thut dann wohl, die knappste Bezeichnung zu wählen, welche zur Feststellung der Identität des Straffalles nöthig. Man zwingt sonst die Jury, jede Modalität der Begehung, die sich im Hauptverfahren anders herausstellt, durch Zusätze zu amendiren, die an sich unnöthig und störend sind.

b) Eine concretere Bezeichnung ist möglich, soweit das Vorverfahren auch diese Einzelheiten als wesentlich sicher erscheinen läßt. Die specialisirte Angabe bietet den Vortheil, die Aufmerksamkeit der Jury schärfer auf den Thatbestand zu richten, so daß die contradictorische Beweisaufnahme sich klarer um das hingestellte Bild der That gruppirt.

Auch bei dieser Frage kämpft der englische Proceß mit großen Schwierigkeiten wegen des Mangels einer Staatsanwaltschaft. Da die conceptio formulae hier nur in den Händen von Bureaubeamten und untergeordneten Anwälten lag, so bildete sich ein schematischer Canzleistyl, an dem man mit Aengstlichkeit festhielt. — Unsere rechtsgebildete Staatsanwaltschaft ist in einer ganz anderen Lage. Sie ist schon am Schluß der Voruntersuchung im Stande, sich schlüssig zu machen, wie die Formel aus den gesetzlichen Merkmalen und den thatsächlichen Momenten zusammenzufügen ist. Das Mehr oder Weniger dieser Merkmale läßt sich unter dem Eindruck der mündlichen Beweisaufnahme im Vorverfahren in der Regel sicher ermessen. Wir können uns also den steifen Canzleistyl der englischen Anklageformel ersparen und in jede Hauptverhandlung mit der Gewißheit eintreten, daß die Formel der bis dahin bekannten Sachlage wirklich entspricht.

Zur Kenntniß und zur Leitung des Geschworenen gehört aber niemals mehr, als diese formula. Alles Mehr ist an dieser Stelle von Uebel. Es verdirbt die Einheit und den lebendigen Eindruck der mündlichen Verhandlung und ist eine Hauptwurzel aller Schwierigkeiten des französischen Processes und seiner Nachbildungen. Die an dieser Stelle eingeschobene motivirte Anklageacte hat einen an sich richtigen Zweck mit unrichtigen Mitteln verfolgt.

Der französische Gesetzgeber sah ein, daß hier eine Lücke im englischen Vorbild vorhanden war, die man dort anerkennt, aber in Ermanglung einer Staatsanwaltschaft nicht ausfüllen konnte. Es bedarf für den Präsidenten als Leiter der Hauptverhandlung einiger Uebersicht über den von der Anklage beabsichtigten Gang der Verhandlung. Noch wichtiger ist diese Kenntniß für den Angeklagten und seinen Defensor. Es entspricht einem loyalen Verhalten der beiderseitigen Anwälte (wie im Civilproceß), eine solche gegenseitige Information sich nicht vorzuenthalten. Vor Allem entspricht der Stellung des Staatsanwalts eine offene Darlegung des Beweisplanes, welche der Vertheidigung die nöthige Vorbereitung erleichtert. — Folgerichtig muß aber auch die Vertheidigung, wenn sie ihrerseits die Ladung von Defensionalzeugen beantragt, im gleichen Maße, wie die Anklageacte, das System ihres Gegenbeweises in einem informatorischen Schriftsatz darlegen. — Es war dies die Ausfüllung einer Lücke, welche in England ebenso das Richteramt, wie die beiderseitige Anwaltschaft nicht selten in Verlegenheit bringt. Aehnlich wie im Civilproceß haben diese Schriftsätze die Bedeutung einer offenen, gegenseitigen Information der Parteien und des Richteramtes. Sie bewahren den Gang des Verfahrens vor mancherlei Verlegenheit. Sie enthalten zugleich die nothwendige gegenseitige „Notification" der zu verhörenden Zeugen und sonstigen Beweise.

Aber solche informatorische Schriftsätze eignen sich nicht zu einer Verlesung in einem mündlichen Proceß.

Es ist dies die Lebensfrage jeder mündlichen Verhandlung, welche in der deutschen Civilproceßordnung zum vollen Ausdruck kommen wird. Alle Mischungen eines mündlichen Processes mit der schriftlichen Referirmethode sind zweckwidrig, am fehlerhaftesten aber für jede Verhandlung mit Geschworenen. Vor die Geschworenen gehört nur die Verlesung der Anklageformel. Die bisher übliche Anklageacte (die wesentlich unverändert bleiben kann) gehört nur zum Informationsmaterial des Processes.

Die Nichtverlesung der Anklageacte ändert aber den ganzen Bau des Verfahrens, ebenso wie sich unser Civilproceß umwandelt, wenn statt der Schriftsätze nur der „Antrag" aus dem Schriftsatz verlesen wird.

Der Gang des Hauptverfahrens wird nun in den Hauptzügen folgender:

I. Das Hauptverfahren beginnt mit Verlesung der Anklageformel:

„Den Angeklagten N. schuldig zu erklären, (am 17. März „1873, Abends zwischen 7—8 Uhr, den Arbeitsmann „NN. in der Kellerwohnung des Hauses N. durch „einen Messerstich nahe der Herzgrube) vorsätzlich und „mit Vorbedacht getödtet zu haben"*).

Dies ist die Fragstellung für Geschworene, um sie auf den Zielpunkt der Beweise hinzulenken, ihnen aber die Combination

*) So wie in der Braunschw. Str. Pr. O. §. 140; nur ist hier „die Hinzufügung des Orts und der Zeit der Begehung" zu eng gefaßt. Wieviel von den concreten Thatsachen in die Formel aufzunehmen, bestimmt der Staatsanwalt bei der ersten Entwerfung der Formel am Schlusse des mündlichen Vorverfahrens. Diese Formel unterliegt einer Nachprüfung durch Gerichtsbeschluß (oben S. 110). Entsteht also ein Zweifel oder ein novum noch vor dem Audienztermin, so muß ein Berichtigungsverfahren vorher eintreten (oben S. 110). In jedem Falle muß die Formel der Sachlage entsprechen, sowie sie beim Beginn des Hauptverfahrens sicher bekannt ist. Besteht in diesem Augenblick ein Zweifel, so muß der Staatsanwalt berechtigt sein, die Vertagung der Verhandlung auf einen nächsten Termin zu beantragen, wie er zur Zurücknahme der Anklage selbst befugt sein muß. Jedes Berichtigungsverfahren muß, soweit es möglich, der Hauptverhandlung vorangehen, nicht nachfolgen.

der Beweise selbst zu überlassen, — anstatt ihnen eine Parteidarstellung des Beweisresultats vorweg aufzudringen.

II. Folgt die Einlassung des Angeklagten:
Schuldig oder nicht schuldig?

Zu einem weiteren Inquiriren ad causam giebt die verlesene Anklageformel keine Veranlassung. Bedürfniß und Tendenz zur Specialinquisition entsteht erst durch Verlesung der motivirten Anklageacte, auf welche die alte Amtsgewohnheit eine Einlassung Satz für Satz erwartet. Bei Verlesung der Anklageformel hat ein Specialinquisitionsact keinen Sinn mehr; es muß aber dem Angeklagten unbenommen bleiben, seinem „schuldig oder nichtschuldig“ Erläuterungen hinzuzufügen.

Es ist angemessen, dieser Einlassung die Fragen über die persönlichen Verhältnisse des Angeklagten voran zu schicken, welche im englischen Proceß durch den Gerichtsschreiber etwas zu leicht abgemacht wird. Eine Frage über „früher erlittene Bestrafungen“ braucht der Angeklagte aber nicht zu beantworten.

III. Folgt die Vorführung des Anklagebeweises.

Sie kann oft schon wenige Minuten nach dem Aufruf der Sache beginnen. Der öffentliche Ankläger producirt zuerst seine Hauptzeugen über Thatbestand und Schuldbeweis mit einigen Vorbemerkungen zum Verständniß des unmittelbar folgenden Verhörs. — Diese Einleitung kann der Anlage nach nicht zu einer Parteidarstellung das ganzen Sachverhältnisses werden. Der Ankläger würde seiner Sache nur schaden, wenn er, anstatt zum Verhör der bereit stehenden Zeugen zu schreiten, die Geschworenen mit einem Vortrag in Weise der französischen Anklageacte aufhalten wollte. Nach einer sich von selbst bildenden Praxis beschränkt er sich auf die nothwendigen Vorerläuterungen. Dem Tact unserer Staatsanwaltschaft ist sicherlich dieselbe Enthaltsamkeit zuzutrauen.

Dem Verhör des ersten Zeugen folgt das Kreuzverhör von Seiten des Angeklagten, beziehungsweise seines Vertheidigers. Dem Ankläger steht ein Replicando-Verhör zu, beschränkt auf die neu vorgekommenen Thatsachen.

Folgt das Verhör des zweiten, dritten Zeugen rc. — Vorlegung der sonstigen Ueberführungsstücke, Urkunden rc. — nach gleichem System bis zum Beschluß der Beweisaufnahme.

Das Maß und die Reihenfolge des Anschuldigungsbeweises bestimmt das Ermessen der Staatsanwaltschaft. Da aber alle schwachen und zweideutigen Beweise durch das Kreuzverhör sich sogleich in ihrer Gebrechlichkeit darstellen, so bildet sich stillschweigend die Maxime, den Beweis auf zuverlässige Mittel zu beschränken, und im Indicienbeweis alles weit Abliegende und Unschlüssige wegzulassen. Viele Beweismomente, welche in der schriftlichen Anklageacte nur durch künstliche Gruppirung eine Rolle spielen, zerfallen im Kreuzverhör von selbst und werden bei Seite gelassen.

Der Richter ergänzt die Verhöre durch Zwischenfragen, intervenirt gegen unschickliche und captiöse Fragen. Richter und Gerichtshof entscheiden die Streitpunkte. Die Erfahrungen unseres mündlich gewordenen Civilprocesses zeigen, daß unzählige unnütze Dinge, welche ein schreibender Anwalt vorbringen kann, sich mündlich nicht plaidiren lassen. Dieselbe Erfahrung wiederholt sich im Strafproceß, in welchem die Kürze sich aus der Natur des Kreuzverhörs ergiebt. Die Praxis der contradictorischen Beweisverhandlung führt überhaupt zu strengeren Maximen für die Zulassung gewisser Beweise, wie auch der Deutsche Entwurf in anerkennenswerther Weise damit beginnt (Commiss. Entw. S. 128).

IV. Folgt der Defensionalbeweis mit kurzer Einleitung des Defensors, welcher Reihenfolge und Maß seiner Beweise nach eignem Ermessen bestimmt und seine Gegenbeweise dem Kreuzverhör des Staatsanwalts unterwirft. — Da aber ein zweideutiger und unschlüssiger Defensionalbeweis der Sache des Angeklagten jederzeit schadet, so beschränkt sich der erfahrene Vertheidiger auf relevante Beweise. Da solche in der Mehrzahl der Fälle nicht zu beschaffen sind, so gestaltet sich der Defensionalbeweis noch knapper, als der Schuldbeweis. Die etwas illiberalen Beschränkungen, welche der D. Entwurf bei Ladung der Defensionalzeugen einführen will, werden sich im Kreuzverhör als praktisch entbehrlich erweisen.

V. Folgt ein Schlußwort des Anklägers.

Da es sich unmittelbar an die contradictorische Beweisaufnahme knüpft, kann es höchstens ein kurzes Resumé enthalten, und meistens wird auch dies überflüssig erscheinen (der englische Proceß verzichtet darauf). Denn die Worte der Zeugen und der Gesammteindruck der Beweise prägen sich in dem Kreuzverhör so unzweideutig ein, daß jeder Hörer — um so mehr der Geschworene, der zu diesem Zwecke da ist — ein Bild des Hergangs sich selbst formirt und die daraus zu ziehenden Schlüsse selbst macht. Ein anmaßendes Aufdringen parteiischer Conclusionen würde nur zum Widerspruch reizen. Noch vergeblicher würde der Versuch sein, die eben gehörten Worte des Zeugen zu verschieben, zu verdunkeln, die Thatsachen durch die Anrufung von Vorurtheilen oder Leidenschaften umwandeln zu wollen. Wie die Vorrede eine andere Gestalt gewinnt, wo der Zeuge zum Verhör schon bereit steht, so gewinnt das Nachwort eine andere Gestalt, wenn es sich unmittelbar an contradictorisch verhandelte Beweise anschließt. An dieser Lage der Sache scheitert in gewöhnlichen Fällen der Versuch umständlicher Anklagereden oder gar einer rhetorischen Philippica.

VI. Folgt das Schlußwort des Defensors.

Wollte der Vertheidiger an den eben vorgelegten, nüchternen Resultaten der Beweisung mit beredten Phrasen hin und her zerren, so würde das Hohle und Gegenstandslose solcher Vertheidigungsreden bis zur Lächerlichkeit hervorspringen. Jedes anmaßliche Aufdringen von untergeschobenen oder verschobenen Thatsachen oder unschlüssigen Folgerungen würde nur den Widerspruch der Geschworenen erwecken, die ein Bild des Hergangs aus den Verhören soeben combinirt haben. Die Vertheidigungsrede tritt daher als ein untergeordneter Bestandtheil des Verfahrens zurück. Sie gewinnt nur in schwierigen und schweren Fällen eine Bedeutung. Seiner Hauptpflicht hat der Defensor bereits in dem Kreuzverhör genügt. Er wird (wie in England) auf ein Schlußwort nicht selten verzichten.

VII. Folgt das Schlußwort des Richters.

Es hat die Bestimmung, die Jury innerhalb der rechtlichen und thatsächlichen Schranke ihres Spruchs zu halten.

Die Feststellung der bindenden Regel des Strafrechts gehört in der heutigen Rechtsbildung den höheren Organen der Gesetzgebung, nicht den zwölf Geschworenen zu.

Die Auslegung der gesetzlichen Regel gehört in der heutigen Rechtsordnung dem Reichsgericht und der Elite der juristischen Bildung, welche mit dem Vorsitz in den Strafgerichten betraut ist, aber nicht den Geschworenen.

Den zwölf Geschworenen gehört die Feststellung des **Untersatzes** im Strafurtheil; diese Feststellung gebührt ihnen aber selbständig.

Zur Feststellung des **Untersatzes** gehört:

1) Die ganze Reihe der durch den Beweis festgestellten Thatsachen, die Glaubwürdigkeit der Zeugen 2c. 2c., welche dem selbständigen Urtheile der Geschworenen mit Sicherheit überlassen werden kann.

2) Die rechtliche Qualification der einzelnen Thatsachen dagegen steht in Wechselwirkung mit Rechtssätzen. Ob eine gewisse Bemächtigung eine „Entwendung" enthalte, — ob eine Schrift

eine öffentliche „Urkunde“, — ob eine „Zusammenrottung“, — ein „gewohnheitsmäßiges“ Thun vorhanden sei, — ob eine Handlung für zurechenbar, vorsätzlich, überlegt, fahrlässig, — als „Anfang der Ausführung“ des Verbrechens, als Nothwehr anzusehen sei, — beruht auf Erwägungen, die von der Gemeinverständlichkeit der zehn Gebote bis zur vollendeten Kenntniß des Rechtssystems hinaufreichen. Die Erfahrungen des Richteramts haben zu ermessen, wo die Gemeinverständlichkeit aufhört. Auch innerhalb des einfachsten Thatbestandes kann durch eine Vorfrage eine Scheidung von Ober- und Untersatz eintreten, und es bedarf dann wieder einer Trennung in den Zwischengliedern:

a. der Obersatz bedarf der Weisung durch einen Rechtsverständigen, wo die ratio legis nicht gemeinverständlich ist;

b. die einzelnen Thatsachen, auf welchen die Erwägung der Zurechenbarkeit des Vorsatzes, der Fahrlässigkeit des Anfangs der Ausführung rc. beruht, gehört wieder der selbständigen Erwägung der Geschworenen, und eben deshalb auch

c. die Schlußfolge aus diesen ineinandergeflochtenen rechtlichen und thatsächlichen Erwägungen. Alle Zwischenglieder aber müssen sich

3) schließlich zu einem Gesammturtheile zusammenfassen, sowie Wille und That ein einheitliches Ganze bilden, welches dem Urtheile des Gerichts unterliegt. Der Endspruch „Schuldig“, umfaßt den ganzen Untersatz in seiner Einheit.

Es ergiebt sich daraus, daß der vorsitzende Richter die ihm nothwendig erscheinende Erläuterung der Obersätze an den Punkten zu geben hat, an welchen die ratio legis nicht gemeinverständlich ist. Es gehört dies zu seinem Amt als „Organ des Gesetzes“ unter Controle des höchsten Gerichtshofes*).

---

*) Im englischen Recht greifen hier die Rechtsmittel wegen „unrichtiger Rechtsweisung“ ein (siehe unten). Die englischen Assisenrichter sind ohnedies selbst Mitglieder des Reichsgerichts in stetiger Verbindung mit dem Gerichtscollegium, welches jeder von ihnen repräsentirt. In Deutschland, wo keine solche Centralisation besteht, bedarf es der Verbindung des Assisenpräsidenten mit dem höchsten Gerichtshofe durch das Rechtsmittel der Cassation, welche bisher nur in einigen Gesetzgebungen (Oesterreich und Sachsen) hergestellt ist. Ohne diese Verbindung fehlt der Rechtsweisung die nothwendige Autorität, und umgekehrt fehlt dem Strafgesetzbuch jedes Organ der Geltendmachung, wenn nicht die irrige Rechtsweisung ihr Gegenstand ist. In der That steht das deutsche Strafgesetzbuch bis jetzt in der Luft; denn ein Rechtsmittel

Das Schlußwort kann sich aber auch auf die Thatsachen und Beweise erstrecken, wenn dies bei einer verwickelten Beweisung rathsam scheint. Nach Aufhebung seiner Inquirententhätigkeit kann der Richter dann nichts Anderes geben, als kurze Wiederholungen aus dem Gange der Beweisaufnahme. Da nämlich Ankläger und Vertheidiger Reihenfolge und System ihrer Beweisung selbst bestimmen, der Vorsitzende nur ergänzend der Parteibeweisung folgt, so können seine Notate nur dem chronologischen Gange der Beweisaufnahme folgen. Eine Tendenz des Vorsitzenden zu eigner Gruppirung und Colorirung der Beweise entsteht nur, wenn man ihn durch das amtliche Verhör selbst zum Beweisenden macht.

Das bisher übliche Resumé des Präsidenten wird daher keiner erheblichen Aenderung bedürfen, und alle Bedenken dagegen erledigen sich, sobald durch das Kreuzverhör seine unbefangene Stellung, und durch Cassation (Revision) die Controle des höchsten Gerichtshofes hergestellt sein wird.

VIII. Folgt der Spruch der Geschworenen:

auf Bestätigung oder Nichtbestätigung der Anklageformel („Schuldig" oder „Nichtschuldig").

Diese Weise der Fragstellung findet sich in allen Proceßbildungen, die mit Geschworenen umzugehen gewöhnt waren.

Sie folgt aus der Natur des Strafverfahrens, da über den Untersatz des Strafurtheils nur in ungetrennter Einheit abgestimmt werden kann. Die Civilproceßfragstellung über die einzelnen Klagegründe und Einreden folgt eben so aus der Natur des Privatrechts (actio und exceptio), wie die Fragstellung im Strafproceß aus der einheitlichen Natur des Verbrechens. Jede Auflösung in Einzelfragen führt hier zu logischen und rechtlichen Widersprüchen, ebenso in Richtercollegien, wie in Geschworenensprüchen*).

welches ex post gegen das von einem Gerichtsmitgliede redigirte schriftliche Urtheil gegeben wird, trifft die Geschicklichkeit des Referenten, nicht aber den Punkt, auf den es ankommt, — daß das Strafgesetz in seinem richtig verstandenen Sinne vor dem Spruch der Geschworenen zur Kenntniß, und damit zur Anwendung gebracht werde.

*) Vergl. als Monographie über diese Frage Zacke „Ueber Beschlußfassung in Versammlungen und Collegien" 1867. §. 15—18, wo aber Civil-, Strafproceß und Gesetzbeschlüsse nicht genügend getrennt sind. Die Civilgerichte werden immer ebenso auf die getrennte Abstimmung verwiesen sein, (vergl. den Civil Code von Newyork §. 201 und den Entwurf der Preußischen

Die Beantwortung des „Schuldig" soll aber die Jury nicht zum souveränen Volksgericht erheben. Die Jury ist ein organisches Glied des Gerichts, das Gericht nur ein Organ der Ausführung des Gesetzes. Die Feststellung des Obersatzes, — das Gesetz und dessen sinngemäße Auslegung, — gehört nicht zwölf Nachbarzeugen, sondern anderen Organen der heutigen Rechtsordnung. Und ebenso sollen die Thatsachen nicht nach beliebigem Meinen und Privaterkundigung (intime conviction), sondern nach den vor Gericht geführten Beweisen festgestellt werden. Es bedarf daher zweier Grenzbestimmungen und einer Verweisung der Geschworenen darauf:

1) daß die thatsächlichen Voraussetzungen unter genauer Prüfung aller Beweise für die Anklage und Vertheidigung nach ihrer freien, aus dem Inbegriff der vor ihnen geführten Verhandlung geschöpften Ueberzeugung;
2) daß die rechtlichen Voraussetzungen nach der von dem Vorsitzenden ertheilten Rechtsweisung zu entscheiden sind.

Das Erste entspricht der Fassung des preußischen Gesetzes vom 3. Mai 1852. Das Zweite entspricht dem Code für Newyork von 1850 Art. 167, sowie der englischen common law. Warum der napoleonische Code jenen zweiten Satz weggelassen hat, wird sich unten ergeben. Die bisher unlösbaren Probleme der französischen Fragstellung aber sind aus der Weglassung jenes zweiten Satzes entstanden*).

Die Anklageformel ist die für Geschworene allein zulässige Grundlage, welche in der Verhandlung nie anders als mit

---

Civilproceßord. §. 345.) wie die Strafgerichte auf die ungetrennte Abstimmung über den ganzen Untersatz. Sonst würde beispielsweise, wenn von den Geschworenen 4 das Delict als verjährt ansehen, 4 Nothwehr annehmen, 4 die Zurechnungsfähigkeit bezweifeln, die getheilte Fragstellung auf ein „Schuldig" führen, während alle 12 in dem „Nichtschuldig" einig sind.

*) Die Verwicklungen entstanden daraus, daß man den Geschworenen auf reine Thatfragen beschränken wollte, während er die ungetheilte Schuldfrage zu entscheiden hat;

daraus, daß man die Belehrung des Geschworenen über den Rechtspunkt als eine unbefugte Bevormundung ansah, während sie zur Natur des Gesetzes und des Richteramts gehört;

daraus, daß man dann wieder dem Urtheil des durch den Richter belehrten Geschworenen über die juristischen Momente des Schuldbeweises mißtraute;

endlich daraus, daß man den Schuldspruch mit einer unbestimmten Menge von erschwerenden und mildernden Umständen belastete, und überhaupt eine Frage, die nur ungetheilt beantwortet werden kann, getheilt stellte.

beiderseitiger Zustimmung geändert werden sollte. Taucht nun aber ein neuer Thatumstand auf, welcher zu der buchstäblichen Fassung der Anklageformel nicht stimmt, so wird eine gesetzliche Bestimmung des Inhalts nöthig:

„die Geschworenen sind befugt, die Stellung von Zusatzfragen, „von deren Nothwendigkeit sie sich bei ihrer Berathung über-„zeugt haben, sowie die Aenderung der gestellten Frage zu „beantragen (wie im Sächsischen Ges. vom 1. October 1868. „§. 79)."

Die Veranlassungen dazu werden freilich nach obigem Verfahren selten sein. Da die Oeffentlichkeit der Voruntersuchung und die bis zum Audienztermin zulässige Amendirung überraschende nova im Hauptverfahren viel seltener zum Vorschein kommen läßt, und da die Anklageformel nur wenige (nach Ermessen der Staatsanwaltschaft sichere) thatsächliche Merkmale enthält, so können gar viele Varianten in einzelnen Umständen eintreten, ohne die Anklageformel zu ändern, — ohne den formulirten Untersatz des Strafurtheils überhaupt zu berühren. Tritt der Fall dennoch ein, so ist zu unterscheiden:

1) betreffen die von den Geschworenen angeregten nova nur die Einzelheiten der Ausführung, irrige Angaben von Zeit und Ort, von Personen oder Gegenständen, oder andere Verbesserungen fehlerhafter Bezeichnungen, — bleibt also Untersatz der Anklageformel dadurch unverändert, — so wird das Richteramt ohne Weiteres zum Endurtheil schreiten;

2) ändert sich dagegen der Untersatz, — gehört die von den Geschworenen beantragte Aenderung nicht mehr unter den gesetzlichen Thatbestand der Anklageformel, — so wird sich der Ausweg empfehlen,

   durch Gerichtsbeschluß dem Staatsanwalt die Zurücknahme der Anklage unter Vorbehalt der Wiedereinbringung mit veränderter Klagformel zu gestatten.

Um auch die Zahl solcher Wiederholungen zu vermindern, kann man endlich nach Vorgang neuerer Gesetzgebungen bestimmte Eventualfragen von Mord auf Todtschlag, von Todtschlag auf vorsätzliche Körperverletzung, von Vollendung auf Versuch, von Thäterschaft auf Theilnahme stellen, und solche sogleich zum definitiven Spruch der Jury bringen, sofern nach Ermessen des Gerichtshofes das Interesse der Vertheidigung dabei vollständig gewahrt bleibt.

Die bisherigen Schwierigkeiten werden damit im Wesentlichen gehoben sein.

IX. Folgt ein kurzes Schlußverfahren über die Strafmessung.

Da das Richteramt dafür auf den Maßstab paralleler Fälle verwiesen ist, so können nur noch wenige thatsächliche Momente, wie die frühere Bestrafung, Gegenstand neuer Verhandlung werden, während die sonstigen erschwerenden und mildernden Umstände in der Beweisaufnahme schon implicite enthalten sind. Sobald das Richteramt selbständig die Strafmessung in der Hand behält, bedarf es für diesen Schlußact keiner weitläufigen Parteireden, die an den Gewöhnungen des Richteramts wenig Anhalt finden.

X. Folgt das Endurtheil des Gerichtshofes.

Die Umwandlung des Processes in dieser Weise, — das Wegfallen der Specialinquisition, — das Wegfallen der unnützen Reden, — die Verkürzung der Beweise, — die Vereinfachung der Fragestellung, des Schuldspruchs und der Strafmessung — sind in logischer Kette die Folge eines scharfen Einschnitts in die französische Grundform:

der Nichtverlesung der motivirten Anklageacte.

Hat die jetzige Vorlage der Deutschen Civilproceßordnung sich zu diesem Einschnitt entschlossen, als der consequenten Grundform eines mündlichen Processes, so gilt dasselbe umsomehr hier, wo es auf die lebendige mündliche Verhandlung unter Zuziehung von Laien in ganz anderer Weise ankommt wie im Civilproceß.

Will man die Probe dieses Verfahrens machen, so nehme man eine stenographirte Assisenverhandlung nach bisherigem Muster und versuche sie zu reproduciren mit Wegstreichung der motivirten Anklageacte. Es wird sich alsbald zeigen, daß der bei weitem größere Theil unserer Vor- und Nachreden durch die sachliche Voranstellung der Beweisung hinfällig und geradezu unmöglich wird. Eine Reihe von Combinationen der Anklageacte wird nur möglich dadurch, daß man sie als geschlossenes Ganze voranstellt. Gewisse Haupteffecte und Phrasen der Vertheidigungsreden werden nur möglich als weit zurückgeschobene Antwort auf die Anklagerede. Oft mehr als drei Viertel des Materials und der Zeit wird zum Vortheil der Sache entbehrlich sein.

Die vier Fragen des Strafverfahrens, welche ich hiermit abschließe, enthalten wohl die entscheidenden Punkte der Reform.

Es sind einfache Grundsätze, die sich als naturgemäß Demjenigen darstellen werden, der die deutsche Rechtsentwicklung als Ganzes vor Augen hat.

Löst sich die Strafverfolgung vom Richteramte wieder ab, so muß die Popularklage wiederhergestellt werden, wie sie seit tausend Jahren bestanden, wie sie seit dem vierzehnten Jahrhunderte ausschließlich in Deutschland bestanden hat.

Kehrt die öffentlich-mündliche Gerichtsverhandlung wieder, so muß auch die geheime schriftliche Voruntersuchung als das letzte Reservatrecht der Bureaukratie im heutigen Strafverfahren fallen.

Mit dem öffentlich-mündlichen Anklageproceß kehrt die selbstthätige Beweisaufnahme wieder, wie sie sich unter dem Namen der Production, der Beweisarticul und der Fragestücke als Reminiscenz des naturgemäßen deutschen Verfahrens bis heute erhalten hat.

Werfen wir den falschen Flitterstaat der französischen Parteireden bei Seite, so bleibt der einfache schlichte Kern einer contradictorischen Beweisaufnahme übrig, welche den wirklichen Inhalt eines Hauptverfahrens nach deutschen Grundsätzen bildet.

Der Deutsche Entwurf hat nach einfachen Grundsätzen mit anerkennenswerthem Eifer gestrebt: die obigen Vorschläge werden wohl die Verwirklichung darstellen.

Alle Proceßformen sind und bleiben freilich in steter Wechselwirkung mit der Gerichtsverfassung, und diese bildet sich aus dem zeitigen Zustande der Gesellschaft und des Staates als ein integrirendes Glied der Gesammtverfassung eines jeden Volks. In dieser Wechselwirkung sind die Proceßformen wie die Gerichtsverfassung in eine Bewegung der heutigen Gesellschaft hineingezogen, innerhalb welcher die Vorstellungen von dem, was zweckmäßig, möglich und zulässig ist, in weitem Maße auseinandergehen. Es scheint zuweilen, als ob nach den Ideen einer solchen Zeit jede beliebige Einrichtung an die Stelle unseres Gerichts treten könnte. Allein dieser Zustand dauert bereits seit Jahrzehnten, und es sind unter allem Streite gewisse Grundzüge immer wieder zur Geltung gekommen. Dies dürfte auch der muthmaßliche Ausgang des Streits über Schwur- und Schöffengericht sein, der wegen des Zusammenhangs mit den Proceßformen hiernach in einem Schlußwort zu erörtern ist.

Schlußwort
über die Schöffengerichte.

Die deutsche Staatsbildung hat mit gewissenhafter Sorgfalt zwischen die Executivgewalt und die gesetzgebende Gewalt einen von beiden unabhängigen ständigen Organismus eingeschoben, welcher zum Schutze der allgemeinen Rechtsordnung wie des individuellen Rechts bestimmt ist. Auch nach dem Untergang der ständischen Selbstverwaltung hat die Ständigkeit und Collegialität der Gerichte jederzeit das Privatrecht von wechselnden persönlichen Ansichten zeitiger Gewalthaber unabhängig erhalten. Die gleiche Formation der Strafgerichte war dazu bestimmt, — nach oben und nach unten, — die unparteiische Handhabung der Strafgesetze ohne Ansehn der Person, und den Rechtsschutz des Einzelnen gegen Willkür sicher zu stellen. Die national-germanische Rechtsanschauung hat schließlich auch die Ausübung der Staatsgewalten, — die Grundsätze des obrigkeitlichen Zwangs, — an Gesetz und Verordnung gebunden, und mittels der „Verwaltungsjurisdiktion" Garantien unparteiischer Handhabung für Person und Vermögen des Einzelnen geschaffen. Die monarchischen Verfassungen Deutschlands haben auch in der Periode des Absolutismus diese Rechtsgrundsätze niemals verleugnet. Ihre Einseitigkeit lag nur in der ausschließlichen Handhabung der Executive, der Rechtsprechung und der Gesetzgebung durch einen berufsmäßig abgeschlossenen Beamtenstand. (Gneist, Rechtsstaat 1872).

Dieser Rechtsbau wird nun aber gefährdet durch die Rückkehr

der Gesellschaft zur activen Theilnahme am Staate (constitutionelle Verfassung). Vollziehende Gewalt und Gesetzgebung treten damit wieder unter den Einfluß mächtiger Klassen der Gesellschaft und ihrer Parteien. Unter dem Namen einer politischen Verantwortlichkeit tritt die Ministerverwaltung in eine thatsächliche Abhängigkeit von herrschenden Parteien, welche allerdings durch die rechtliche Verantwortlichkeit der Minister corrigirt und ermäßigt wird. Es genügt das indessen nicht: der ganze Rechtsbau des constitutionellen Staates bedarf vielmehr einer neuen Befestigung gegen die an jedem Punkte eindringenden Einflüsse des Parteiwesens.

Für die Civilgerichte wird dadurch eine neue Befestigung ihrer Ständigkeit und eine von der Ministerverwaltung unabhängige Advokatur bedingt; das persönliche Concessionswesen muß auch hier durch gesetzliche Normativbestimmungen ersetzt werden (Gneist, Freie Advokatur, 1867).

Im Strafgericht trennen sich die Parteirollen vom Richteramt. Die Gesellschaft erlangt einerseits die Handhabung der Strafgewalt im Interesse des öffentlichen Wohles, als Glied der beweglichen Polizeigewalt, in nothwendiger Unterordnung unter die constitutionellen Minister. Umsomehr bedarf es andererseits einer Befestigung des ständigen Richteramts, einer Verstärkung der Vertheidigung, eines concurrirenden Organs der Anklage neben der ministeriellen Staatsanwaltschaft, einer Verstärkung des Richterpersonals durch die Betheiligung von Gemeindeausschüssen an dem Schuldspruch.

Für die Verwaltungsjurisdiktion wird eine Ergänzung und Verstärkung der entscheidenden Behörden über die „contentiösen" Fragen des Verwaltungsrechts nothwendig. Da die zur Disposition der zeitigen Minister gestellten Berufsbeamten dazu allein nicht mehr ausreichen, so bedarf es der ständigen Mitwirkung unabhängiger Elemente der Gesellschaft, um unsern Beamtenstand vor der Demoralisation der Parteiverwaltungen zu bewahren, und zugleich das Recht des Einzelnen zu sichern. (Gneist, Pr. Kreisordnung, 1871).

Diese positive Umbildung hat an allen Punkten begonnen, ist im Flusse begriffen, und es wird nothwendig, daß unsere Rechtsverständigen ihr Interesse den größeren Fragen des öffentlichen Rechts zuwenden. Sie werden sich durch einige Beschäftigung mit deutschem Staatsrecht vielleicht überzeugen, daß es unmöglich ist, den heutigen Gesetzgebungsfragen gerecht zu werden, wenn die

Hauptgrundlage unserer juristischen Bildung ein „Allgemeiner Theil" der Pandekten bleibt, — d. h. eine juristische Grundauffassung von großentheils unberechtigter Allgemeinheit, — eine Grundauffassung, die ein untergeordnetes Gebiet des Rechts als Inbegriff höchster Rechtsgrundsätze anzusehen gewöhnt, — eine Grundauffassung, die alles Recht in Einzelrechte und Gegenrechte auflöst und dadurch eine fehlerhafte Anschauung von Staat und Verwaltungsrecht erzeugt, — und welche sich dann noch durch die Arbeitstheilung in Civil- und Criminalpraxis in ihrer Einseitigkeit weiter befestigt. Es ist ein Selbstbekenntniß, welches Juristen ablegen, wenn sie alles Staatsrechtliche entweder zur „Politik" oder zur „Theorie" rechnen. Um die Stellung in der gewaltigen Bewegung unserer Rechtsordnung wieder zu gewinnen, die dem deutschen Juristen von Alters her, wie durch seine heutige Tüchtigkeit und Gewissenhaftigkeit im Einzelberufe gebührt, wird es einiger Aenderungen juristischer Gewohnheiten bedürfen, vor Allem auch, um zu der Frage vom Laienelement im Gericht Stellung zu nehmen.

Für das Strafverfahren bedeutet das „Laienelement" im Gerichte nicht mehr und nicht weniger als eine Verstärkung des Rechtsschutzes gegen die Parteileidenschaft, welche durch Concentrirung gesellschaftlicher Kräfte und Gegensätze im constitutionellen Staate mit einer Gewalt auftritt, welcher ein Berufsbeamtenthum auch in seiner besten Gestalt allein nicht gewachsen ist. Es genügt dazu nicht „Volksbildung", nicht Ermahnung zur Mäßigung und Gerechtigkeit. Der Sinn der Gerechtigkeit ist keiner Nation angeboren, sondern er muß der Gesellschaft anerzogen werden durch dauernde Institutionen und Gewöhnungen. Das Mittelalter hat nach sehr rohen Anfängen jenen Sinn gewonnen durch die Selbstverwaltung des Rechts in allen Schichten der damaligen Gesellschaft. Die spätere Zersetzung der ständischen Gesellschaft hat im absoluten Staat ebenso den Rechtssinn wie das Bewußtsein der Verantwortlichkeit für den Staat verloren, mit der Entwöhnung von jeder verantwortlichen Selbstthätigkeit. Auf höherer Entwicklungsstufe kehrt deshalb das Bedürfniß wieder, durch die Selbstverwaltung des Rechts den verlorenen Rechtssinn wiederzugewinnen, — und zugleich die practische Befähigung zur Gesetzgebung und Mitregierung des Staates, welche jederzeit nur auf der Selbstübung staatlicher Pflichten beruht.

Diese Wiederbetheiligung der Gesellschaft ist aber bedingt durch die Entwicklungsstufe des Rechts, für welches sowenig wie für unsere Sitten und Bedürfnisse eine Rückkehr in das Mittelalter möglich ist. Rechtfindende Schöffen konnte es nur in einer Zeit geben, in welcher Recht und Proceß aus dem Gewohnheitsrecht engerer Gruppen der Gesellschaft hervorging. Durch verschiedene Interessen und Lebensgewohnheiten bedingt, ging diese Rechtsbildung gegen Schluß des Mittelalters in unversöhnliche Gegensätze auseinander. Ueberall mußte dagegen die Gesetzgebung einschreiten, die nothdürftigen Grundlagen eines einheitlichen Rechts über den ständisch zerrissenen Volksgerichten wieder schaffen, und die Handhabung dieses Rechts gelehrten Richtern anvertrauen. Da in Deutschland die dazu geeigneten Organe der Gesetzgebung fehlten, so griff man im Nothstande zu den „fremden Rechten", und kam schließlich auf anderen Wegen — etwas langsamer und bedächtiger — in dieselbe Richtung des Rechts und des Proceßganges, in welche andere Kulturländer durch Gesetze und Ordonnanzen gelangt sind. Dieser sauer errungene Fortschritt zur höheren Einheit kann nicht rückgängig, und der dazu wesentliche Beruf der Juristen nicht dem „Laienelement" zu Liebe beseitigt werden. Auch das deutsche Volk kann „nicht beliebig verfügen, welchen Abschnitt seiner Geschichte es nicht gelebt haben wolle". Es bedarf daher für die Betheiligung des Laienelements vorweg einer Ausscheidung der Funktionen, welche nothwendig dem Gesetz und dem Richter gehören.

1) Die Proceßleitung ist heute untrennbar vom Richteramte. Die Schöffen befragte man über den Proceßgang nur, solange dieser auf Volksherkommen (legisactio) beruhte. Die heute einheitliche gesetzliche Ordnung bedarf einer Kenntniß des Zusammenhanges und gewohnheitsmäßiger Uebung zu ihrer Handhabung. Der Nichtjurist kann die Nothwendigkeit einer Beschränkung der Parteirechte und der Ausschließung gewisser Beweismittel, die Nothwendigkeit der strengen Form zur Erhaltung des sicheren Rechtsganges und die Tragweite der Verletzung der Formen nicht mit Sicherheit übersehen. Seine Betheiligung würde (wenn ernstlich gemeint), dem Proceß Halt und Gleichmäßigkeit nehmen. Man wolle sich dabei erinnern, in welchem Maße gerade die freiesten, in ihrer Rechtsentwicklung tüchtigsten Völker die Nothwendigkeit der strengen, nur von technischen Händen zu handhabenden Form anerkannt haben.

2) Der Schuldspruch gehörte dem Schöffen, solange das Recht aus dem naturwüchsigen Bewußtsein der Gesellschaft, ihrer ständischen Gruppen und Nachbarverbände „geschöpft" werden konnte. Mit dem Fortschritt zur einheitlichen Rechtsordnung

trennt sich die Frage in einen Ober- und einen Untersatz, und macht erst mit dieser Scheidung ein organisches Zusammenwirken von Richtern und bürgerlichen Rechtsgenossen (Juries) möglich.

3) Die Strafmessung ist wiederum Sache des Richteramtes. Der Schöffe wurde darum gefragt, solange die Strafe auf Rechtsherkommen beruhte, sei es compositio oder bestimmte Strafe an Leib oder Leben. Der Fortschritt zur einheitlichen Gesetzgebung dagegen führt zur Individualisirung, zur allgemeinen Herrschaft der „relativ bestimmten" Strafen, welche im deutschen Strafgesetzbuch den Raum zwischen dem Einfachen, dem Zehnfachen, dem Hundertfachen offen läßt (Zuchthausstrafe bis zu zehn Jahren, Geldstrafe bis zu zweihundert Thalern, Gefängnißstrafe von acht Tagen bis zu einem Jahre rc. rc.). Alle Zwischenglieder der älteren gesetzlichen Strafscala sind massenhaft niedergerissen. Gerechtigkeit der Strafmessung ist jetzt nur zu finden in stetiger analoger Vergleichung der Gesetzartikel, in stetiger paralleler Vergleichung der concreten Straffälle. Sie ist schwierig genug für ein ständiges Gerichtspersonal und zeigt schon von dieser Seite aus die Unstatthaftigkeit eines stetigen Wechsels und Zusammenschiebens des Personals der Gerichte. Unter dem Eindrucke der Persönlichkeit des Angeschuldigten, der zufälligen Incidentpunkte der Verhandlung, der wechselnden persönlichen Stimmungen, der wechselnden Zeit- und Parteiströmungen, wird eine Strafmessung durch ausgeloste Geschworene zum frevelhaften Würfelspiel.

Diese Lage der Sache war in England schon im XIII. Jahrhundert hervorgetreten: einheitliche Ordnung der Strafgesetzgebung, Rechtsweisung durch gelehrte Richter, volle Entwicklung der Justiz-, der Polizeihoheit und des Beamtenelements (Gneist, Geschichte des Selfgovernment, 1863. II.—V. Periode. Geschichte des engl. Verwaltungsrechtes, 1867. §. 10. 11. 20. 32). In dieser neuen Lage übertrug man das normannische System der Verwaltungscommissionen auf die Gerichtsverfassung, beschränkte nunmehr die Gerichtsmänner auf die Feststellung des Untersatzes im Strafurtheil (an culpabilis sit), und fügte beide Elemente zu einem dauernden ordo iudiciorum zusammen.

Nach dem Sprachgebrauch des canonischen Rechts nannten die damaligen Juristen den Obersatz die quaestio juris, den Untersatz die quaestio facti. Die Kirche war dem Laienthum vorangegangen in der Einsicht, daß in einem staatlich geordneten Gemeinwesen die Feststellung und Auslegung der allgemeinen Grundregel nicht der Gesellschaft in ihrer örtlichen und ständischen Gruppirung überlassen werden kann, daß sie vielmehr auf Gesetz und Handhabung durch ständige Richter beruhen muß.

Das Laienelement war damit an die Stelle gerückt, an welcher es als Glied der einheitlichen Rechtsordnung lebendig und bedeutungsvoll mitwirken, ja sogar das Hauptglied des englischen Selfgovernment, die entscheidende Grundlage der Parlamentsverfassung werden konnte.

Anfangs behandelten die rechtweisenden Justitiarii ihre zwölf Geschworenen nur als Beweiscommissionen, die sie persönlich über die Gründe ihres Wissens und ihres Spruchs examinirten, persönlich leiteten und reprimandirten. Allein mit der wachsenden Reife entwickelt sich die Selbständigkeit der Jury, indem die Elemente des Schuldspruchs auseinander treten.

I. Die Feststellung der einzelnen Thatsachen der Anklage fällt dem selbständigen Urtheile der Geschworenen zu, weil es Rechtsregeln dafür nicht geben kann. Man begnügte sich eine Zeit lang mit Mehrheitssprüchen, fand aber bald, daß nur ein einstimmiger Spruch diesem Theil der Aufgabe gerecht werde. (unten S. 151—153).

II. Die rechtliche Qualification der einzelnen Thatsachen dagegen beruht (wie man auch dort fand) auf Erwägungen, welche von der Gemeinverständlichkeit der zehn Gebote bis zur vollendeten technischen Kenntniß des Rechtssystems hinaufreichen. Die Trennung von Ober- und Untersatz kann daher auch in einem oder mehren Zwischengliedern wiederkehren.

1) Der Obersatz bedarf dann wieder der Weisung des vorsitzenden Richters unter Controle und Correctur des Reichsgerichts. Dieser Rechtsweisung muß sich der Geschworene unterordnen, wie jeder Unterthan dem Gesetze.

2) Der Untersatz, d. h. die concreten Thatsachen, auf welchen die Erwägung der Zurechenbarkeit, des Vorsatzes, der Nothwehr ꝛc. beruht, gehört der selbständigen Erwägung der Geschworenen an; eben deshalb fällt

3) die Schlußfolge wiederum den Geschworenen zu, seitdem sie nicht mehr als Verwaltungscommissionen, sondern als selbständiges organisches Glied des Gerichts behandelt werden. In diesen Zwischengliedern sind factum und ius immer wieder ineinander geflochten; denn jede thatsächliche Feststellung

bedarf einer Probe an dem Maßstab der ratio legis, und jede Rechtserwägung bedarf der Probe am concreten Falle. Diese Schlußfolge ist recht eigentlich Sache des praktischen Lebens. Alle Zwischenglieder müssen sich daher:

III. schließlich zu einem Gesammturtheil zusammenfassen, wie Wille und That ein einheitliches Ganze bilden. Dies Gesammturtheil hat sich mit ihrem Fortschreiten zur Selbständigkeit die Jury nicht mehr verkümmern lassen*).

Seit dem Schlusse des Mittelalters hat sich das dieser Lage entsprechende Verfahren aus den Bedürfnissen des Lebens entwickelt. Es beruht auf einem Zusammenwirken von Richtern und Geschworenen in folgender Gliederung:

1) Richterliche Leitung, Entscheidung über die Streitfragen des Proceßganges, — schließend mit der Rechtsweisung an die Geschworenen. Die letztere richtet sich nach dem Maße der Gemeinverständlichkeit der Rechtsregel. Sehr gewöhnlich bedarf es einer solchen gar nicht. Meistens umfaßt sie nur einen Punkt. Selten bedarf es einer ausführlichen Deduction. Es entscheidet darüber der Tact und die Lebenserfahrung des Richters, vorbehaltlich des Rechts der Geschworenen zur Rückfrage. Diese Rechtsweisung ist kein äußerliches gelehrtes Dociren, sondern ein meisterhaft klares Darlegen der ratio legis, welche auch von der Presse wohl verstanden und gewürdigt, und von der Jury (trotz ihrer geringen Bildungsstufe in England) mit sympathischer Erkenntniß entgegen ge-

---

*) Die praktische Logik des Ineinandergreifens der Thätigkeiten legt aus gründlicher Anschauung Glaser: Anklage, Wahrspruch und Rechtsmittel, 1866, §§. 12 — 18 dar, und er formulirt das Resultat selbst dahin: Es ergeht im englischen Schwurgerichtsproceß nur ein ungetheilter Spruch über die ganze Schuldfrage. Diesen Spruch fällt allein die Jury. Sie wird aber zu demselben durch das Gericht angeleitet, welches ihr die für die Beurtheilung der Beweisergebnisse maßgebenden Rechtsgrundsätze darlegt, und die Jury ist verpflichtet, diese Grundsätze als Richtschnur bei ihrer Entscheidung gelten zu lassen. So allein theilt der Gerichtshof das Geschäft der Anwendung des Gesetzes auf die Thatsachen des Falles mit den Geschworenen. Sein Ausspruch ist ein unbedingt geltender, und soweit er ein negativer ist, auch formell durchsetzbarer; sein positiver Ausspruch dagegen bindet die Geschworenen nur soweit, als eine allgemein formulirte Regel aufgestellt wird, unter welche die Thatsachen sich unbedingt, ohne daß es noch einer Würdigung und Abwägung derselben bedarf, unterordnen; diese Würdigung und Abwägung der Thatsachen bei Festhaltung der vom Gerichtshof dargelegten juristischen Gesichtspunkte ist Recht und Pflicht der Geschworenen".

nommen wird. Es bedarf aus diesem Grunde einer sorgfältigen Auswahl der Assisen-Präsidenten.

2) Schuldspruch der Geschworenen, d. h. Bestätigung oder Nichtbestätigung der Anklageformel durch „Schuldig" oder „Nichtschuldig" in einem Gesammturtheil.

3) Anwendung des Strafgesetzes — Subsumtion unter das Strafgesetz und Strafmessung durch das Richteramt. Diese richterliche Thätigkeit setzt aber eine Nachprüfung voraus, sobald der Spruch auf „Schuldig" lautet; denn eine Strafmessung ist unmöglich, wenn der Richter von der Nichtschuld persönlich überzeugt wäre. Allerdings ist dieser Fall im Leben äußerst selten, da ein einstimmiger Spruch der Geschworenen eine Garantie bietet, welche nur in außerordentlich gearteten Fällen einen Zweifel läßt. Aber principiell offen gelassen ist die Nachprüfung darum nicht minder. Der Richter geht dabei vom Obersatze aus, und prüft von da aus nochmals die Relevanz und die Richtigkeit der auch ihm vollständig vorliegenden Beweise. Es kann auf den Schuldspruch noch eine Freisprechung erfolgen, wenn die Anklageformel nicht unter das Strafgesetz paßt. Es kann auch aus anderen formellen und sachlichen Bedenken der Geschworenenspruch suspendirt oder bei Seite gesetzt werden*). Der Schwerpunkt des Schuldspruchs liegt freilich in den Geschworenen, weil sie die Initiative haben. Aber die endgültige vollstreckbare Kraft liegt nur im richterlichen Urtheile. Das Verdict ist kein Urtheil, sondern eine bindende Vorbedingung des Urtheils, — sowie im Gesetze der König die gesetzgebende Autorität, die Zustimmung der Stände nur die bindende Vorbedingung ist.

Dieser nunmehr Jahrhunderte alte „ordo judiciorum"

---

*) Dieser Punkt liegt im englischen Proceß etwas verdeckt, da die Rechtsmittel nur stückweise nach Bedürfniß entwickelt sind. Das Hauptmittel des Richters, wenn er über die Subsumtion unter das Gesetz zweifelhaft ist, namentlich auch wegen mangelhaften Schuldbeweises, ist eine Aussetzung des Urtheils (arrest of judgement), sei es zum Zwecke eines Gnadengesuchs oder allgemein „um das Urtheil nicht zu sprechen". Bei evident unzureichenden Beweisen kann der Richter auch mitten in der Verhandlung abbrechen und das Verfahren einstellen. Die übrigen Rechtsmittel können nur zufällig auch diesen Punkt treffen (Glaser „Anklage, Wahrspruch und Rechtsmittel", 1866, §. 19—21). (Aus dem alten Verhältniß der justitiarii zu den Beweiscommissionen sind discretionäre Gewalten des englischen Richters übrig geblieben, welche man zu Gunsten des Angeklagten stehen ließ; in Nordamerika hat man in diesen Fällen die Rechtsmittel in der Regel erweitert.)

beruht nicht auf besonderen culturhistorischen Verhältnissen (sowenig in England, wie in Amerika und Australien), sondern auf allgemeinen Begriffen von Gesetz, Richteramt, Schuldspruch, sowie auf Lebenserfahrungen, die sich täglich wiederholen.

Darauf beruht auch vor Allem das Erforderniß der Einstimmigkeit. Man hat im Mittelalter auch in England eine Zeit lang sich mit Mehrheitsbeschlüssen begnügt, ist aber (seit 1368) davon zurückgekommen aus folgenden Erwägungen. Jeder Schuldbeweis läßt die Möglichkeit eines Zweifels offen; denn eine objective Wahrheit, welche die Möglichkeit des Gegentheils ausschlösse, giebt es im Gebiete menschlicher Handlungen überhaupt nicht. Jeder Geschworene empfindet daher etwas von der Scheu, die Verantwortlichkeit für den Spruch zu übernehmen. Es ist deshalb ein Fehler, wenn der Gesetzgeber Geschworene vorweg autorisirt, eine Majorität und eine Minorität zu bilden. Denn es handelt sich hier nicht um eine Abwägung von Interessen (wie in politischen Fragen), sondern um ein absolutes Ja oder Nein! Nicht die Möglichkeit eines Zweifels, welche jederzeit vorhanden ist, sondern die Haltbarkeit der Gründe und der Ernst der Ueberzeugung ist das Entscheidende. Dafür giebt es aber keine andere Probe, als die Nöthigung zu einem solidarischen Spruch. Stellt man dem Einzelnen vorweg anheim, sich abzusondern und die Verantwortlichkeit abzulehnen, so sondert sich eine Minorität erfahrungsmäßig in jedem irgendwie zweifelhaften Falle, um nicht mit zu thun. Es entspricht aber sicher nicht dem schweren Ernst der Lage, das Verdict nach der Bequemlichkeit der Geschworenen einzurichten (so sehr dies der Gewohnheit in politischen Dingen entspricht), sondern der Gesetzgeber muß die Geschworenen nöthigen, die Probe des Ernstes ihrer Ueberzeugung wirklich zu machen, und er muß sie dazu in Stand setzen. Dies letztere geschieht, indem (1) die juristischen Zweifel des Geschworenen beseitigt werden: sie haben die rechtlichen Voraussetzungen ihres Spruchs weder aus der geistreichen Rede eines Defensor, noch aus ihrem eigenen Meinen zu entnehmen, sondern aus der Rechtsweisung des Richters allein. Es erlischt damit vorweg jeder Streit über die Obersätze unter den Geschworenen selbst. (2) Die Beweise der Thatsachen sind ihnen unmittelbar vorzuführen, mit Beiseitlassung aller vorangehenden Parteidarstellungen, in der anschaulichen Weise des Kreuzverhörs. — Aus diesen beiden Vordersätzen folgt das Dritte: die Sicherheit ihrer Entscheidung als praktische Regel. Unter hundert Straffällen bleiben durchschnittlich etwa nur 3—5 übrig, in welchen es nöthig ist, in das Berathungszimmer zu gehen. Meistens sind Geschworene auf ihren Plätzen in wenigen Minuten einig. Auch nach dem Zurückziehen in das Berathungszimmer ist die Einigung so sehr die Regel, daß unter mehr als zehntausend Fällen manches Jahr öfter nicht einer unerledigt bleibt. Die wiederholte Verhandlung hat im Laufe der Jahrhunderte stets zur Erledigung der wenigen Fälle der Nichtvereinigung geführt. In gleicher Weise hat sich die Einstimmigkeit in Amerika bewährt, und Tausende unserer deutschen Landsleute nehmen alljährlich an diesen Entscheidungen Theil. Im Mittelalter hatte man physische Zwangsmittel, die Einstimmigkeit zu erzwingen durch Verweigerung der Nahrungsmittel. Allein auch dieses beruht auf keiner culturhistorischen Besonderheit, sondern galt beispielsweise auch bei der Wahl des deutschen Königs. Das Eine ist vergessen, so gut wie das Andere. Mit selbstgefälliger Oberflächlichkeit colportirt man aber die Fabel von Verweigerung von Licht und Nahrung fort, mit mancherlei Betrachtungen über den moralischen Zwang, der gegen Minoritäten geübt werde*). Die Einstimmigkeit des Spruchs bedeutet nicht eine durch den „Wahrheitsinstinkt" hervorspringende Unanimität, sondern er bedeutet nur die Solidarität, mit der die Geschworenen nach erschöpfender Erwägung dafür einzutreten sich entschließen sollen. Die Neigung, mit persönlichen Velleitäten sich von der festen Ueberzeugung der Andern abzusondern, soll eine etwas ernstere Probe bestehen, als eine bloße Zählung der Stimmen. Der Spruch soll unterbleiben, so lange auch nur eine ernste

*) Das alte Zwangsrecht durch Versagung von Feuer und Licht datirt aus 20, Edw. III. Ass. II. und wurde (wie die gleiche Vorschrift bei der deutschen Königswahl) nicht leicht angewandt. Die heutige Praxis gestattet den Geschworenen in ihrer Berathung ein ganz comfortables Dasein, nur muß eine Erlaubniß des Richters zur Aufhebung der Berathung (wie auch in den Gesetzen Nordamerikas) vorbehalten bleiben, weil sonst eine Nöthigung der Geschworenen zu ernstlicher Berathung überhaupt aufhört. De lege ferenda würde wohl die Vorschrift genügen, daß die Berathung so lange fortzusetzen ist, wie „einer der Geschworenen die Fortsetzung verlangt". Umgekehrt erzeugt die Liederlichkeit der Gesetzgebung auch eine Liederlichkeit der Geschworenen. Nachdem unser Gesetz den Geschworenen die Erlaubniß gegeben hat, mit 7 gegen 5 Stimmen die Entscheidung auf die Richter abzuwälzen, so fand sich alsbald, daß die Geschworenen in 1/15 aller Fälle dies thaten. Da nun aber nach den Erfahrungen Englands die Geschworenen in weniger als 1/20 der Fälle überhaupt eine Veranlassung finden, sich in das Berathungszimmer zu begeben: so ist der Schluß beinahe gerechtfertigt (welchen Heinze zieht), daß die Geschworenen wohl in allen Fällen die Verantwortlichkeit ablehnen, in denen irgend ein nennenswerther Zweifel obwaltet.

Ueberzeugung widerspricht, und die Fortsetzung der Berathung verlangt. Ob das im Leben ausführbar ist, darüber kann nur das Leben selbst entscheiden*). Die andere Weise ist natürlich auch ausführbar wie das Einmaleins, also „praktisch." Man kann sich mit 11, 10, 9, 8 oder 7 Stimmen zu einem Schuldspruch begnügen. Man kann mit 2, 3, 4 oder 5 Stimmen eine Freisprechung erzwingen. Man kann auf jeden Ernst der Berathung und des Austausches der Meinungen verzichten. Man kann sogar jede

*) Die Frage der Einstimmigkeit ist in deutschen Schriften ebenso geistreich-gründlich (Gundermann: „Die Einstimmigkeit der Jury" 1849)", wie praktisch-gründlich (Heinze in Goltdammer's Archiv XIII, 616 ff.) behandelt. Die Literatur giebt Zacke „Ueber die Beschlußfassung 2c." 1867, §. 23—26. Dem politischen Räsonnement der heutigen Gesellschaft ist die Frage freilich unsympathisch, und die graciöse Leichtigkeit, mit welcher der Geschäftsmann über die höchsten Fragen des Rechts hinwegkommt, welche nicht in seinem Gesichtskreise liegen, ist nirgends sichtbarer als hier. Daß die Forderung der Einstimmigkeit durchaus „unpraktisch" sei, ist eine Sache, über welche die Praktischen gewöhnlich in wenigen Minuten, wenn nicht schon vorweg, einig sind. Man sollte glauben, daß solche Männer der Erfahrung wenigstens hundertmal oder zehnmal oder einmal versucht hätten, einen einstimmigen Spruch zu Stande zu bringen, und daß ihnen dies nicht gelungen wäre. Allein dazu haben sie niemals Gelegenheit gehabt. Man sollte wenigstens glauben, daß sie sich an Ort und Stelle begeben und mit Geschworenen ein- oder zehn- oder hundertmal Rücksprache gehalten hätten, wie sich die Dinge im Berathungszimmer wirklich gestalten. Auch dies geschieht nicht. — Ich gestehe übrigens, daß auch ich nach den ersten 3 oder 4 Jahren in England nicht weiter gefragt habe, weil ich stets dieselbe Antwort erhalten hatte. — Unsere Deutschen Landsleute, welche tausendfältig den Geschworenendienst leisten, haben nie bemerkt, daß die Einstimmigkeit von deutschen Rechtsvorstellungen abweiche und mit der „Culturhistorie" anderer Völker irgendwie zusammenhänge. Die Sache besteht und geht eben täglich. Ebenso besteht und geht sie in Amerika, und für die vielen Tausend deutschen Geschworenen geht sie dort besonders vortrefflich. Man hat den Grundsatz (wie 14 Jahre lang in Frankreich) so auch in deutschen Territorien eingeführt — zunächst freilich nur in Braunschweig, Oldenburg und Waldeck. Eine praktische Schwierigkeit hat sich dabei nie gefunden. Ja, die Einstimmigkeit für die Thatfrage hat sich wider Erwarten selbst für Richtercollegien als ausführbar erwiesen. — Die gedankenlose Ausrede, daß es sich dabei um „historische" Rechtsverhältnisse handle, erscheint in ihrem wirklichen Lichte, wenn man die Einstimmigkeit in ihrem Geltungsgebiete (England, Amerika, Australien, die alten und die neuen Colonien, Texas und Braunschweig, Californien und Oldenburg, Frankreich und Irland 2c.) nebeneinander stellt. Die tägliche Uebung der Sache in der einen Hälfte der civilisirten Welt ist doch wohl relevanter als das, was sich der Geschäftsmann über Dinge denkt, die er nie gesehen hat. Die vermeintlich „nationale" Eigenthümlichkeit des einstimmigen Verdicts sollte unsere Criminalisten doch veranlassen, in einem Ausflug nach Braunschweig an Ort und Stelle die Frage anzusehen, anstatt ihre unmaßgeblichen Meinungen und Vorstellungen der Frage unterzuschieben. — Ganz frei von dieser Verwechslung

Besprechung unnöthig erachten mit dem mechanischen Ballot durch Oui und Non. Aber Willkür ist alles Das in dem Maße, daß der französische Gesetzgeber nun schon mehr als zehnmal hin und her geschwankt hat, und daß noch keine dieser Vorschriften ein Menschenalter gedauert hat. Leichtfertig bleibt jede Stimmzählung, welche keine Garantie des ernsten Austausches der Ueberzeugungen giebt. Völlig werthlos bleibt sie in jedem politischen Proceß. Alles das bewahrt die Gesetzgeber freilich nicht vor der Selbsttäuschung, daß die unter dem Eindrucke der Zeitstimmung heute beliebte Zahl endgültig die richtige sein werde. Bei gutem Barometerstande der öffentlichen Meinung pflegt eine Zweidrittel-Majorität anzusprechen.

Ingleichem beruht die Trennung des Richtersitzes von dem Sitze der Geschworenen auf Rechtsgrundsätzen und auf den Bedürfnissen des Lebens zugleich. Es erschiene äußerlich wohl zulässig, daß Richter und Geschworene zu gemeinsamer Berathung des Endurtheils zusammentreten. In den Anfängen des Geschworenengerichtes hat dies auch stattgefunden und anscheinend mehre Menschenalter hindurch fortgedauert, solange man die Geschworenen als bloße Beweiscommissionen behandelte. Mit der wachsenden Selbständigkeit der Jury ist man indessen davon zurückgekommen, um die Selbständigkeit des Geschworenenurtheils zu erhalten. Denn es zeigte sich im Verlaufe der Zeit, daß die hochgestellten

---

sind auch wohl die Motive des Deutschen Entwurfs (S. 137) nicht. Sie meinen, die nicht ungünstigen Erfahrungen in Braunschweig und Oldenburg beschränkten sich bisher auf ein kleines Gebiet, und in Betreff Braunschweigs riefen die statistischen Nachrichten in Goltdammer's Archiv XIII, S. 732 doch erhebliche Bedenken (wegen zu vieler Freisprechungen) hervor. Allein, dabei waltet ein Irrthum ob. Jene Statistik bezieht sich gar nicht auf die Geschworenen, sondern auf die einstimmigen Schuldsprüche der gelehrten Richter. Die Zahl der durch einstimmiges Geschworenenurtheil erledigten Fälle betrug in Braunschweig 1872 = 100, darunter 7 Freisprechungen, 1871 = 55, darunter 6 Freisprechungen. Ein Urtheil, wie sich die Sache bewährt, hat nicht nur der Präsident Breymann auf Grund des Gutachtens der dortigen Gerichte abgegeben (Mittermaier, Erfahrungen über die Wirksamkeit der Geschw.-G. 1865, S. 323. 324), sondern alle Assisenpräsidenten werden heute ungefähr dasselbe Urtheil abgeben. Was die vermeintliche Schwierigkeit der Vereinigung betrifft, so waren bis 1852 nur 2 Fälle der Nichtvereinigung vorgekommen, in den nächsten 10 Jahren im Ganzen noch 2 Fälle; alle 4 Fälle haben sich aber in zweiter Verhandlung erledigt. Eine persönliche Anschauung der Verhältnisse in Braunschweig würde der Commission des deutschen Bundesraths eine günstigere Meinung von der Einstimmigkeit gegeben haben, welche vielleicht noch im Jahre 1874 oder 1875 die Hauptfrage der Reform werden könnte!

Richter zwar nicht in gewöhnlichen Zeiten, wohl aber in Zeiten der Parteikämpfe und des Verfassungsstreites, einen ungebührlichen Einfluß übten, den man in der Periode der Tudors und der Stuarts in einer Reihe von state trials kennen lernte. Mit dem Abschluß der Verfassungskämpfe hat sich auch der Grundsatz abgeschlossen, daß die Jury in ihrem endgültigen Schuldspruch für sich bleibt und für sich entscheiden soll. — Andererseits entsprach diese Trennung aber auch dem gesonderten Berufe des Richteramtes. Auch der Richterbank mußte die Trennung als eine naturgemäße erscheinen, da der Richter bedeutungsvolle Funktionen für sich zu üben hat, und eine Fusion der beiden Elemente zu einer stetigen Neigung führt, in den Beruf des Anderen hineinzureden, wie dies nun einmal in der menschlichen Natur liegt.

Warum hält die römische Gerichtsverfassung den magistratus und den Geschworenen in äußerlicher Trennung? Warum verkehren im deutschen Gerichtswesen Richter und Schöffen auf getrennten Sitzen in Frage und Antwort öffentlich mit einander? — Auf Erwägungen gleicher Art beruht es, daß im Schwurgerichte auch für den eigentlichen Schuldspruch Richter und Geschworene nicht in vertraulicher Conferenz zusammentreten.

Zunächst, um die nothwendige Einheit und Sicherheit der Rechtsbelehrung zu wahren. Dem vorsitzenden Richter entstehen nicht selten ernste Zweifel über die Rechtsfrage selbst, welche er in vertraulicher Besprechung mit dem an seiner Seite sitzenden Collegen erledigt. Nach außen hin aber soll die Rechtsweisung fertig und sicher erscheinen, wie das Gesetz, weil sie sonst die Geschworenen nur verwirrt oder zur Ueberhebung verleitet.

Weiter um die Verantwortlichkeit der Rechtsweisung zu erhalten. Sie kann und soll nicht ein persönliches Meinen des Richters ausdrücken, sondern sie unterliegt der Rechtscontrole des Plenums der Reichsgerichte, unter Umständen der Cassation durch das Oberhaus*). Darum erfolgt sie öffentlich unter Con-

*) Im englischen Proceß ist das Hauptrechtsmittel wegen irrthümlicher Belehrung des Richters der Antrag auf Wiederaufnahme und neue Verhandlung (motion for a new trial), welcher aber nur im Civilproceß und bei Vergehen (misdemeanors) eintritt. Für die schwereren Straffälle (felonies) drängte das practische Bedürfniß dazu weniger, weil die Assisen grade in diesen Fällen von Mitgliedern der Reichsgerichte selbst abgehalten werden. Auch die englische Cassation (writ of error) trifft diesen Punkt nur theilweise. Die nordamerikanische Gesetzgebung aber hat alle Unebenheiten ausgeglichen und gewährt den new trial durchgreifend für jeden Fall der irrigen Rechts-

trole der beisitzenden Richterbank, des versammelten Barreau's der Anwälte und der öffentlichen Berichterstattung, würdevoll, mit dem Bewußtsein der Verantwortlichkeit vor der Welt.

Eine Verlegung in das Berathungszimmer der Geschworenen würde aber nicht nur die Autorität, Verantwortlichkeit und Würde des Actes aufheben, sondern auch jede Controle, ob der Richter nicht mehr thut, als eine Belehrung über Rechtspunkte ertheilen. Er kann auch in guter Meinung seine persönliche Ansicht über die Schuldfrage, seine Kenntniß der Voracten, der Polizeiverhandlungen und vieles Andere geltend machen. Wie groß die Versuchung dazu ist, zeigen die Ausschreitungen, welche sogar in den öffentlichen Schlußvorträgen englischer und amerikanischer Assisenrichter vorkommen und so oft Gegenstand einer öffentlichen Mißbilligung werden. Die Reinheit der Eindrücke, auf die der englische Proceß mit rigoroser Ehrlichkeit hält, wird illusorisch durch jede andere Berathung, als unter den Geschworenen selbst.

Endlich würde die Vermischung der beiderseitigen Funktionen eine der stärksten Garantien aufheben, welche darin liegt, daß zuerst die Geschworenen den Schuldspruch selbständig für sich abgeben, und dann der Richter ebenso selbständig die Nachprüfung über Schuld- und Strafspruch auf sich nimmt. Das englische Recht giebt die Möglichkeit einer Berichtigung in der Sache selbst in ziemlich weitem Maße, und es lag nur im Geiste des Geschworeneninstituts, wenn auch der Code Napoléon dem einstimmigen Urtheile der Assisenrichter, daß die Geschworenen au fond geirrt, die Wirkung eines arrest of judgement beilegt. Es ist damit noch ein Sicherheitsventil gegen die Möglichkeit eines menschlichen Irrthums geschaffen.

Das Band, welches die beiden Seiten des Schwurgerichts trotz jener Trennung sicher zusammenhält, ist die gesetzliche Verpflichtung der Geschworenen, bei ihrer Erwägung der Haupt- und Mittelglieder des Spruchs der Rechtweisung der Richter zu folgen. Sie beruht auf der festen Grundlage des Gewohnheitsrechts (common law), welches in ihren Regeln der Ausdruck einer naturgemäßen Rechtsentwicklung ist. Mit dem Aufgeben dieser Amtspflicht des Geschworenen fallen die beiden Seiten des Schwurgerichts auseinander, und eine Wiederanknüpfung

---

belehrung (Glaser „Anklage, Wahrspruch und Rechtsmittel" 1866, §. 20, Nr. II.). Dem letzteren Muster ist die sächsische und österreichische Proceßordnung mit Recht gefolgt.

wird nur möglich durch eine künstliche Fragstellung und andere Künsteleien, mit denen das französische und deutsche Schwurgericht sich bis heute abmühen. Jenes feste Rechtsband ist die Schöpfung von Rechtsverständigen, welche mit Geschworenengerichten umzugehen wissen, und einer politischen Bildung, welche durch Selbstübung der Rechtsprechung weiß, daß die bürgerliche Freiheit auf der Unterordnung unter Gesetz und Rechtsprechung der Richter beruht.

Alle diese wesentlichen Vorbedingungen der Schwurgerichte fehlten bei ihrer hastigen Uebertragung auf Frankreich unter den Stürmen der Revolution. Es war hier unmöglich, die Jury als ein organisches Glied des Selfgovernment mit dem Gemeindeleben zu verbinden. Es fehlte die alte Zusammengewöhnung der englischen Grafschaft und Stadtcorporation. Es fehlte fast jede Gewohnheit einer Selbstverwaltung des Rechts, und damit das Gefühl der Verantwortlichkeit für Staat und Rechtsordnung. An deren Stelle stand nur die Forderung der „Theilnahme am Staat", das Streben nach individueller Unabhängigkeit des Einzelnen, die Idee einer Selbstregierung der Gesellschaft im Ganzen (Volkssouveränetät). Eine solche Lebensanschauung vermochte sich an den Gedanken einer Unterordnung unter das Gesetz und unter die Rechtsweisung beamteter Richter in keiner Weise zu finden. Man dachte sich unter Schwurgerichten: Volksgerichte, — unter Friedensrichtern: Friedensstifter. Ein „Rechtsinstinct" und ein „Wahrheitsinstinct" der Gesellschaft sollte die Stelle der ständischen Gerichtsorganisation ersetzen. Da aber ein primitiver Zustand der Gesellschaft, in welchem das Recht innerhalb eines jeden Localverbandes oder Fragments der Gesellschaft „geschöpft" werden kann, nicht mehr bestand, so blieben nur Gewaltmittel übrig, einen Naturzustand der Gleichheit herbeizuführen.

Die vermeintlichen „Volksgerichte" fielen alsbald machtlos auseinander. Mühsam mußte unter Directorium, Consulat und Kaiserreich das Gerichtswesen (unter Einschaltung der Jury) wieder aufgerichtet werden. Da aber das Souveränetätsgefühl der Gesellschaft sich dem beamteten Richter immer noch nicht unterordnen wollte, so blieb nur ein System der „Theilung der Gewalten" übrig, welches nun ebenso den Staat wie die Gerichtsverfassung beherrscht. Die Theilung zwischen factum und jus als Grundlage des Schwurgerichts lag dabei nahe genug, wobei man freilich die canonischen und englischen Begriffe von ius und factum gründlich mißverstand. So entstand die getheilte Fragstellung nach Thatbestand, Thäterschaft, Schuld, erschwerenden und erleichternden Umständen, durch welche zugleich dem Drang der Geschworenen zur Theilnahme an der Strafmessung Genüge geschah.

Da Staat und Recht aber nicht ohne Unterordnung der Gesellschaft bestehen können, so führt das System der Theilung der Gewalten zu einer desto größeren Unterthänigkeit des „Staatsbürgers" unter die zeitige Staatsverwaltung. Dasselbe war die Folge der äußerlichen Theilung des Schwurgerichts und der specialisirten Fragstellung. Unter dem Scheine einer Coordinirung enthält diese Fragstellung wieder die Unterordnung unter das Richteramt. Durch die Formulirung der Fragen entscheidet der Richter zunächst die Negative, daß die That unter keinen anderen strafrechtlichen Gesichtspunkt falle, giebt also eine anticipirte Entscheidung. Je weiter man dann durch specialisirte Fragen scheinbar die Competenz zur Antwort ausdehnt, umsomehr vinculirt man in Wirklichkeit die Geschworenen, und beschränkt ihnen das Gesammturtheil, bis sie schließlich zu beliebigen Probiersteinen des Beweises über einzelne Thatsachen herabsinken.

Diese Tendenz der Gesetzgebung trat nun andererseits in Wechselwirkung mit der Beibehaltung der Inquirentenstellung des Richteramtes. Das Inquisitionsprincip führt unabänderlich zu einem unstäten und sehr erheblichen Wechsel der Fragstellungen, der dem englischen Vorbild völlig fremd ist. Die geheime Voruntersuchung führt auf jeder Station zu veränderter Sachlage und Fragstellung. Die erste vom Staatsanwalt beantragte kann schon durch die Anklagekammer wesentlich geändert werden. Der Anklagebeschluß wird dann wieder in der Anklageacte des Generalprocurators verändert, specialisirt und den Geschworenen zum Ausspruch des „Schuldig mit den in der Anklageacte enthaltenen Umständen" vorgelegt. Erst mit dem öffentlichen Audienztermin wird das Amtsgeheimniß aufgegeben, und es erklärt sich schon daraus, warum in der mündlichen Hauptverhandlung so oft neue Gesichtspunkte, neue Beweismittel, neue Combinationen hervorspringen. Der französische Gesetzgeber war durch diese Lage genöthigt, auf ein folgerichtiges Anklageprincip zu verzichten, — nicht den Anklagebeschluß, auch nicht die Anklageacte, sondern vielmehr die That, „wie sie sich nach dem Inbegriff der in der Hauptverhandlung ermittelten Umstände darstellt," zum Gegenstande der Urtheilsfindung zu machen (wie auch der D. Commiss. Entw=

Motive 138). Die letzte definitiv geltende Fragstellung liegt erst in dem Resumé des Präsidenten.

So entsteht in einem vitiösen Kreise die Kette der Verwicklungen, die mit Verletzung des Grundsatzes aller strafrechtlichen Fragstellung schließt. Man kann keine Fragstellung auf die „Schuld" als Ganzes richten, wenn man die Anklageacte mit ihren einzelnen Umständen zu Grunde gelegt hat. Man kann auch bei der Fragstellung der Anklageacte nicht stehen bleiben, weil das Hauptverfahren so überaus häufig nova bringt. Man kann die Frage nicht einfach auf „Schuldig des Mordes" rc. stellen, weil man sie doch nicht ganz in das souveräne Belieben des Geschworenen stellen will. Man kann die Geschworenen nicht an die Rechtsweisung der Richter binden, weil dies der Souveränetät des Volksgerichts widerspricht. — Es ist ein in einander gewickelter Knäuel von Schwierigkeiten, welcher einerseits von den Inquisitionsgewohnheiten des Beamten, andererseits von dem habituellen Widerstreben des „Staatsbürgers" gegen eine Unterordnung unter Gesetz und Obrigkeit gebildet, getragen und zusammengehalten wird.

Trotz der Verschiedenheit des Nationalcharakters hat sich dieser vitiöse Cirkel wiederholt in der Bildung der deutschen Schwurgerichte. Der hastige Anlauf dazu ging aus dem Widerstreben der Gesellschaft gegen die Alleingewalt des Beamtenthums, also aus Ideen des „Volksgerichts" hervor, die zwar weniger gewaltsam, aber ebenso consequent zu denselben Fehlern der Formation führten. Der Deutsche ist ein guter Unterthan, aber er kann auch heute das Wort „Unterthan" in keinem Gesetzentwurfe leiden. Er ist ein eifriger Gemeindegenosse; aber jede Gemeindevertretung fühlt sich beleidigt, daß ihre Selbstverwaltung Staatsgesetzen unterthan sein, und daß sie in den wichtigsten Dingen nichts zu beschließen oder zu bewilligen haben sollte. Der Deutsche hält überall auf „Recht" und bekennt sich rückhaltslos als Anhänger des Rechtsstaats: er versteht aber unter dem öffentlichen Recht immer nur sein Verständniß eines jeden Verfassungsartikels und eines jeden Verwaltungsgesetzes, und ist nicht zu überzeugen, daß dies eben das Gegentheil des Gewollten ist. (Gneist: „Rechtsstaat", 1872, Kap. XI.) Der Deutsche ist auch ein pflichtgetreuer Geschworener: aber eine Unterordnung unter die Rechtsweisung beamteter Richter erscheint ihm wie eine „Bevormundung." Man kann mit diesem einen Wort stets Wunder wirken. Es ist immer noch ein Widerspruch zwischen Theorie und Praxis vorhanden, dessen letzter Grund in der Verschiebung unserer Gesellschaftsordnung liegt, — ein Widerspruch, der eben deshalb bei allen Nationen in solchem Zustande wiederkehrt. Daß einst der Civis Romanus in seinem Geschworenenamt anders dachte, daß der heutige Engländer und Amerikaner in allen jenen Fragen anders denkt, daß man im wahren Bewußtsein staatsbürgerlicher Freiheit über alle jene Fragen anders denken sollte, macht unsere Zeitgenossen nicht irre. Man glaubt über solche Standpunkte längst hinaus zu sein. Man hält das, was der Ausdruck der praktischen Bildung und Gewöhnung der bürgerlichen Freiheit ist (was mit der rechten Selbstverwaltung auch in Deutschland wieder zum Bewußtsein kommen wird), für nationale „Besonderheiten eines fremden Cultur- und Rechtslebens."

Aus diesen Wurzeln ging die Formation der deutschen Schwurgerichte hervor (Gneist, die Bildung der Geschworenengerichte; 1849). Bei dem ersten Anlauf war überall von einem „Volksgericht" die Rede, welches dem verknöcherten Juristenstande gegenüber das wahre Recht im einzelnen Falle zu schaffen habe. Die fortgeschrittenste Seite wollte Richter und Geschworene auch vom Volke wählen lassen. Sehr bald aber gingen diese Vorstellungen in eine „Theilung der Gewalten" über, und es wiederholt sich nun der Kreislauf der französischen Vorstellungen in allen Punkten:

1) Das System der Fragstellung. Ließ sich das Schwurgericht nicht einfach in eine Entscheidung über „Recht und Thatsache" auflösen, so sollte durch die Fragestellung „jeder juristische Begriff" sich in gemeinverständliche Fragen auflösen. Man vermied dabei die schweren Verirrungen der ersten revolutionären Gesetzgebung und schloß sich sogleich an die praktischere Gestalt des Code an, wie das Preußische Gesetz vom 3. Mai 1852, welches dann wiederum Muster für weitere Kreise wurde. Daß sich unter der Form der Fragstellung die Unterordnung der Geschworenen unter die Rechtsansicht und Vorentscheidung des Richters doch wieder vollzog, wurde nicht sonderlich bemerkt. In Wechselbeziehung dazu trat

2) die Beibehaltung der Inquisitionsmaxime, der geheimen Voruntersuchung, der Specialinquisition, die specialisirte Anklageacte, die Häufigkeit der nova im Hauptverfahren, die Zersplitterung der Fragen in alle möglichen circonstances

und Eventualfragen. Die Unstetigkeit der Inquisitionsmaxime führte auch hier zu einem stetigen Wechsel der Fragstellung. Nicht zufrieden mit dem Anklagebeschluß wird die motivirte Anklageacte zur Unterlage gemacht, und da deren Einzelheiten sich in dem Hauptverfahren sehr gewöhnlich verschieben, so gelangt erst das Resumé des Präsidenten zu derjenigen Fragstellung, die von den Geschworenen endlich zu beantworten ist.

3) Die Wechselbeziehung zwischen beiden Verhältnissen erzeugt dieselbe Verwicklung und Ueberkünstlung der Fragstellung, wie in Frankreich. Man getraut sich den Geschworenen nicht gerade heraus zu sagen, ob sie in ihren rechtlichen Obersätzen der Rechtsweisung des Präsidenten, oder ihrer eignen Theorie zu folgen haben. Man überläßt sie steuerlos ihrem freien Ermessen auf Grund von Verhandlungen, in denen die Parteistellung den Eindruck der Beweise überschüttet und verwirrt. Ihr vermeintliches souveränes Urtheil wird aber durch eine verzwickte Fragstellung ebenso stark vinculirt, wie das Endurtheil im Deutschen Civilproceß durch die vorangegangenen rechtskräftigen Zwischenurtheile.

Seit einem Menschenalter hat sich nun die Deutsche Gewissenhaftigkeit mit den Fehlern der Fragstellung eingehender beschäftigt, als die Französische Jurisprudenz.*) Die Vielheit der Landesgesetzgebungen gab die Möglichkeit der Verbesserungsversuche in allen Richtungen, und man kann annehmen, daß die möglichen Varianten heute wirklich erschöpft sind. Nach Schwarze's Ueberzeugung hat jedenfalls die sächsische Gesetzgebung alle Möglichkeiten erschöpft. Allein auch das sächsische Gesetz von 1868 stellt wieder den fehlerhaften Satz an die Spitze,

daß in den an die Geschworenen zu richtenden Fragen die concreten Thatsachen an Stelle der strafrechtlichen Merkmale des Verbrechens aufgenommen werden sollen,

*) Aus den Streitfragen über die Fragstellung im Schwurgericht und aus den connexen Fragen über die verbesserte Organisation ist eine eigene Literatur erwachsen. Ein hervorragendes Verdienst beansprucht für die Zergliederung der Fragestoffes H. Meyer „That- und Rechtsfrage" 1860. (vergl. auch Goldtammer Archiv Band X. S. 226. ff.), Dr. Glaser „die Fragenstellung im Schwurgerichtsverfahren" 1863. „Zur Juryfrage" 1864, v. Bar „Recht und Beweis im Geschworenengericht" 1865 und zahlreiche Einzelschriften und Aufsätze, welche wohl jede mögliche Combination erschöpfen, um Richteramt und Geschworene wieder aneinander zu knüpfen. Ueber das Technische der Fragstellung, insbesondere vergl. die Literatur in Zacke „Beschlußfassung in Versammlungen und Richtercollegien" 1867.

ohne zu bemerken, daß man zwei incommensurable Dinge einander gleichstellt, mit denen keine menschliche Vernunft jemals zurecht kommen wird. Aus anderen Quartieren ertönte nun der Ruf: „ohne die Aufhebung der Fragstellung an die Geschworenen ist eine wahrhafte Remedur unmöglich!“ Daß diese Reform aber vor allem eine Aenderung in den Vorstellungen der Criminalisten selbst voraussetze, davon sind sie selbst nicht leicht zu überzeugen. Viel näher lag es, die Schuld Anderen beizumessen und die Deutschen Geschworenen anzuklagen, deren „auffällige“ Aussprüche, deren augenfällige „Mißverständnisse“ der Rechtssätze ein beliebtes Thema unserer Literatur wurden. Wenn solche Ankläger unserer Geschworenenbank auch nur eine kurze Zeit das Material der Geschworenen in Augenschein nehmen wollten, mit welchem ein Englischer oder Amerikanischer Assisenpräsident zufrieden sein muß, so würden solche Anklagen mit einiger Beschämung verstummen, und auch dem Deutschen Bauer auf der Geschworenenbank würde Abbitte, Ehrenerklärung und Widerruf auf einmal zu Theil werden.

Wollen wir der Wahrheit die Ehre geben: nicht an den Geschworenen, sondern an den Juristen liegt die Schuld der vorhandenen Mißstände.

Von den Juristen rührt die Anlage des Hauptverfahrens her, welche die einfachen Eindrücke der Beweisung mit Parteidarstellungen, Reden und Phrasen überschwemmt, die unserem Deutschen Wesen von Hause aus völlig fremd sind.

Von den Juristen rührt die Verkehrtheit der Verlesung bogenlanger Anklageacten her, die für ein Verfahren mit Geschworenen sachwidrig ist.

Von den Juristen rührt der Verstoß gegen die erste Regel der Fragstellung her. Alle Widersprüche und Spitzfindigkeiten, welche aus der Spaltung der Schuldfrage in präjudicielle Einzelfragen hervorgehen, kommen auch in den Richtercollegien zur Erscheinung, bleiben aber durch die geheime Berathung dem Publikum unbekannt.

Von den Juristen rührt die Vorstellung her, der Assisenpräsident sei doch nur ein „einzelner Beamter“, dessen maßgebende Autorität „nicht unbedenklich“ erscheine; der Laie solle nur „mehr Zutrauen“ zu seiner eigenen Gesetzauslegung hegen; in der „Ausgleichung“ zwischen der mehr abstrakten Anschauung des Rechtsverständigen und der mehr concreten Anschauung des Geschworenen werde sich gerade die rechte Gesetzauslegung herstellen.

Von den Juristen rühren die Schlagworte her, durch welche

der Laie in der Gewohnheit bestärkt wird, stets seine Selbstinterpretation für Gesetz und Recht zu halten, sowie die in jedem Bezirksvereine durchschlagende Frage: ob denn der Geschworene ein „Richter zweiter Klasse" sein wolle?

Legt man den Geschworenen das Widerstreben gegen die Unterordnung unter das Gesetz zur Last, so ist dieser Vorwurf allerdings die Wurzel des Uebels, er wird aber von den Juristen und von den Laien bisher gemeinschaftlich getragen.

Allmälig sind zwar die schroffsten Ausdrücke verklungen, die unter den Eindrücken des Jahres 1848 proclamirten, „der Richter stehe unter dem Gesetze, der Geschworene aber über dem Gesetze und sei der Vermittler zwischen der Idee des Rechts und dem positiven Gesetze" (Leue).

Aber man blieb doch bis heute ziemlich einig, daß die Unterordnung der Jury unter den Gerichtshof auf Deutschland nun einmal unübertragbar sei. „Die Jury muß in Deutschland die Ebenbürtigkeit der Geschworenen und Richter zum Ausgang nehmen."

In unzähligen Varianten wird dem Geschworenen der Beruf zugewiesen, das Gesetz in der Wechselwirkung mit dem Volksbewußtsein zu „corrigiren".

Jede Rechtsbelehrung des Richters müsse den Geschworenen „mehr oder weniger fremdartig und äußerlich bleiben". Jene Belehrung gehe von dem veralteten Standpunkte aus, welche das Recht für eine „Geheimnißlehre des Juristenstandes" erkläre, von der die Nichtjuristen um jeden Preis ferngehalten werden müßten.

Es sei mit der Rechtsbelehrung des Richters „eine sehr unklare Sache —, es möge dies vielleicht in England passen", nach dem Zustande unseres Rechts fehle es ihr an einer definirbaren Bedeutung. Wenn man Geschworene an eine richterliche Gesetzauslegung binde, bleibe ihm dann noch irgend welche Selbständigkeit?

Ein vielbesprochener Vorschlag will den Geschworenen einen „juristischen Berather" in das Zimmer mitgeben; der „Staatsbürger" erkennt also dem Rechtsverständniß wenigstens eine berathende Stimme zu.

Einige Stimmen der Gegenwart leben der Hoffnung, daß „bei steigender Durchsichtigkeit unseres Rechts und bei steigender Cultur und Rechtskenntniß vielleicht später einmal das Gericht mit lauter Laien besetzt werden könnte".

Nein! und abermals Nein! Es sind das Alles Selbstänschungen, in welchen wir Juristen den Laien bestärken. Die wirkliche Achtung vor Gesetz und Recht ist eine viel ernstere Sache und setzt ein höheres Maß von Selbstbeherrschung voraus, ohne welches die „Volksgerichte" niemals zu ihrer rechten Gestalt gelangen werden.

Es bedarf allerdings ernster und schwerer Erfahrungen, ehe eine Nation eine solche unfertige Zwischenstufe ihrer Rechtsbildung überwindet. Wir sehen aber an dem nationalverwandten Vorbilde der nordamerikanischen Freistaaten, daß nach schweren Prüfungen dieser Zustand zu überwinden ist. Wir sehen ebenso an dem Vorbilde der dortigen Juristen, daß auch unter den hoch gespannten Ansprüchen republikanischer Volkssouveränetät der Richterberuf den Muth und den Character bewahren kann, seinen „Mitbürgern" die Wahrheit zu sagen, und daß die Nation nachfolgt, wenn die Rechtsverständigen ihre Pflicht thun.

Vielleicht für Manchen überraschend kehrt die ganze Kette der obigen Argumentationen wieder jenseits des Oceans, auf dem Boden einer neuen Cultur und zahlreicher Deutscher Ansiedlungen. Die bindende Kraft der Rechtsweisung war dort als gesetzliche (common law) Verpflichtung mit dem Rechte des Mutterlandes auf die Geschworenen übergegangen. Aber es war unmöglich, ie im ersten Menschenalter nach der „Unabhängigkeitserklärung" aufrecht zu erhalten. Der souveräne Staatsbürger macht selbst Gesetz und Recht, oder er corrigirt es wenigstens, er ordnet sich keinem Beamten unter, er versteht und weiß die Rechtsfrage so gut wie die Thatfrage. Richter und Advocatur wetteifern in Anerkennung der fortgeschrittenen großen Ideen der Zeit. Unsere criminalistische Literatur der letzten Jahrzehnte wird keinen ihrer Gedanken in den Präcedenzfällen jener Zeit (Wharton, Criminal Law, II. Aufl. 886—893) verloren finden. Der „große Gedanke der Zeit" war auf fruchtbaren Boden gefallen, und dort war es die Richterbank selbst, welche den Geschworenen zur Ausübung seines Souveränetätsrechts der Gesetzauslegung aufforderte. Begreiflich trat das republikanische Selbstgefühl der Gesellschaft in der neuen Welt um Vieles rücksichtsloser und heftiger auf, als die Ideen der Volksgerichte, welche in Deutschland aus der Spannung zwischen Staat und Gesellschaft seit 1848 hervorgegangen sind. Mit Spannung verfolgt man das Ringen der gesellschaftlichen Grundidee mit dem nationalen Gewissen durch eine Reihe von Jahren, welche manche Schwankung der Praxis und eine übergroße Zahl unverantwortlicher Freisprechungen zu registriren hat. Aber das bessere Ich, — das Erbtheil germanischer Nationalität, — behält die Oberhand. Nach langen und schweren Verirrungen ermannt sich das Richteramt, um muthig vorangehend, Gesetz und Recht wieder zu Ehren zu bringen. Obenan steht der große Name des Richters Story (i. S. U. S. v. Battiste), und dem Vorgange folgen alsbald die obersten Gerichtshöfe. Klarer noch als die englischen Richter hat Story seinen Mitbürgern gesagt, worauf es ankommt:

„Der allgemeine Schuldspruch umfaßt allerdings sowohl die Rechts- als die Thatfrage, und die Geschworenen sprechen sich also über beide aus; sie haben daher die physische Macht, das Gesetz, wie es ihnen das Gericht darlegt, außer Acht zu lassen; allein ich stelle entschieden in Abrede, daß sie das moralische Recht haben, über das Recht nach ihren persönlichen Ansichten und nach ihrer Willkür zu entscheiden. Im Gegentheile halte ich es für das geheiligte verfassungsmäßige Recht jedes Angeklagten, daß die Jury sich über die Thatsachen, und das Gericht über das Recht sich ausspreche. Es ist die Pflicht des Gerichtes, die Jury zu belehren, und es ist die Pflicht der Jury, dem Gesetze zu folgen, wie das Gericht es ihm darlegt. Dies ist das Recht jedes Bürgers und ist seine einzige Schutzwehr. Stände es der Jury frei, sich das Recht selbst zurecht zu legen, so würde nicht blos das Gesetz sehr ungewiß werden, weil es verschiedene Juries verschieden auffassen würden; sondern im Falle eines Irrthums würde die benachtheiligte Partei keine Abhilfe finden können; denn wenn die Entscheidung der Rechtsfrage von der Jury erfolgt wäre, könnte der Gerichtshof sie keiner Revision unterziehen, ja es wäre sogar ganz unausführbar, festzustellen, was nach der Entscheidung der Geschworenen Rechtens ist. Wenn dagegen der Gerichtshof der Jury eine falsche Rechtsbelehrung ertheilt, dann kann die dadurch beschwerte Partei durch Antrag auf neue Verhandlung oder Kassation Abhilfe erlangen. Jeder Angeklagte hat ein Recht, nach dem Rechte des Landes gerichtet zu werden, nach dem feststehenden Rechte des Landes, nicht nach dem Rechte, wie es eine beliebige Jury versteht, oder es aus Uebermuth, Unwissenheit oder zufälligem Mißverständniß auslegen mag".

Noch anschaulicher war die ratio juris schon in einem früheren Fall von dem Richter Baldwin dargelegt worden, in einem Falle, in welchem der Defensor die Verfassungswidrigkeit des sogen. Bankstatuts zur Entscheidung der Jury zu stellen versucht hatte:

„Wollten Sie diese Gewalt in Anspruch nehmen und ausüben, so würde Ihre Ansicht doch nicht eine unverletzbare Rechtsregel werden; Niemand würde dadurch gebunden sein; eine andere Jury könnte wieder anders entscheiden, und Sie könnten nicht verlangen, daß die Gerichte bei Prüfung der Befugnisse der gesetzgebenden und richterlichen Gewalt und bei der dazu nöthigen Auslegung der Verfassung sich nach Ihrem Wahrspruch richten sollten; noch weniger sind Sie befugt, darüber, was Rechtens sei, welche Handlungen erlaubt, welche strafbar seien, so zu entscheiden, daß dies Ihren Mitbürgern und den Gerichten zur Richtschnur ihres Handelns zu dienen hat. Maßen die Geschworenen sich diese Gewalt an, so haben wir weder Verfassung, noch Gesetze mehr. Eine Jury hat dasselbe Recht, wie die andere; keine kann ihre Nachfolger binden, und was Sie heute für constitutionell erklären, wird morgen von einer andern Jury als verfassungswidrig hingestellt werden. Wenn aber Gesetz und Recht durch die schwankende und willkürliche Beurtheilung der Richter und Geschworenen bestimmt wird, statt durch den Maßstab der Verfassung, ausgelegt von dem ausdrücklich hierzu berufenen obersten Gerichtshofe der Vereinigten Staaten, dann haben wir aufgehört, eine Regierung nach Gesetzen zu besitzen".

Ebenso der Richter Curtis: „Meine feste Ueberzeugung ist, daß nach der Verfassung der V. S. die Jury durch Pflicht und Eid gebunden ist, auf die Thatsachen, wie sie solche findet, die Rechtsregeln, wie sie ihr der Richter giebt, anzuwenden."

Ebenso in einem Urtheil des höchsten Gerichtshofes von New-York:

„Die Jury kann allerdings Gesetz und Eid außer Acht lassen und einen Wahrspruch geben, der mit Recht und Beweis im Widerspruch steht. Aber man kann wahrlich nicht sagen, daß sie ein Recht habe, dies zu thun."*)

*) Eine Uebersicht der amerikanischen Rechtssprechung giebt Dr. Glaser: „Anklage, Wahrspruch und Rechtsmittel". 1866. S. 253—265 auf Grund der 2. Auflage von Wharton. Auf Grundlage der bekannten engl. Parlamentsacte über das Recht der Jury in Libellprocessen wird im Preßproceß eine mehr scheinbar als wirklich weitergehende Befugniß angenommen; aber auch hier

Im letzten Menschenalter ist der Grundsatz der bindenden Rechtsbelehrung des Richters bei den namhaften Gerichtshöfen der Union und in der Rechtsprechung der Einzelstaaten durchgedrungen. Nach Wharton's Uebersicht sind von den Einzelstaaten nur etwa vier (Maine, Alabama, Georgia, Indiana) im Rückstande.

Immerhin mußte es rathsam erscheinen, gegen die stets wiederkehrenden Versuchungen das alte Gewohnheitsrecht durch die Gesetzgebung zu befestigen. Deshalb wurde in das Gesetzbuch für New-York von 1850 Art. 477. (Mittermaier: „Engl. Strafverfahren", 1851. S. 454) der Satz aufgenommen:

„Das Gericht entscheidet über alle während der Verhandlung vorkommenden Rechtsfragen. — Thatsachen werden von der Jury entschieden, und obwohl die Geschworenen das Recht haben, einen allgemeinen Schuldspruch zu finden, welcher die That- und die Rechtsfrage umfaßt, so sind sie doch gebunden, das Gesetz so anzunehmen, wie es ihnen von dem Gerichte erklärt wird. Das Gericht muß daher in der charge alle Rechtspunkte erklären, deren Kenntniß es für die Fällung des Wahrspruchs für nothwendig erachtet, und muß den Geschworenen erklären, daß sie die ausschließlichen Richter aller Thatfragen sind."

Es handelt sich hier wahrhaftig nicht um „geistreiche Gedanken" oder „gelehrte Theorien", sondern um die höchsten Fragen des Rechts unserer Zeit und unserer Nation, für welche nur der sechste Sinn, das Gewissen, in Anspruch zu nehmen ist, auf daß auch unsere Juristen ihre Schuldigkeit thun mögen in dem neuen Wendepunkte unseres Strafverfahrens.

Entschuldbar ist es allerdings, wenn die bisherigen Darsteller der Frage immer von einer „moralischen" Verpflichtung, von einer Gewissenspflicht und alter Gewöhnung reden, die nach dem englisch-amerikanischen System dem Geschworenen obliege. Die Natur und gesetzlich bindende Kraft der englischen common law ist einem Fremden nicht ohne Weiteres verständlich. Jener Irrthum rührt schon von Biener her.

Bedenklicher aber ist die herkömmliche Ausrede, eine solche gesetzliche Verbindlichkeit der Geschworenen „ließe sich doch nicht con-

---

ist die Leitung (direction) des Gerichtshofes beibehalten. Eine Uebersicht der spätern Rechtsprechung in den V. St. auf Grund der 6. Auflage von Wharton werde ich nachträglich geben, troliren oder erzwingen". Es liegt dabei eine alte und befestigte Meinung des Berufsbeamten im Hintergrunde, welcher sich nicht vorzustellen vermag, daß Amt, Amtseid und Amtspflicht einem Anderen, als einem Berufsbeamten, auferlegt werden könne. Der Geschworene leistet und hält seinen Amtseid so gut wie der richterliche Beamte, und seine Lage ist keine andere. Auch die Erfüllung unserer richterlichen Amtspflicht beruht nur auf „innerlichen" Momenten. Die Controle der subjectiven Gründe fehlt auch beim Richteramte, welches zwar objective Entscheidungsgründe zu formuliren genöthigt werden kann, dessen eigentliche, subjective Gründe aber Niemand zu controliren vermag. Man muß sich bei Geschworenen wie bei Richtern schließlich darauf verlassen, daß sie ihren Amtseid halten werden, und die Deutschen Geschworenen thun es in Wirklichkeit.

Die Probe der Frage ist übrigens längst gemacht; denn die eidliche Verpflichtung des Geschworenen, die thatsächlichen Voraussetzungen des Urtheils nach dem Inbegriff der „vor Gericht" verhandelten Beweise zu entnehmen (Preuß. Gesetz v. 3. Mai 1852. Art. 87.) hat genau denselben Character, und ist anerkannterweise von Deutschen Geschworenen ehrenhaft erfüllt worden.

Das Bedenken, jene Verpflichtung sei „nicht recht practisch", würde sich aber sofort erledigen, wenn solche Juristen selbst sich unter die zwölf Geschworenen setzen wollten. Sie würden alsbald sehen, wie die Berathung eine völlig veränderte Grundlage erhält, sobald der Streit um die Obersätze aufhört, und jeder Geschworene den anderen kurzweg auf die richterliche Auslegung der Rechtsregel zu verweisen hat. Es würde dann auch wohl verständlich werden, worauf der verderbliche Einfluß beruht, welchen einzelne unserer redseligen Defensoren auf die Schwurgerichte üben. Ein schlauer Vertheidiger weiß recht wohl, wie sehr die Lehre vom determinirten Willen der materialistischen und naturwissenschaftlichen Grundrichtung der Zeit zusagt, und welche Lieblingsideen die Gesellschaft bewegen. Jede strafrechtliche Irrlehre hat eine solche Anknüpfung in den Grundideen der heutigen Gesellschaft. Ob aber irgend eine pikante Rechtstheorie des Defensors oder des Staatsanwalts, oder ob die Belehrung des Richters, oder ein Zeitungsartikel, oder die eigne Theorie des Geschworenen von der Zurechnungsfähigkeit dem Berathungszimmer als Leitstern dient, überlassen wir dem glücklichen Zufall und sind verwundert, wenn die Geschworenen der ansprechendsten Theorie folgen!

Es wird endlich Zeit werden, den in unseren Gesetzen vergessenen Nachsatz nachzuholen:

Die Geschworenen haben die thatsächlichen Voraussetzungen aus dem Inbegriff der vor ihnen geführten Verhandlung (wie im Pr. Ges. v. 3. Mai 1852. Art. 87), die rechtlichen Voraussetzungen nach der von dem Vorsitzenden ertheilten Weisung zu entscheiden.*)

Dem großen Werk des deutschen Strafgesetzbuchs fehlt der reale Boden, so lange nicht dafür gesorgt ist, daß vor dem Ausspruch der Geschworenen der richtig verstandene Sinn des Gesetzes dargelegt, und dadurch dessen wirkliche Anwendung ermöglicht und gesichert wird. Das Rechtsband zwischen Richter und Jury, zwischen dem Gesetz und seiner Verwirklichung, bleibt zerschnitten, so lange diese Ergänzung fehlt. Der Beruf des höchsten Gerichtshofs zur Aufrechterhaltung der Einheit der höchsten Grundregeln des Rechts bleibt von dem Boden der Wirklichkeit abgelöst, und das Rechtsmittel der Revision (Commiss. Entw. §. 256) behält nur ein überwiegend formalistisches Gebiet, wenn nicht die maßgebende Rechtsweisung des Präsidenten, sondern die hinterher niedergeschriebenen sog. Gründe (§. 228 eod.) die Grundlage bilden. Für diese ist nur die größere oder geringere Geschicklichkeit des niederschreibenden Referenten verantwortlich zu machen. Der oberste Gerichtshof soll mehr sein, als ein bloßer Censor der Referenten-Arbeit.

Dieser allein richtige, der Achtung vor dem Gesetze entsprechende Weg ist schon betreten worden in der sächsischen Strafproceßordnung durch Einführung der Cassation wegen unrichtiger Rechtsweisung des Vorsitzenden. Sie hat ihre Nachfolge gefunden in dem neuen österreichischen Gesetzbuche. Es war nur nöthig, diesem Vordersatz den Nachsatz hinzuzufügen: die rechtlich bindende Kraft der Rechtweisung, — um damit die verbogenen Glieder des deutschen Schwurgerichts einzurenken.

Der Deutsche Entwurf einer gemeinsamen Gerichtsverfassung und eines gemeinsamen Strafverfahrens

*) Selbstverständlich ist die Rechtsweisung in öffentlicher Sitzung zu ertheilen. Es bedarf aber noch einer ergänzenden Vorschrift darüber (wie in der Oestr. Str. Pr. O.), daß derjenige Passus der Rechtsweisung, auf welchen eine Partei ein Rechtsmittel bauen will, auf Antrag zu Protocoll genommen wird, in der Fassung, welche der Richter selbst endgültig zu bestimmen hat, mag er ihn eigenhändig niederschreiben, oder dem Gerichtsschreiber dictiren.

fand hier ein überaus schwieriges und streitiges Feld der Reform vor.

Es war aber inzwischen eine neue Schöpfung in das Leben getreten, welche für alle Reformfragen der Jury die Aufmerksamkeit im weitesten Kreise auf sich zog und die Wahl nach einer anderen Seite hin offen stellte.

In einer Epoche der Verzweiflung über die „unheilbaren" Mängel der Schwurgerichte war das neue Institut der Schöffengerichte im Königreiche Sachsen geschaffen worden. Der „Vater" desselben war ein Gegner des Schwurgerichts, welcher der unabweisbaren Forderung der Betheiligung des Laienelements in besserer Weise gerecht werden wollte*). Für die Strafgerichte höherer Ordnung blieb die sächsische Gesetzgebung zwar bei dem herkömmlichen Schwurgericht stehen. Die zweite Kammer hat sich sogar mit 116 gegen 17 Stimmen für Geschworene gegen Schöffen entschieden. In der mittleren Ordnung der Strafgerichte aber blieb der Raum für eine Neubildung, indem man die Bezirksgerichte in der Hauptverhandlung mit drei Richtern und vier Schöffen besetzte. Es wurde dabei in Uebereinstimmung mit der heutigen Natur des Gesetzes und Richteramts:

1) vorweg die Grenzlinie innegehalten, welche alle Proceßleitung, Entscheidung der Proceßfragen und Strafmessung ausschließlich den Richtern vorbehält;
2) auch in der Schuldfrage wurde den Richtern allein die Entscheidung vorbehalten, „welche strafgesetzlichen Bestimmungen auf die durch die gemeinschaftliche Beschlußfassung bewirkten thatsächlichen Feststellungen anzuwenden seien." Den Schöffen

*) Vorschlag: „Ein aus Staatsrichtern und Geschworenen (Schöffen) zusammengesetztes Collegium entscheidet auf Grund gemeinsamer Berathung und Beschlußfassung über die gesammte Schuldfrage. Das numerische Uebergewicht gebührt den Geschworenen. Dieselben werden ebenso wie jetzt die Geschworenen gewählt und einberufen, jedoch dergestalt, daß sie ihre Funktion jedesmal in ununterbrochener Aufeinanderfolge für eine Mehrzahl von Sachen verwalten. Die Proceßleitung, sowie späterhin die Strafabmessung erfolgt lediglich durch die Richter, — die Schuldfrage selbst wird durch Majorität der sämmtlichen Mitglieder (Richter und Geschworenen) entschieden; jedoch so, daß zwei Drittel Majorität für jede dem Angeklagten ungünstige (Einzel-) Entscheidung erforderlich ist." (Schwarze, Schöffengericht, 1865. S. 166). — „Es soll damit der in der Theilung waltende Geist des Mißtrauens gebannt, und die Einheit, welche in ihr untergegangen, wieder hergestellt werden." — Der Vorschlag, das Gericht mit 3 Richtern und 6 Schöffen zu besetzen, ist von Hye, (Die D. Schwurgerichte, 1864, S. 37—39,) gemacht worden.

wird eine Entscheidung nur eingeräumt, „soweit den Geschworenen die Beschlußfassung eingeräumt ist, und ihr Wahrspruch sich zu erstrecken hat.“

3) Kein unbefangenes Urtheil wird verkennen, daß in der sächsischen Einrichtung jedenfalls praktisch annehmbare Verbesserungen der sog. Dreimännercollegia (drei Richter, welche mit 2 gegen 1 Stimme entscheiden) lag, welche eine der schwächsten und unzuverlässigsten Formen der Strafrechtspflege darstellte, die nach Aufhebung aller Rechtsmittel gegen die Schuldfrage nahezu unerträglich wird.

Es ist damit ein Schwurgericht in summarischer Verkürzung für einfachere leichtere Fälle hergestellt, in welchem (unter theilweisem Verzicht auf die Oeffentlichkeit) Fragstellung, Berichtigungsverfahren, Schuld- nud Strafspruch sich in eine einheitliche Berathung unter Richtern und Laien zusammenzieht. In einer summarischen Procedur sind die gegliederten Formen nun einmal nicht vollständig durchzuführen. Fragt man aber die Angeklagten selbst, so werden sie eine Schuldigsprechung mit fünf gegen zwei Stimmen an Stelle einer Verurtheilung mit zwei gegen eine Stimme sich wohl gefallen lassen. Dasselbe gilt von den Schöffen selbst, die sich — in einem leichteren Dienst ehrenvoll an die Seite der Richter gesetzt — in dieser Gleichstellung, in der vereinfachten Verhandlung und in der vertraulichen Erledigung aller Schwierigkeiten wohlbefinden. Die Neubildung erhielt daher ein günstiges Zeugniß von vielen Seiten.

Auf etwas verschiedenem Wege kam Württemberg zu einem ähnlichen Schöffengerichte. Hier hatten sich von alter Zeit her Reste einer Laienbesetzung der Gerichtsbank erhalten. Hier haben sich sogar Reste der Rügegerichte bis in das XIX. Jahrhundert conservirt. Nach den günstigen Erfahrungen in Sachsen hat man „versuchsweise“ die alte Einrichtung erweitert und daraus ein Mittelgericht gebildet, bestehend aus drei Richtern und zwei Schöffen, in etwas schwereren Fällen aus vier Richtern und drei Schöffen.

Unabhängig von diesen Versuchen war an andern Orten der Einzelrichter in den kleinsten Straffällen mit zwei Schöffen thätig. Das Dorfgericht mit seinen zwei Schöffen war eine alte Institution, an welcher der Landmann hing, und welche er in einer verkümmerten Dorfverfassung noch als Erbschaft der guten, alten Zeit ansah. Es war eine Art von conservativer Tradition geworden, solche Reste rusticaler Gesellschaftsordnung wieder zu beleben und mit den größeren Bezirken der neueren Amtsgerichte zu verbinden. So kam man in Hannover (1852) zu Einrichtungen der Art, in Oldenburg (1857), Kurhessen (1863). Der Justizminister Graf Lippe führte sie (1867) in den neuerworbenen preußischen Provinzen ein. Anknüpfung an ältere Einrichtungen hatten sie in Oldenburg und Bremen gefunden; wieder in anderer Weise in Baden (1864). In Württemberg fungirte von Alters her in einigen Strafsachen der Oberamtsrichter mit seinem Assessor und drei Schöffen*). In allen Formationen dieser Art mußte natürlich ein so kleiner Gerichtskörper als Ganzes zusammenbleiben. Die Kleinheit und Einfachheit der Straffälle, die überwiegende Autorität des ständigen Amtsrichters über zwei Nachbarschöffen, die äußerst summarische Natur des Verfahrens, machen eine solche Formation practicabel.

Der Deutsche Entwurf hat geglaubt, diesen neben dem Schwurgericht bestehenden Formationen um so mehr eine besondere Beachtung zuwenden zu sollen, als die Schwurgerichte nach französischem Vorgang bisher ziemlich isolirt den Strafgerichten unterer Ordnung gegenüberstanden. In dem bei weitem größten Theile Deutschlands bestehen zur Zeit drei Grundsysteme:

I. Große Strafgerichte für Verbrechen, meistens besetzt mit 3 Richtern und 12 Geschworenen.

II. Mittlere Strafgerichte für Vergehen, — meistens Gerichtsabtheilungen von 3 Richtern, — in Sachsen mit einem Zusatz von 4 Schöffen, in Württemberg mit einem Zusatz von 2 Schöffen.

III. Kleine Strafgerichte für Uebertretungen, verbunden mit dem Einzelrichteramt, — sporadisch mit einem Zusatz von 2 Schöffen.

Einer Reform war in jedem Fall die Mittelstufe der Drei-

---

*) Ohne nach den verschiedenen Grundideen zu fragen, aus denen diese Einrichtungen hervorgingen, kann allerdings bei Uebertretungen im engeren Nachbarverbande, bei Verletzungen der ländlichen Gesellschaftsordnung eine solche Mitwirkung angemessen sein. Nur darf man bei der Gestalt des heutigen Strafrechts und des Verwaltungsrechts nicht glauben, mit dergleichen Einrichtungen aus kleinstem Kreise heraus das Gemeindeleben im größeren Maßstabe zu reorganisiren. Die Justiz- und die Verwaltungseinrichtungen laufen auch hier parallel. Die Idee einer Neubildung von Dorfverfassungen für die Zwerggemeinden und andere Fragmente der Zersplitterung des Feudallebens hat bisher zu Nichts geführt. Solche Formationen bleiben abortiv, wenn man größere daraus zusammenfügen will.

männer-Collegium bedürftig. Der Entwurf hat deshalb eine Verstärkung durch Laien ins Auge gefaßt, und gewiß mit Recht.

Es bot sich dafür ein zwiefacher Weg dar. Entweder Bildung kleiner Schwurgerichte für Vergehen (vielleicht zu besetzen mit 1 Richter und mit 4 Geschworenen). Oder Schöffengerichte nach dem Muster des Königreichs Sachsen. Man konnte für letztere geltend machen, daß sie eine namhafte Verbesserung der Dreirichtercollegien darstellen, daß man in Sachsen damit zufrieden sei, und daß auch der Deutsche Juristentag eine Mittelbildung der Art für angemessen befunden habe.

Allein seit Jahrzehnten schon dauerten die Beschwerden über die unheilbaren Mängel der Schwurgerichte. Der Entwurf stellte sich daher die höhere Aufgabe, diese Mängel gründlich zu heilen, die Besetzung des Strafgerichts auf ein durchgehendes Princip zu stellen, zugleich das Verfahren und die Rechtsmittel nach einem Grundsatze zu regeln und zu vereinfachen. Es schien auch für die einheitliche Rechtsentwicklung angemessener, Schöffen in allen Gerichten mitwirken zu lassen.

Man stellte sich vor die Alternative: entweder Laien überhaupt nicht, oder Laien in den Gerichten aller Stufen. Und wenn man die Laien einmal zuläßt: dann ganz, — keine halben Richter neben den berufsmäßigen Richtern. Lasse man den Laien dann lieber in gleichberechtigter Stellung das Amt in seinem vollen Umfange üben. Mit dieser wesentlichen Abänderung und Erweiterung nahm man deshalb das System der Schöffengerichte in drei Stufen an:

I. Große Schöffengerichte von 3 Richtern und 6 Schöffen.
II. Mittlere Schöffengerichte von 3 Richtern und 3 Schöffen.
III. Kleine Schöffengerichte von 1 Richter und 2 Schöffen.

Zur Rechtfertigung nimmt der Entwurf seinen Ausgang von der Betrachtung, daß zur Zeit in Deutschland zwei Grundsysteme einander gegenüberstehen: das der Geschwornengerichte und das der Schöffengerichte, — der Trennung oder der Fusion des strafrichterlichen Personals.

Schon dieser Ausgangspunkt ist indessen nicht ohne Bedeutung; denn in der Wirklichkeit verhält sich die Sache doch wohl anders. Die in Deutschland vorkommenden Schöffengerichte bilden nicht, wie die Schwurgerichte, ein großes, nach einem Grundgedanken gebildetes Gerichtssystem, sondern es sind Einzelbildungen und Einzelversuche ohne inneren Zusammenhang. Das sächsische Schöffen-Mittelgericht war ein ganz neuer Versuch, — die Schöpfung vorzugsweise eines hervorragenden Criminalisten. Das württembergische Mittelgericht ist eine althistorische Bildung ganz anderer Grundlage. Die neben dem Einzelrichter vorkommenden 2 Schöffen sind kleine Varianten, wie sie in Deutschland an allen Punkten vorkommen, namentlich auch beim Anklageamt. Diese Dinge stehen ziemlich äußerlich neben einander. In Sachsen: ein Schöffengericht für Mittelfälle, aber kein Schöffengericht für Uebertretungen. In Baden: ein Schöffengericht für Uebertretungen, aber nicht für Mittelfälle. Dies Letztere gilt überhaupt, wo sporadisch 2 Schöffen vorkommen. Man kann nicht sagen, daß in Deutschland zwei große Systeme schon bestehen, zwischen denen der Gesetzgeber nunmehr endlich zu wählen hätte. Man muß bei Varianten der Art einige Rücksicht auf deren Entstehung nehmen, z. B. auf die republikanische Verfassung der Reichsstädte, auf die besondere Anhänglichkeit Württembergs an eine altdeutsche Besetzung der Gerichtsbank u. s. w. Ein irgendwie zusammenhängendes System der Schöffengerichte existirt in der Wirklichkeit nicht. Namentlich kann man die Einzelrichter mit 2 Schöffen nicht ohne Weiteres mit den collegialischen Mittelgerichten auf eine Linie stellen; denn das Quantitative ändert auch hier den qualitativen Charakter. Eine Zusammenschiebung zweier collegialischer Elemente von 3 oder mehr Richtern mit 3 oder mehr Schöffen ist für Proceßgang und Urtheil eine wesentlich andere Formation, als ein von zwei Nachbarschöffen begleiteter Einzelrichter. Es handelt sich im D. Entwurfe in der Wirklichkeit um einen neuen Versuch der Deutschen Gesetzgebung.

Dieser Versuch verfolgt das sehr löbliche Bestreben einer durchgehenden Gleichheit des Grundsystems für alle Stufen der Strafgerichte und der Straffälle. Diese Einheit erscheint auch äußerlich vollkommen durchgeführt. Sie ist aber, soviel ich sehe, durch die Gleichheit aller Straffälle nicht zu begründen. Die Alleinentscheidung des Einzelrichters bei Uebertretungen ist vielmehr eine sachlich so gerechtfertigte, daß sie die Grundregel aller größeren Rechtsbildungen Europas darstellt. Will man in diesem Gebiet etwas Besonderes für Deutschland schaffen, also dem Einzelrichter überall 2 Schöffen zur Seite setzen, so kann man dabei freilich an sporadische Reste älterer Formationen und provinzielle Versuche neuerer Zeit anknüpfen. Man kann anknüpfen an die besondere Neigung des Deutschen zum Kleingemeindethum. Man kann auch Zweckmäßigkeitsgründe geltend machen, um gewisse kleinste Vergehen im Nachbarverbande, wie Felddiebstähle, Fruchtdiebstähle, die von Alters her sog. kleinen „Wrogen" und einfache Beleidigungen durch 2 Nachbarschöffen als arbitri entscheiden zu lassen. Mit der großen Masse der heutigen „Uebertretungen" verhält es sich dagegen anders. Man muß die Gestaltung dieser Straffälle seit der Reichspolizeiordnung von 1530 bis zum deutschen Strafgesetzbuch Abschn. 29, besonders aber durch die vielen hundert Landespolizeiordnungen und Landespolizeigesetze hindurch verfolgen. So wenig unsere Juristen daran gewöhnt sind, so werden sie sich daran gewöhnen müssen. Sie werden sich dann überzeugen, daß man auf dem Gebiet der Sicherheits- und Wohlfahrtspolizei steht, welche ihren obrigkeitlichen Zwang nach rechtlichem Gehör handhabt. Im ersten Entstehen beruhen diese Fälle auf einem Einschreiten der Polizeiobrigkeit nach ihrem Ermessen im Einzelfall. Sie consolidiren sich dann zu festen Normativbestimmungen, nach welchen bestimmte Handlungen oder Unterlassungen ein für alle Male gefordert werden. Ist das Polizeirecht zu dieser Stufe gelangt, so entsteht die Möglichkeit, an Stelle der Verwaltungsbehörde die Gerichtscontrole zu setzen, und damit gegen Competenzüberschreitungen einen Halt zu gewinnen. Die große Masse der Uebertretungen hat daher einen überwiegend formellen Charakter als Strafsanction des Verwaltungsrechts. Es handelt sich dabei weder um dolose, noch culpose Verletzungen des eigentlichen Rechtskreises, sondern um Forderungen des Gemeinwohles und der öffentlichen Ordnung, welche unter Gewährung rechtlichen Gehörs durch den Einzelrichter gehandhabt werden (ähnlich den römischen Interdicten). Auf diesem Grunde beruht die Reihe der strafrechtlichen Eigenthümlichkeiten, welche der Gesetzgeber den Uebertretungen beilegt, und welche man dann a potiori auch für eine Anzahl wirklicher Straffälle gelten läßt, die man aus praktischen Gründen den Uebertretungen einreiht. Der Gesetzgeber kann seine Regeln nur nach dem überwiegenden Charakter der Hauptmasse der Fälle bilden. Ist dies aber im deutschen Strafrechte einmal geschehen, so ist der Gesetzgeber wohl veranlaßt, den besonders gearteten Fällen auch ein besonders geartetes Verfahren zu geben. Für diese überwiegende formelle Rechtsprechung, deren Schwerpunkt in einer Prüfung der Behördencompetenz liegt, ist der Einzelrichter vollkommen an seinem Ort, eine Rechtsprechung von Laien ziemlich werthlos. Eben so ist die Beibehaltung der Berufung an ein Richtercollegium hier von Bedeutung zur Regelung der Verwaltungscompetenz, so selten auch davon Gebrauch gemacht wird.

Die Ausführung der kleinen Schöffengerichte des Entwurfs —

wenn es dazu wirklich käme — würde sich bei dieser Lage der Sache wohl ziemlich harmlos gestalten in ländlichen, kleinstädtischen, dünn bevölkerten Bezirken, in welchen der Amtsrichter noch eine sichere persönliche Autorität über zwei Nachbarschöffen übt und monatlich ein paar Fälle kleiner Wrogen zu entscheiden hat. Vielleicht geht es in Agriculturprovinzen auch noch eine Stufe höher hinauf, wie zur Zeit in Hannover. Das Verhältniß verändert sich aber, wo die Uebertretungen massenhaft nach Tausenden auftreten, in großen Städten und eng bewohnten Fabrikdistricten. Man denke sich die kleinen Schöffengerichte für eine Großstadt auch nur versuchsweise, auf ein Jahr. Man wird bald die Erfahrung machen, daß man hier nicht 2 folgsame Beisitzer des Herrn Amtsrichters, sondern Habitués auf die Gerichtsbank bekommt, die ein Wort mitsprechen und dem Polizeirichter sein mühseliges Amt schwer genug machen würden. Er wird mit den Beisitzern oft länger zu verhandeln haben, als mit den Uebertretern der Straßenpolizei, der Fahrordnung, des Droschkenreglements u. s. w. Gewiß werden sich auch dafür gewissenhafte Beisitzer finden, die aus Liebhaberei von Monat zu Monat theilnehmen. Neben ihnen aber wird sich auch ein Element der Halbwisser entwickeln, in stetiger Contestation mit dem Polizeirichter über Das, was „unsere Praxis" in diesen Fällen ist. Das Laienelement ist hier sicherlich nicht an seiner Stelle, um sich als Bleigewicht an das Einzelrichteramt anzuhängen, welches diese Fälle in Deutschland zu Hunderttausenden zu erledigen hat. Sollten Engländer, Franzosen, Amerikaner wirklich so unpraktisch sein, oder so wenig Verständniß für Selbstverwaltung haben, um niemals auf solche Einrichtung zu kommen? Man würde die Einrichtung dort als eine Vergeudung der Kräfte des Lainelements ansehen, vor der man sich zu hüten hat, da die Trägheit der Gesellschaft schwer genug zu einer Selbstverwaltung in denjenigen Dingen zu bringen ist, wo sie ein unentbehrliches Element des heutigen Gemeindelebens bildet. Man thut gewiß wohl, mit jenen Kräften Haus zu halten, und die möglichst kurze Erledigung der Uebertretungen zu befördern. Polizeirichter und Publikum werden damit nach wie vor zufrieden sein.

Eine Gleichmäßigkeit des Gerichtssystems für Verbrechen und Vergehen dagegen, um die es sich dann noch handelt, ist allerdings ein vollkommen berechtigtes Bestreben. Der D. Entwurf will dies Ziel erreichen auf dem einfachen Wege der völligen Fusion von Richtern und Laien zu einem Collegium in allen Straffällen. Er verbessert und vereinfacht aber nach seiner

Auffassung das Vorbild Sachsens, indem er die Schöffen in allen Funktionen den Richtern gleichstellt. Er giebt sehr einfache Formen des Verfahrens, welche für die Schöffengerichte in allen Stufen gelten. Er gewinnt damit ein gleich einfaches System der Rechtsmittel. Er kommt gewiß auch weit verbreiteten Meinungen der heutigen Gesellschaft entgegen; denn, wenn man den Laien fragt, ob er nicht auch an Strafmessung und Proceßentscheidungen theilnehmen, — oder ob er ein „Richter zweiter Classe" mit beschränkter Competenz sein wolle, — so wird die Antwort nicht zweifelhaft sein.

Alle diese bestechenden Vorzüge bestehen aber mit Aufopferung von Rechtsgrundsätzen, die ein deutscher Gesetzgeber nicht aufgeben kann, ohne die Grundlagen unserer Rechtsordnung zu gefährden. Die daraus hervorgehende Stellung des Laien ist meiner Ueberzeugung nach mit der heutigen Natur des Strafrechts völlig unvereinbar.

1) Die Theilnahme der Schöffen an der Entscheidung der Proceßfragen ist bestimmungswidrig und gefährdet die schwer errungene Einheit und Sicherheit unseres Proceßganges. Es mag sein, daß sich der Schöffe dabei in der Regel dem Richter unterordnet. Die Theilnahme soll ja aber keine Formalität sein. Betheiligt sich der Schöffe wirklich, so ist es eine unberechtigte Erwartung, daß der Laie die Nothwendigkeit einer Beschränkung gewisser Parteirechte, einer Beschränkung der Beweismittel, daß er überhaupt die Tragweite einer Verletzung der Formen mit der Sicherheit würdigen sollte, welche nur aus einer Kenntniß des Zusammenhangs der Proceßregeln und gewohnheitsmäßiger Uebung zu gewinnen ist. Die Sicherheit des Proceßganges wird damit ernstlich gefährdet, und die Versicherungen des Gegentheils beruhen nur auf persönlicher Meinung. Die Neuerung des Entwurfs widerspricht vielmehr jeder Erfahrung; denn das gerühmte sächsische Schöffengericht hat diesen Versuch selbst bei den mittleren Strafgerichten nicht gewagt, geschweige denn bei dem verwickelteren Proceßgange der großen Schöffengerichte. Den Amtsrichter, der in kleinen Straffällen seine 2 Nachbarschöffen leitet, wird man doch nicht als Präcedens für ein gemischtes Collegium von 9 Mitgliedern aufstellen wollen?

2) Die Mitentscheidung der Schöffen über das Strafmaß verletzt die Grundsätze der Gerechtigkeit. Die Strafmaße des Gesetzes geben, wie erwähnt, einen Spielraum zwischen dem Einfachen, Zehnfachen und Hundertfachen. Der jüngere Richter,

der durch längere Vorstufen der Praxis in die Gerichtsabtheilung eintritt, ist stets in der peinlichen Lage, erst durch Rückfrage und Zusammengewöhnung mit älteren Collegen die Gesichtspunkte für eine Messung zu finden, die nur in der stetigen Vergleichung der Gesetzbestimmungen unter sich und der concreten Straffälle unter sich zu finden sind. Denn einen Maßstab des ius aequum für den isolirten Einzelfall giebt es nicht. Auch die sogenannte „Eigenthümlichkeit" des Falls findet ihren Strafmaßstab erst an anderen Fällen. Der weit gespannte Strafrahmen des deutschen Strafgesetzbuches erhält nur nothdürftig ein einheitliches Recht unter Voraussetzung gleichmäßiger Handhabung durch einen gleichmäßig gebildeten Berufsstand. Wenn irgendwo, so ist hier die Ständigkeit des Gerichts absolute Forderung der Gerechtigkeit. Die öffentliche Meinung versteht unter „Gerechtigkeit" vor Allem die Verhältnißmäßigkeit der Strafen, und sie hat Recht; denn jede subjective Willkür in der Strafmessung ist unheilvoll und unheilbar, mit Wegfall der Rechtsmittel nach dem neuen Systeme. Die deutschen Gesetzgebungen waren bisher darin einig. Auch das Vorbild der sächsischen Schöffengerichte hat sich gehütet vor diesem Experiment. Der „Vater" des Schöffengerichts selbst ist mit löblicher Consequenz bei seiner Abmahnung stehen geblieben*). — Manche Kritiken des Entwurfs finden es freilich ganz in der Ordnung, daß der Laie

*) Das württemberg. Schöffengericht bietet allerdings die Singularität einer Betheiligung der Schöffen an dem ganzen Strafurtheile dar. Allein ich habe es hier wie bei der Prozeßfrage bei Seite gelassen; denn es handelt sich dort um einen zufällig erhaltenen Rest alter Gerichtsinstitutionen, um den weniger bedenklichen Anhang von 2 Schöffen, und das einzige, bekannte Urtheil des Obertribunalsrath v. Binder (Mitglied der Commission für den deutsch. Entwurf) vermag darüber nicht mehr zu sagen, als: „Uebrigens muß bei Würdigung der in Württemberg gemachten Erfahrungen berücksichtigt werden, daß einmal die Zahl der Schöffen auf das Nothdürftigste beschränkt ist, und sodann der Wirkungskreis der Schöffen hier in einer Weise ausgedehnt ist, welche keinenfalls zu billigen sein dürfte. — Nach den Erfahrungen in Württemberg wird man zum mindesten sagen dürfen, daß die Mitwirkung der Schöffen bei den processualischen Entscheidungen ohne allen Werth ist, und daß die Schöffen selbst dabei sich lediglich passiv verhalten" 2c.

Der spitzfindige Einwand, es könne auch vorkommen, daß ständige Richtercollegien einen falschen Maßstab der Messung annehmen und „ganze Serien" unangemessener Strafabmaße aussprechen, ist unberechtigt. Unter Richtern, die in gleichmäßiger Praxis gebildet werden, gleicht sich eine zeitweise Einseitigkeit in dieser Richtung sehr bald aus. Auch ist die Justizverwaltung nicht ohne Mittel der Abhülfe dagegen. In jedem Fall ist der Schluß unberechtigt, daß man wegen menschlicher Fehlbarkeit der einen Seite die ganze Strafmessung dem wüsten Zufall auf der andern Seite überlassen dürfe.

mehr die „subjectiven“, der Richter mehr die „objectiven“ Gesichtspunkte der Messung hervorheben werde. Das einseitig Subjective ist hier aber Willkür. Andere hoffen auf eine weise Selbstenthaltung des Laien. Wer das aber glaubt, kennt seine „Mitbürger“ wirklich nicht. Denn bei keiner Frage mehr, als bei der Strafmessung glaubt der Laie sich zum concreten Urtheile berufen, gerade darauf legt er den höchsten Werth, wie auch der Gang der verworrenen Gesetzgebung über die circonstances atténuantes zeigt. Gerade da macht sich die Stimmung, der Eindruck der Persönlichkeit des Angeschuldigten und der zufälligen Streitpunkte der Verhandlung, die persönliche, die Partei- und die Tagesmeinung am entschiedensten geltend, läßt sich nicht imponiren durch die Erzählung von Präcedenzfällen, lehnt jede Art von „Bevormundung“ ab. Nicht selten wird der Laie seinen Schuldspruch geradezu von der Bedingung eines gewissen Strafmaßes abhängig machen. Die Einheit eines deutschen Strafrechts wird damit zu einem Schein. In der Wirklichkeit kommen wir in die Zustände des alten gemeinen Strafrechts zurück, in welchem das Maß der Strafe nur von der zufälligen Zusammensetzung des Gerichts und örtlichen Einflüssen abhing. Nur wird durch die einseitige Geltendmachung des „subjectiven“ Moments die Sache noch schlimmer.

3) Die Verbindung von Richtern und Schöffen zu einem Collegium hebt keinen einzigen Fehler der bisherigen Schwurgerichte auf, sondern verdeckt alle diese Fehler nur durch eine neue Weise der Berathung, Fragstellung und Abstimmung. Es wird kein einziger Grundsatz der bisherigen Schwurgerichte verbessert, sondern nur der vertraulichen Besprechung im Berathungszimmer überlassen. Der Deutsche Entwurf giebt überhaupt gar keinen leitenden Grundsatz, weder über die Form der Berathung, noch der Fragstellung, noch über die Reihe der Abstimmungen. Sobald also Richter und Schöffen die Thüre des Berathungszimmers hinter sich verschlossen haben, stehen sie der Schuld- und Straffrage ebenso gegenüber, wie im Schwurgericht. In Ermanglung jeder bindenden Bestimmung liegt ebendasselbe Chaos vor ihnen, von welchem die Criminalisten so eindringlich reden. Soll über Schuld- und Straffrage in Einem abgestimmt werden oder gesondert? Soll die Schuld in einer Gesammtfrage abgestimmt, oder soll sie in Fragen nach Thatbestand, Thäterschaft, Schuldbarkeit, nach erschwerenden, mildernden Umständen ꝛc. aufgelöst werden? Der Entwurf vertraut die Sichtung des ganzen Materials zunächst der Autorität des Vorsitzenden an.

Dies wird auch zutreffen, wenn die 5 oder 8 Beisitzenden sich ohne Widerspruch leiten lassen. Dies soll aber wiederum nicht sein, — Passivität ist nicht gemeint. Der Widerspruch wird auch wirklich eintreten, und an erster Stelle eine Veruneinigung unter den Richtern selbst. In der bisherigen Literatur dieser Fragen werden schwerlich 3 Criminalisten zu finden sein, welche über drei Hauptfragen einer Meinung wären. Alle Meinungsverschiedenheiten aber, welche die heutige Literatur ausfüllen, finden ihre Fortsetzung in den 3 Richtern des Schöffengerichts. Sind sie nicht zufällig einig, so müssen die 3 oder 6 Laien zwischen ihnen den Ausschlag geben. Die Fragen, welche unter unseren ersten Rechts-Autoritäten nicht zum Austrag kommen wollen, werden nun endlich zum Austrag kommen durch den Spruch von 3 oder 6 ehrbaren Männern aus der Nachbarschaft. Sie kommen auch wirklich zur Entscheidung; denn schließlich wird eine Majorität von 4 gegen 2, oder von 6 gegen 3 sich für Etwas entscheiden. Wird aber auf diesem Wege irgend ein Problem unserer Rechtsprechung wirklich gelöst? In politischen Dingen d. h. bei der Abwägung widerstreitender Interessenfragen muß man solche Lösungen hinnehmen. Wird aber der Gesetzgeber durch die mechanische Stimmzählung den schwersten Fragen der Rechtsprechung wirklich gerecht?

Ich antworte unbedenklich Nein! Der Gesetzgeber geräth vielmehr auf eine abschüssige Bahn. Das Schöffengericht hat keinen der Vorzüge, welche man erreichen will, wohl aber verzichtet es auf alles, was dem Schwurgerichte vom rechtlichen Standpunkte aus seinen Werth giebt, als lebendiges und zuverlässiges Organ des Gesetzes, zu welchem es durch die richtige Rechtsweisung wird.

Er verzichtet auf die Einheit und Sicherheit der Rechtsbelehrung des Laien; denn eine solche ist nur zu erreichen in der öffentlichen Form der Rechtsweisung eines hochstehenden Richters unter Controle eines obersten Gerichtshofes. Das Dazwischenreden anderer Juristen ist nirgends übler angebracht, als an diesem Ort und an dieser Stelle. Denn es bringt in den entscheidenden Punkt entweder Verwirrung, oder Ueberhebung des Laienthums, oder die Entscheidung des Zufalles. Man kann dem Laien keinen übleren Dienst erweisen in der verantwortlichen Erfüllung seiner Pflicht, als indem man ihm für den Obersatz seines Spruches statt einer sichern Rechtsweisung unter Autorität des höchsten Gerichtshofes die Meinungsverschiedenheiten der Juristen vorführt, die Juristen miteinander streiten läßt, und in liebenswürdiger Bescheidenheit ihre Entscheidung erbittet. Daß in dem tief erschütterten Rechtsbewußtsein der heutigen Gesellschaft dergleichen Ideen wirklich leben, daß man von dem Gesetz keine höhere Vorstellung hat, als von einer Sache, über deren Sinn 3 ehrbare Stadt- oder Dorfnachbaren endgültig zu entscheiden haben, daß man das Richteramt nur als eine technische Profession ansieht, mit welcher jeder politisch Gebildete auf gleichem Fuße discutirt, wie über alle staatlichen Fragen, und ein gleiches Stimmrecht beansprucht, — das Alles ist richtig. Aber kann unser Gesetzgeber es vergessen, daß er damit das Recht des Angeklagten verletzt, daß der Angeklagte das Recht hat, nach dem Gesetz des Landes gerichtet zu werden, nicht nach dem Fühlen und Meinen von 3 oder 6 zusammengelooſten Nachbarsleuten über den Sinn der Gesetze? Hat der Gesetzgeber nicht eben die Pflicht richtigere und würdigere Ansichten von Gesetz und Richteramt seinerseits zur Geltung zu bringen? Die gelehrten Juristen sollten doch sich und ihren Mitbürgern sagen, daß, wenn dazu der Laie wirklich berufen wäre, die mittelalterlichen Schöffen bis heute fortdauern, und das Geschwornengericht niemals entstanden sein würde. Ließe sich der wahre Sinn des Rechts und der Staatsverfassung, die endgültige Auslegung von Gemeindnachbaren wirklich aufrecht erhalten, so wäre unsre Rechtsübung, unsre Wissenschaft, unser Beruf in der That überflüssig. Jeder Gesetzgeber setzt sich schon einem Vorwurf aus, welcher den Schuldspruch auf mehr oder weniger zufällige Mehrheitssprüche stellt: aber dieser Vorwurf erhebt sich in die zweite Potenz, wenn das Gesetz Schuld- und Strafspruch zugleich in einem unentwirrbaren Knäuel einem Majoritätsspruch von Berufenen und Unberufenen preisgiebt, — einem sogenannten „Collegium" ungleichartiger Zusammensetzung, welches pro hac vice zusammengefügt, in Zeit von einer oder wenigen Stunden über alle mögliche That-, Rechts- und Strafmessungsfragen zu einer Art von Gesammtbewußtsein gelangen soll. Man vergesse dabei auch nicht, daß der Strafspruch über Competenz, Amtsmißbrauch u. s. w. die Rechtsentscheidung über Verfassungsfragen höchster Ordnung enthält! Es ist ein gar schlüpfriger Boden, auf dem sich die Gesetzgebung bewegt, wenn dabei vorausgesetzt wird, die 3 in Streit gerathenen Juristen würden sich in dem Gange und in der Ausdrucksweise ihres Streites immer mehr gemeinverständlicher Ausdrücke befleißigen und den Laien dadurch befähigen, zwischen ihnen zu entscheiden. Zu machen ist dies allerdings; aber jeder Politiker weiß auch, daß man gewonnenes Spiel bei seinen „Mitbürgern" hat, wenn man gewisse Schlagworte und Grundideen der Gesellschaft trifft, mit denen der rechtschaffene Mann des Rechts nicht immer Bescheid weiß. Ein tüchtiger Assisenpräsident, wie der durchgebildete Jurist überhaupt, weiß schlicht und gemeinfaßlich zu reden: aber es ist dringend rathsam, nicht mehre Rechtsweiser gegen einander reden zu lassen. Eine Mehrheit einander widersprechender Wegweiser wird nirgends für wünschenswerth erachtet.

Der Gesetzgeber verzichtet aber auch auf die Verantwortlichkeit der Rechtsbelehrung welche der öffentlichen Rechtsweisung im Schwurgericht ihren Werth verleiht. Es ist nicht seine unmaßgebliche Meinung, die der Vorsitzende auszusprechen hat, sondern die wahre Meinung des Gesetzes, welche dem Prüfsteine der Cassation (Revision) bei dem höchsten Gerichtshofe unterliegt. Darum muß sie in voller Oeffentlichkeit abgegeben werden, in Gegenwart des Staatsanwalts des Vertheidigers und zahlreicher Rechtsverständigen, damit sie in Fällen eines Irrthums zur Grundlage des in Strafsachen möglichen Rechtsmittels werden kann. Die gesellschaftliche Vorstellung vom angebornen Rechtsbewußtsein des „Staatsbürgers", welche sich dagegen sträubt, bedarf eben der Berichtigung durch das Gesetz. Unsere Zeitgenossen sollen endlich begreifen, daß es nicht die Meinung des Einzelbeamten ist, die durch diesen Mund spricht, sondern daß es die Autorität des höchsten Gerichtshofes ist, welche allein über die Obersätze des Urtheils entscheiden soll. In den Formen des Schöffengerichts geht aber diese Rechtsgrundlage völlig verloren. In der vertraulichen Discussion des Berathungszimmers können die handgreiflichsten Rechtsirrthümer (so, wie sie in der Cassationsinstanz auch jetzt zum Vorschein kommen) ohne Scheu zum besten gegeben werden, und zur entscheidenden Geltung kommen, ohne Möglichkeit einer Abhülfe. Denn es kommt im Schöffengericht schließlich nur darauf an, wer das schriftliche Urtheil redigirt. Je vager, je mehr auf subjectives Meinen die Urtheilsgründe gestellt werden, desto schwerer ist mit einem Rechtsmittel in jure ihnen beizukommen.

Man verzichtet aber auch auf die nothwendige Rechtscontrole, daß ein Richter nicht mehr thut, als dem Laien eine Weisung über rechtliche Dinge zu ertheilen. Ob der Richter das Material der ihm bekannten Voracten, die Mittheilungen der Staatsanwaltschaft, die vertraulichen Recherchen der Polizei und vieles Andere in diese Berathung hineinträgt, kann Niemand wissen und controliren. Wie oft Ueberschreitungen in England und Amerika selbst bei öffentlicher Rechtsweisung vorkommen, ist schon oben bemerkt. Man braucht dabei nicht an bösen Willen zu denken: das

Hereinziehen der Dinge, die man einmal weiß, gestaltet sich auch bei dem Gewissenhaftesten unwillkürlich, und die vertrauliche Berathung ergiebt dazu einen besonderen Reiz. Wenn aber der Richter wirklich auf dem Fuße „gemeinverständlicher" Argumente mit den Schöffen zu verkehren hat, wenn er sich vorzugsweise auch der argumenta ad hominem befleißigen soll, sollten dabei in bewegten Zeiten nicht auch politische Argumente unterlaufen, und die juristische Unterweisung zur Ueberredung werden? Aber auch abgesehen von politischen Bedenken behaupte ich, daß die Selbständigkeit des Laienelements nicht stärker gefährdet werden kann, als wenn man dem Laien massenhaft Befugnisse überträgt, die er nicht selbständig üben kann, und ihn dadurch an Bevormundung auch da gewöhnt, wo er selbständig urtheilen soll. Eine Berufung auf die Erfahrungen der sächsischen Schöffengerichte ist dagegen irrelevant; denn die sächsischen Schwurgerichte beruhen auf einer strengen und richtigen Sonderung der dem Richter zukommenden Funktionen. Die Schöffengerichte des Deutschen Entwurfs haben bei völlig veränderter Competenz der Schöffen nur den Namen gemein. Daß die sächsischen Schöffen mit ihrer äußerlich ehrenvollen, leichteren und minder verantwortlichen Stellung zufriedener sind, als die Geschworenen mit ihrem schwereren und verantwortlichen Dienst, ist so selbstverständlich, daß man danach nicht zu fragen braucht. Die Frage aber, ob die Schöffen über eine „ungebührliche Einwirkung" und zudringliche Ueberredung der Richter zu klagen haben, oder ob sie „mit Anstand und Würde jederzeit ihre Selbständigkeit bewahren", ist eine Frage, die man schicklicherweise kaum stellen kann, weil sie den Befragten zum testis in propria causa macht. Nicht von Schwarze selbst, wohl aber von einigen übereifrigen Freunden wird diese Beweisführung im Augenblicke so urgirt, daß sie an die Frage Guizot's an die französische Kammer erinnert: est ce qûe vous vous sentez corrumpus?

Endlich geht verloren die doppelte Garantie des Schuldspruchs, welche in dem selbständigen Spruche der Geschwornen für sich und in der selbständigen Nachprüfung durch das Richteramt liegt (oben S. 149). Im System der Jury müssen zum „Schuldig" Richter und Geschworene zusammenstimmen, während zur Negation derselben die entschiedene Verneinung eines der beiden Factoren genügt. (Glaser: „Anklage, Wahrspruch und Rechtsmittel" 1866. S. 312). Es ist eine wesentliche Aenderung zum Nachtheile des Angeklagten, wenn beide Factoren confundirt mit einfacher Mehrheit über das „Schuldig" entscheiden. Bei der stets wiederkehrenden Berufung auf deutsches Rechtsbewußtsein in diesen Fragen darf man mit einem gelehrten Kenner des Schwurgerichts (Dr. Brunner auf dem D. Juristentage 1873 S. 299) doch noch einmal daran erinnnern, wie die arbiträre Stellung des Richters zur Beweisfrage uns Deutschen jederzeit als verhängnißvoll erschienen ist, wie die Beschränkung des richterlichen Ermessens in der Würdigung der Beweise als ein rother Faden durch die Geschichte unseres Beweises geht, — wie die Jury gebildet wurde, um ein Organ zur Würdigung der Beweisführung den Richtern mit einer gewissen Selbständigkeit gegenüberzustellen, also das richterliche Ermessen in der Würdigung der Beweisfrage zu beschränken. Dieser nationale Zug (ohne welchen die gemeinrechtliche Beweistheorie unverständlich bleibt) kann doch nicht innerhalb eines Menschenalters unserer industriellen Gesellschaft völlig entschwunden sein, so daß diese Beschränkung des richterlichen Arbitriums nun auch in die Reihe der „überwundenen Standpunkte" getreten wäre? Die Lösung der Probleme der Subsumtion des Concreten unter die unbewegliche Rechtsregel löst sich immer sehr einfach und bequem durch ein judicium mixtum, aber diese Lösung verletzt in der Strafrechtsordnung die objective und subjective Seite zugleich.

Ich beschränke mich auf die Hervorhebung dieser rechtlichen Gesichtspunkte, obgleich noch andere sich aus der Vergleichung mit der Jury in ihrer oben dargelegten normalen Gestalt ergeben.

In den weiteren Kreisen des Streits werden in nächster Zeit die sogenannten politischen Gesichtspunkte stärker, als diese, hervortreten; denn die Gesellschaft erfaßt die Frage zunächst von dem Standpunkte der äußeren Garantien, die das Gericht für den Rechtsschutz des Einzelnen und der schwächeren Partei gewährt.

Vom politischen Standpunkte aus hat man von jeher einen Werth auf die größere Zahl der Geschworenen gelegt: es ist insofern keine gleichgültige Sache, wenn das Schöffengericht auch in den schwersten Fällen die Zahl von 12 auf 6 und weiter auf 3 herabsetzt.

Vom politischen Standpunkte aus hat man jederzeit Werth gelegt auf die Ausloosung aus einer größeren Dienstliste für den Einzelfall: es ist insofern nicht gleichgültig, wenn die Schöffen sogleich zu einer Reihe von Sitzungen im Laufe des Jahres bestimmt sind, auf ihren früheren Diensteid verwiesen werden, und damit ein Element des ständigen Amts erhalten, welches die Jury an dieser Stelle absichtlich vermeidet.

Der politische Standpunkt legt mit Recht einen hohen Werth

auf ein sehr weites, liberal gestattetes Recusationsrecht: das Schöffengericht gewährt die Ablehnung nur in den engen, wenig practicablen Grenzen, innerhalb welcher ein beamteter Richter abgelehnt werden kann.

Der politische Standpunkt fragt vor Allem: wie soll sich ein Gericht in dieser Gestalt bewähren in Zeiten politischer Leidenschaft, als ein Rechtsschutz gegen die Verfolgungssucht mächtiger Parteien und Gewalthaber? Welche Garantien bietet dagegen ein Gericht mit so erheblichen Elementen einer Commissionsbildung, dessen 3 oder 6 Laienbeisitzer im Voraus auf die Einzeltermine so vertheilt werden, daß jede Sache an ein bestimmt besetztes, dem Personalbestande nach bekanntes Gericht verwiesen werden kann? Berechtigt sind diese Zweifel im constitutionellen Staate sicherlich: doch will ich sie Anderen überlassen.

Innerhalb des Gesammtbaues unseres deutschen Gerichtswesens bleibt unser höchstes Ziel die Handhabung einer stetigen, unbeugsamen Gerechtigkeit unter dem Parteiwandel des constitutionellen Staates. Es ist dafür bisher noch keine zuverlässigere Grundform gefunden, als die Handhabung des Gesetzes unter der bindenden Autorität des höchsten Gerichtshofs, — welche sich als bindende Anweisung an die Geschworenen fortsetzt, — den Geschworenen aber das selbständige Urtheil über die Subsumtion der Thatsachen unter das Gesetz überläßt. Jeder Geschworenenspruch vollzieht sich damit als ein Act des Gehorsams gegen das Gesetz, und gewöhnt das bürgerliche Leben an das Bewußtsein der Unterordnung unter Gesetz und Obrigkeit. Daß dies Bewußtsein der Gesellschaft in ihrem vermeintlichen Rechte auf Selbstinterpretation der Verfassung und der Gesetze abhanden kommt, ist die Wurzel des Uebels im bisherigen Schwurgerichte. Erst wenn die Jury ihre Unterordnung unter Gesetz und Richteramt begreift, wird sie die freie, sichere und bedeutungsvolle Stellung für den Schuldspruch gewinnen, welcher ihr zukommt. Statt sie zu heben, würde aber das Schöffengericht des Entwurfs die herrschende Verwirrung der Vorstellungen durch die Autorität der höchsten Reichsgewalt anerkennen, legalisiren und befestigen.

Reichsverfassung, Reichsstrafrecht und Reichsgericht sind die höchsten staatsrechtlichen Errungenschaften des deutschen Volkes, welche untrennbar zusammengehören. Das Strafgericht entscheidet zugleich die höchsten Verfassungsfragen. Das einheitliche Walten der Grundsätze des Strafrechts bedeutet die Rückkehr der Nation zu der Einheit ihres Rechtslebens in höchster Bedeutung. Es ist in dieser Lage der Beruf der Rechtsverständigen Deutschlands, dies Kleinod zu wahren, und sich und ihre Mitbürger endlich zu überzeugen, daß die vermeintlich große Idee der Zeit — die Selbstauslegung des streitigen Rechts durch die Gesellschaft — in der Wirklichkeit die große Thorheit der Zeit darstellt (Gneist, „Rechtsstaat" 1872), daß die streitige Auslegung solcher Rechte nicht die Sache von 3 Nachbarsleuten sein kann, sondern daß das Gesetz in seinem Geiste und in seiner Wahrheit nur waltet, wo sich der Laie wie der Richter einer endgültigen Autorität der Auslegung in Gehorsam unterordnet. Dieser Gesichtspunkt ist es, welcher für die Beibehaltung der Geschwornengerichte und gegen die Einführung der Schöffengerichte entscheiden wird.

Inhaltsverzeichniß.

Einleitung. Die deutsche Strafproceßordnung (S. 3—15).

I. Die Staatsanwaltschaft und die Privatanklage (S. 16—57).

Der Staatsanwalt als höherer Verwaltungsbeamter (16—20). Einfluß der constitutionellen Parteiverwaltungen (21—23). Politische Bedeutung des Anklagerechts für Presse, Vereinsrecht, Amtsvergehen (24—28). Bisherige Schutzmittel gegen eine parteimäßige Strafverfolgung (29—35). Aufhebung dieser Garantien im deutschen Entwurf (36, 37). Mißverständniß der Criminalisten über die actio popularis (37—41). Evinculis ratiocinantur (41—46). Inhaltslosigkeit des neuen Grundsatzes der Privatklage (46—48). Die Popularklage als Element der Selbstverwaltung des Rechts (49, 50). Durchbruch der richtigen Grundsätze (51—53). Die Ausführung (54, 55). Die Bedenken (55—57).

II. Die Oeffentlichkeit der Voruntersuchung (S. 58—98).

Entstehung der vorhandenen Mißstände (58—60). System des deutschen Entwurfs: Erweiterung der Parteirechte in der Voruntersuchung (60—63). Wegfall der gerichtlichen Voruntersuchung (63—70.) Widerspruch der beiden Reformen (70—73). Verletzung der deutschen Rechtsgrundsätze (73—78). Nothwendiges Gebiet der gerichtlichen Voruntersuchung (79, 80). Revision des Grundsatzes vom Specialverhör (80—85). Revision der Grundsätze des schriftlich-geheimen Vorverfahrens (86—88). Wechselwirkung mit der Reform der Criminalpolizei (88—92). Votum des D. Juristentages 1873 (93). Die Bedenken gegen die Oeffentlichkeit (94—98).

III. Das Kreuzverhör (S. 99—123).

Inquisitionsprincip und Selbstthätigkeit der Parteien (99—101). System und Mängel der Voruntersuchung in England und Amerika (101—106). Standpunkt des Deutschen Entwurfs (107). Vorschläge zur Reform (108—113). Vorzüge des Kreuzverhörs (113—115). Das Kreuzverhör des D. Entwurfs (116—118). Votum des D. Juristentages 1873 (118). Bedenken gegen das Kreuzverhör (118—123).

IV. Die Construction des Hauptverfahrens (S. 124—141).

Grundfehler der französischen Construction (124—128). Verbesserungen des D. Entwurfs (128—129). Die Nichtverlesung der Anklageacte (129—132. Gang des Hauptverfahrens nach Wegfall der motivirten Anklageacte und des Specialverhörs (132—140); insbesondere das Resumé des Präsidenten (135); die Fragestellung (137—139). Schlußübersicht (141).

Schlußwort über die Schöffengerichte (142—185).

Nothwendige Beschränkungen des Laienelements (142—146). Die Verbindung von Richteramt und Jury in England. Rechtsweisung. Einstimmigkeit. Trennung der Richter und der Geschworenenbank (146—156). Französisches System der Theilung der Gewalten und der Fragstellung (156—158). Die deutschen Nachbildungen (158—161). Die Fehler der Fragstellung (161—163). Die Lösung des Problems in den amerikanischen Gerichtshöfen (163—168). Die Schöffengerichte des deutschen Entwurfs (169—178). Die Gegengründe (178—185).

Druck von Fr. Aug. Eupel in Sondershausen.

GPSR Compliance

The European Union's (EU) General Product Safety Regulation (GPSR) is a set of rules that requires consumer products to be safe and our obligations to ensure this.

If you have any concerns about our products, you can contact us on ProductSafety@springernature.com

In case Publisher is established outside the EU, the EU authorized representative is:

Springer Nature Customer Service Center GmbH
Europaplatz 3
69115 Heidelberg, Germany

Batch number: 10844675

Printed by Printforce, the Netherlands